新时代生长教育理念与实践丛书

QINGSUI JIAOSHI

青穗教师

刘芳 李宁 主编

中国农业科学技术出版社

图书在版编目（CIP）数据

青穗教师 / 刘芳，李宁主编. — 北京：中国农业科学技术出版社，2021.12
ISBN 978-7-5116-5673-5

Ⅰ. ①青…　Ⅱ. ①刘…　②李…　Ⅲ. ①小学—教学研究—文集　Ⅳ. ①G622.0-53
中国版本图书馆CIP数据核字（2021）第272156号

责任编辑　穆玉红　褚　怡
责任校对　贾海霞
责任印制　姜义伟　王思文

出 版 者　中国农业科学技术出版社
　　　　　北京市中关村南大街 12 号　邮编：100081
电　　话　（010）82106626（编辑室）（010）82109702（发行部）
　　　　　（010）82109709（读者服务部）
传　　真　（010）82106626
网　　址　http://www.castp.cn
发　　行　各地新华书店
印 刷 者　北京尚唐包装印刷有限公司
开　　本　170 mm × 240 mm　1 /16
印　　张　17.75
字　　数　328 千字
版　　次　2021 年 12 月第 1 版　2021 年 12 月第 1 次印刷
定　　价　68.00 元

《青穗教师》编委会

前 言

百年大计，教育为本；教育大计，教师为本。为深入贯彻落实党的十九大精神，造就党和人民满意的高素质、专业化、创新型教师队伍，落实立德树人根本任务，培养德智体美劳全面发展的社会主义建设者和接班人，全面提升国民素质和人力资源质量，加快教育现代化，建设教育强国，办好人民满意的教育，为决胜全面建成小康社会、夺取新时代中国特色社会主义伟大胜利、实现中华民族伟大复兴的中国梦奠定坚实基础，国家在全面深化新时代教师队伍建设改革方面提出如下意见：一是坚持兴国必先强师，深刻认识教师队伍建设的重要意义和总体要求；二是着力提升思想政治素质，全面加强师德师风建设；三是大力振兴教师教育，不断提升教师专业素质能力；四是深化教师管理综合改革，切实理顺体制机制；五是不断提高地位待遇，真正让教师成为令人羡慕的职业；六是切实加强党的领导，全力确保政策举措落地见效。力争到2035年，教师综合素质、专业化水平和创新能力大幅提升，培养造就数以百万计的骨干教师、数以十万计的卓越教师、数以万计的教育家型教师。教师管理体制机制科学高效，实现教师队伍治理体系和治理能力现代化。教师主动适应信息化、人工智能等新技术变革，积极有效开展教育教学。尊师重教蔚然成风，广大教师在岗位上有幸福感、事业上有成就感、社会上有荣誉感，教师成为让人羡慕的职业。

青年教师是推动国家教育复兴的重要力量。习近平总书记多次强调“青年兴则国家兴，青年强则国家强。青年一代有理想、有本领、有担当，国家就有前途，民族就有希望。”作为时代新人的青年必须怀揣国家的梦想，这是因为“中国梦是历史的、现实的，也是未来的；是我们这一代的，更是青年一代的。”因此，我校自2015年三校合并后，50%以上是青年教师，我校加大对青年教师的培养力度，制定青年教师的五年培养规划，从课程研发到课堂实践，再到科研探索，处处都能看到青年教师敢于担当，勇于创新，不怕吃苦，无私奉献的身影。他们既虚心向老教师学习，又有自己对教育的创新思考，两者相结合，迸发出新时代青年教师在教育实践中的智慧火花。

2020年海淀区世纪杯比赛落幕，我校29位选手参加比赛，全部都是工作5年以下的青年教师，涉及多个学科，这些比赛选手积极备战，在专家、教学干部、同组教师的大力支持与帮助下，出色地完成了录课任务和论文比赛。取得了好成绩。这本《青穗教师》收录了8篇教学案例9篇论文篇课例反思，这些都是我校青年教师代表优秀作品。

林崇德教授从宏观角度提出，实现“核心素养”的途径主要有三种：一是通过课程改革落实核心素养；二是通过教学实践落实核心素养；三是通过教育评价落实核心素养。本次收录的这些课例、论文都是青年教师们在一线进行教学实践的优秀成果，也是青年教师们通过教学实践培养新一代少年儿童核心素养的集中展示。

我校青年教师就如青翠的麦穗一样，既颗粒饱满，又昂扬向上，他们朝着太阳升起的方向，努力地生长。中国农业科学院附属小学就是他们生长的沃土，这片沃土给予他们各种生长所需的养料，而每次的教学比赛就是他们接受风霜雪雨的挑战和考验，雨过天晴，他们会生长得更加茁壮，更加健康，更加自信！他们是中国农业科学院附属小学的希望，也是我们国家和民族的希望！

中国农业科学院附属小学校长

刘芳

教师简介

邓 垚

中国农业科学院附属小学

英语教师

获得北太平庄学区展翼杯特等奖，参与中国教育学会“十三五”教育改革实验区“学生学习方式变革研究与实践”项目，在项目《独家记忆——我眼中的春节》中承担学习活动设计研发及指导，主题汇报任务，撰写的案例多次获奖。

李 想

中国农业科学院附属小学

体育老师

获得海淀区世纪杯教学设计比赛二等奖、论文二等奖，曾多次参加学校组织的青穗杯教学设计比赛、说课比赛，均取得了良好成绩！多次承担校教研课任务，立志于提升学生的体育素养。

王 晴

中国农业科学院附属小学

英语教师

获得海淀区“世纪杯”小学青年教师教学基本功展示录像课一等奖、论文二等奖，承担区级、校级研究课任务，潜心探索、尝试有效的数学学习活动设计，充分给予学生探究、实践的学习空间，提升学生数学核心素养。

安梦妍

中国农业科学院附属小学
英语教师

获得海淀区世纪杯教学设计比赛一等奖，多次承担区级研究课任务，具有四年以上国际和本土领域的教学经验。教学风格活泼热情，风趣自然。

崔晓航

中国农业科学院附属小学
数学学科带头人

多次担任海淀区高年级兼职教研员。获得海淀区世纪杯教学基本功展示活动教学技能和论文一等奖，海淀区风华杯班主任基本功大赛二等奖。多次参加北京市和海淀区课题项目，撰写的论文多次在市、区获奖。

郭璐雅

中国农业科学院附属小学
语文教师

获得海淀区世纪杯论文一等奖，海淀区德育案例一等奖，承担过区级研究课任务。致力于营造轻松活泼的教学气氛，展现课堂的无穷魅力，让学生爱上语文，感受语言文字的魅力。

李春璇

中国农业科学院附属小学
二级英语教师

获得海淀区世纪杯教学基本功比赛优秀奖，多次承担校级视导课研究课任务，专注于英语阅读与写作教学研究，探讨在情境下的英语学习活动中，提升学生的英语学科核心素养，撰写的多篇论文多次获市、区级奖。

刘　博

中国农业科学院附属小学
信息老师 二级教师

获得海淀区世纪杯教学基本功录像课比赛二等奖，北太平庄学区“展翼杯”基本功说课特等奖。承担校级视导课研究课任务，专注于信息技术教学研究。多次组织、辅导学生参加各类信息比赛并荣获优秀辅导教师称号。

刘满新

中国农业科学院附属小学
音乐教师

毕业于首都师范大学初等教育学院音乐学（小学教育）（师范）专业。二级教师、校级骨干教师。近三年，参与海淀区重点课题“小学中高年级奥尔夫教学法本土化的实践研究”、北太平庄学区公开课《让我们荡起双桨》、海淀区音乐教师说课培训《多彩的和声》《不同国家、不同地域音乐作品的特点与风格》、海淀区研究课《真善美的小世界》、海淀区空中课堂《大海啊故乡》《小螺号》录制等。曾荣获北京市科研课题研究课一等奖、海淀区学科德育优秀案例一等奖、海淀区世纪杯录像课、论文一等奖。

刘　谱　中国农业科学院附属小学
一级教师，校级骨干教师

海淀区区级课题负责人，获海淀区世纪杯青年教师教学基本功比赛展示课与论文双一等奖。课和论文也多次获市级、区级奖。校足球社团指导教师、教练，曾获学区“优秀指导教师”“金牌教练员”称号，所带学生在市、区级比赛中均有获奖，部分学生通过足球特长被优质校录取。

刘学敏　语文学科教师兼班主任

在语文教学方面，专注于单元整体教学设计及实践研究，提升学生的语文素养，获得海淀区世纪杯教学基本功展示活动二等奖。在班级管理方面，注重学生习惯教育和自主能力培养，所带班级曾获北京市和海淀区先进集体，撰写的论文多次在区校级获奖。

罗　曦　中国农业科学院附属小学
英语教师

获得海淀区世纪杯教学设计比赛二等奖，多次承担区校级研究课任务，对于英语课堂教学活动深入研究，探讨在阅读和写作活动中，提升学生的核心素养，撰写的课例、论文多次在市、区级获奖。

唐录青

中国农业科学院附属小学
语文教师

首都师范大学语文课程与教学论方向硕士研究生毕业，获得海淀区世纪杯教学基本功展示活动二等奖，多次承担组内研究课任务，撰写的论文多次在市、区级获奖。专注于通过单元整体教学与教学任务设计促进学生语文素养的提升。

唐雪鹏

中国农业科学院附属小学
硕士研究生，一级教师　体育教师

北京市传统体育跳绳项目优秀教练员、海淀区优秀教练员；北京市“十四五”规划课题负责人，多篇课例和论文获全国、市、区级奖。

王　瑜

中国农业科学院附属小学
校级数学骨干教师

曾担任海淀区兼职见习教研员。平时认真钻研教学，多次在学区“展翼杯”教学比赛中获得特等奖。专注于低年级数学绘本以及表现性评价的探索，并作为核心组成员参与市级科研课题的研究，所撰写的论文和课例多次在市、区级获奖。

王月鑫

中国农业科学院附属小学
数学教师

获得海淀区世纪杯小学青年教师基本功展示活动二等奖，多次承担组内研究课任务，参加了中国教育学会组织的贵州省赫章县基础教育工作对口帮扶活动并录制了微课《小鸡吃食》，在平日的教学中注重从兴趣入手，根据学生的不同特点，寻找合适的教学方法，提升学生的数学素养。

武文颖

中国农业科学院附属小学
数学教师、班主任

毕业于首都师范大学初等教育学院。曾参与海淀区劳动教材编写、校金穗数学绘本编写，北京市“小学数学阅读能力培养”课题组成员，撰写的案例、论文多次在市、区级评选中获奖。其中，撰写的《以数学实践活动为载体 巧用评价助力学生成长》一文获北京市2020年中小学生综合素质评价教师典型案例评选一等奖，并于2020年10月在“北京市小学生综合素质评价论坛”上做了专题发言。

谢金珍

中国农业科学院附属小学
体育老师

参与北京市“十四五”课题、海淀区重点课题、北京市教育学会课题等，论文多次获市、区级奖。海淀区科研“种子”教师。

目录

1 课例研究

2 教学设计

C O N T E N T S

3 获奖论文

课例研究

《美化文档小能手》课例研究

刘 博

一、课例研究背景和主题

课题研究方向

小学四年级学生在基础操作方面是能够独立完成的，接受事物的能力也有所提升。在审美和技术相结合上面还是有所欠缺。这一单元主要提升学生的设计意识，让学生多看作品，并分析出作品的优缺点以及改正方法。给学生的学法是“理解任务—思考问题—交流学习”。建构主义学习理论强调以学生为中心，要求学生由知识的灌输对象转变为信息加工的主体。在教学过程中，巧妙设计，让学生带着一个个任务通过课堂讨论、实际操作、互相点评等方式，自我探索，自主学习，实现知识的传递、迁移和融合。

单元教学设计说明

整个单元运用word文字处理软件的相关操作，总体围绕美化文档来进行，培养学生把生活中发生的事件、观察到的身边事物、爱好乐趣等运用电子文档的方式进行及时的记录并美化。第二单元在整本教材中属于较基础的内容，初识word之后对文章进行修改编排，通过设置字符、段落格式以及复制、粘贴、查找和替换的快捷方式，对文章进行美化。相比于纸质版的书写，电子文档更美观。感受技术的发展对文字的记录、保留、分享带来的便捷，从而激发学生对word文档的喜爱。为后续更有难度的电子小报、做贺卡等图文结合的内容做铺垫。

课时教学设计说明

四年级上册第一单元学生初步了解了word文档，并能在文档上进行简单编辑和修改。通过对学生问卷调查，有85%的学生能独立并熟练的编辑和修改文档，有60%的学生能简单的对字符设置进行操作。本课是在操作的基础上增加美观性，最简单直观的方式就是对字符的运用，即字符的字体、字号、字形和颜色的设置，也是接下来进一步美化文档，综合运用知识创作作品的必要知识储备。在设置字符的过程中，合理使用技术，并用技术更好的为我们服务，提升审美意识。

二、基本教学过程与发展脉络

（一）课堂教学程序

课次	第一轮（稿）	第二轮（稿）	第三轮（稿）
教学目标	1. 学会在文档中进行字符格式（字号、字体、字形、颜色）设置 2. 熟练掌握字符格式在word文档中装饰的方法	1. 学会在文档中修改字符的字体、字号 2. 根据不同文档类型进行合理的美化	1. 学会在文档中修改字符的字体、字号 2. 了解字形中不同格式的作用 3. 对文档中的颜色进行合理的搭配
教学环节	1. 图片导入，引出课题 2. 实践操作，自主探究 3. 归纳总结，课外延伸	1. 图片导入，引出课题 2. 实践操作，教师引导 3. 学科融合，综合创作 4. 归纳总结，课外延伸	1. 图片导入，引出课题 2. 发布任务，自主探究 3. 学科融合，综合创作 4. 归纳总结，课外延伸
学生行为	1. 通过看书自主学习后全班交流如何改变字符格式设置 2. 实践操作，不同类型文档如何美化 3. 学生展示作品，互相评价 4. 继续修改作品，填写自评表	1. 通过看书自主学习如何改变字符的字体、大小 2. 为导视牌进行设计（标题、内容） 3. 对文章进行修改美化 4. 展示作品并填写评价表 5. 拓展生活中运用字符格式设置的案例	1. 通过看书自主学习如何改变字符的字体、大小，一名学生进行讲解演示 2. 为导视牌进行设计，初步了解颜色搭配的重要性 3. 对文章进行美化，深入了解字形的应用与作用，学生进行讲解与操作演示 4. 展示作品并填写评价表 5. 拓展牛活中运用字符格式设置的案例
教师行为	1. 图片导入（两张对比图），导入新课引出字符格式设置的重要性 2. 引导学生，学会如何改变字符。重点：选中要改变的内容 3. 出示任务，深入练习 （1）装修导视牌 （2）美化文章（利用图片分析颜色搭配的重要性） 4. 分析作品并讲解	1. 图片导入（公交站牌），通过3秒的观察时间，让学生快速抓住重点，从而引出课题 2. 引导学生，学会如何改变字符。重点：要先选中想改变的内容 3. 出示任务1 装饰导视牌，巩固加深改变字符的方法 4. 出示任务2（图片分析）图片分析，强调颜色搭配的重要性以及字符格式不是设置的越多就越好看 5. 在美化文章的过程中强调字形的作用与使用方法	1. 图片导入（公交站牌），通过3秒的观察时间，让学生快速抓住重点，从而引出课题 2. 带学生了解什么是字符格式设置 3. 引导学生，学会如何改变字符。重点：要先选中想改变的内容 4. 出示任务1 装饰导视牌，加深巩固如何改变字符，深入了解字号中数字与汉字的数值大小对字符的改变 5. 出示任务2，图片分析，强调颜色搭配的重要性以及字符格式不是设置的越多就越好看 6. 在美化文章的过程中强调字形的作用与如何使用

（续表）

课次	第一轮（稿）	第二轮（稿）	第三轮（稿）
板书设计	字符格式设置 背景暗 字体亮 背景亮 字体暗	字体 字号 字形：B加粗I倾斜U下划线 颜色 背景暗 字体亮	字体 字号 数字大-文字大 汉字大-文字小 字形：B加粗I倾斜U下划线 颜色 背景暗 字体亮

（二）课堂教学变化脉络

教育行为背后的教育思想：

本课与生活中的事物相结合，让学生从生活中的小细节发现信息技术带来的便捷以故宫为主题创设情景，增加学生对北京文化的了解。以学生为主体，在教师引导和指导下，增强学生学习过程的体验性、实践性。通过设计故宫介绍牌的学习形式，对文章的美化、字体上的设计有了清晰的思路，从而提升学生的审美意识。

第一轮（稿）课：

教师急于告知，一直引导学生回答出自己想要的答案，而忽略了学生的想法。导入的意图不明确，以至于学生并不是很了解所要学的内容是什么以及什么是字符格式设置。在自主学习上，通过让学生看书来学习如何改变字体，并尝试，在他们做的过程中强调要先选中所要修改的内容，但并没有为学生演示，以至于小部分学生操作不熟练。在出示任务上，没有深入讲解细节上的内容，只强调了颜色搭配的重要性。学生并没有深入的学习到知识。

第二轮（稿）课：

教师引导，学生主要讲解，但表达不完整，基于上一轮课后的反思，老师这次主要引导学生，以学生为主体，让学生看书自主学习后，找一名学生演示操作，在操作过程中发现，这名学生理解能力强，能够熟练完成，但是在语言组织上没有逻辑，讲解的过程中总是不能说出完整的操作流程，所以老师还要进行补充。出示任务一后，大部分同学能够准确完成，为任务二打下了基础。在做任务二前，为学生提供了多种素材图片，分析颜色搭配上的优缺点，但在色彩的搭配以及字符格式设置上，学生的作品仍缺少美观性，需要加强与提高。学生在技术上操作都是很熟练的。后续学生在评价作品上，语言组织也不是很完整。

第三轮（稿）课：

有了前两次的经验，在平时课上，让学生多交流，多评价，通过短暂的练习，学生在语言组织上有了明显的提升。课上，学生能够独立为大家讲解如何改变字符，并强调要先选中所要修改的内容。通过做任务，带着老师的问题去思考探究出字号（汉字、数字）的规律以及字形的作用。还有一名同学通过探索，教会大家如何给文字上面加拼音。整节课上下来还是比较流畅，但是色彩搭配上，小部分同学做的还是比较花俏，需要多看案例。

三、反思与收获

通过试讲、评课，上课这三轮课下来，我认为自己不应该老想让学生答出自己心里所想的那个答案，急于引导告知出那个自认为标准的答案，应该尊重学生的真实想法。课上应引导学生，让他们多说，多讲，多评。而不是一味的老师评。

基于多元表征理论《认识百分数》的课例研究

崔晓航

一、背景分析

概念是人们实现对话、推理、想象等认知能力的基本元素，是思维的起点。数学概念是数学学习的基础，它在学生建构数学学科知识体系中起着至关重要的作用，学生理解和掌握数学概念的深度决定着学生数学理解水平和思维能力的高度。数学概念对于学生深入理解数学，解决数学问题的重要意义，概念教学是数学教学的基础。

百分数是小学阶段的重要概念。纵向梳理北师大版小学《数学》“数的认识”领域内容可以发现，教材将百分数的学习安排在整数、小数，特别是分数的意义和应用后进行，这样的安排凸显了百分数、分数和比等数学知识的内在联系，充分考虑了学生的认知水平对概念理解的影响，也反应出百分数是小学阶段抽象程度较高的数学概念。所以百分数的教学应该有效调和概念的抽象性和学生认知的具象性之间的矛盾，深刻理解概念需要经历“有过程的学习”，在学习的过程中主动建构概念。

根据前测结果了解到学生都见过百分数，结合情境对百分数表示的意义有模糊的认识，一部分能够从平均分的角度解释百分数的含义，但是不够准确，对百分数的认识不够深入。百分数不表示具体的数量，表示的是两个具体的数之间的关系，对于抽象关系的理解是认知的难点，这无疑加大学生对百分数理解的难度

数学概念的抽象性决定了多元表征是数学学习过程必不可少的手段和策略。如果能够多元表征百分数概念，建立概念表征系统，引导学生给各种表征方式建立联系的同时打通概念的逻辑关系，促使学生用已有的认知图式主动建构概念，实现让学生更加明晰概念本质的目的。所以，理解百分数概念的一种有效方式就是多元表征概念，表征方式越多，学生对概念的理解也会随着视角增多而越发深刻。因此，从多元表征视角下探索“百分数的认识”的教学策略，具有不容忽视的实践价值。基于此，提出了运用多元表征理论促进学生对百分数概念的理解的研究主题。

二、研究前准备

（一）研究主题：多元表征理论促进学生对百分数概念的理解研究。

（二）研究载体：小学六年级上册《认识百分数》。

（三）主要思路：采用归纳法概括出理论模式——课例研究实践验证——获取经验和教训——再次验证和修改理论模式。具体说来，就是以课例为载体，研究运用多元表征理论促进学生对百分数概念的理解中出现的种种问题。

（四）学情调研：

为了了解学生学习百分数的学习基础和学习难点，我对六年级11班40名学生进行调研。前测分为两个部分，调研题目如下：

第一部分：一次射击比赛，甲共射击了50次，44次命中，乙射击了30次，26次命中，他们俩谁的射击水平更高呢？

第二部分：

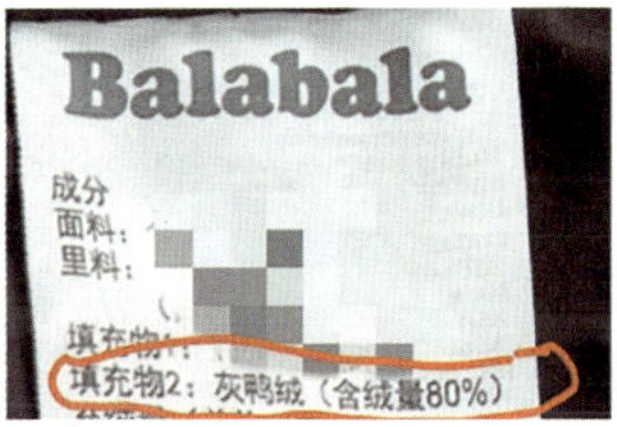

（1）你见过如图红圈相类似的数字吗？请举例说明。

（2）你能结合图片信息解释80%的含义吗？

第一个部分给定情境解决问题，主要了解学生应用比较数量关系即倍比方法解决问题情况，以及是否具有自主运用百分数解决问题的意识，间接了解学生对百分数的需求。第二部分出示一张带有百分数的羽绒服水洗标，直接给出百分数，先让学生列举生活中在哪里见过百分数，在此情境下解释百分数的含义，重点了解学生对百分数意义的理解程度。

类型	方法		人数	白分率
正确	分数	分母是75或375	12	30%
		分母是150	19	47.5%
	百分数		5	12.5%
错误	比较投失球的个数		5	12.5%
	通过加减统一数进行比较		2	5%
	有统一次数的意识但是方法不对		2	5%
	没有思路		2	5%

前测第一部分结果统计

通过第一部分前测发现有90%的同学能从2个量关系的角度综合考虑问题进行比较，这反映出学生具备学习百分数的思维基础。其中77.5%的同学能够借助分数得出正确结论，仅有12.5%的同学用到百分数，可见学生对百分数的需求不足，自主应用百分数的意愿不强烈。

示例	示例	人数	百分率
从分数角度解释百分数含义	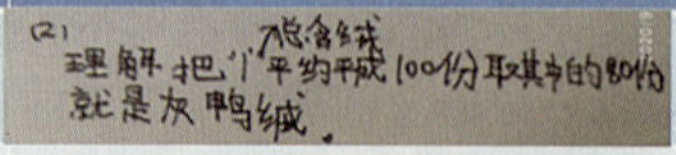	14	35%
结合情景实际进行解释	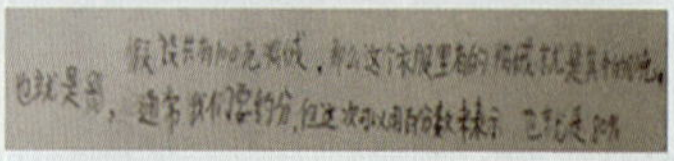	1	2.5%
运用比例解释		1	2.5%
有倍比意识，但是不能找准对应的两个量	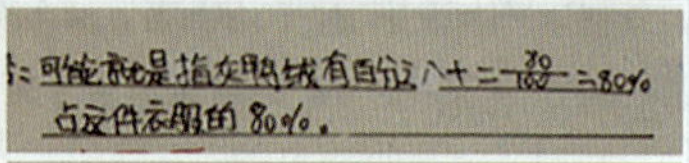	5	12.5%
不能清楚解释	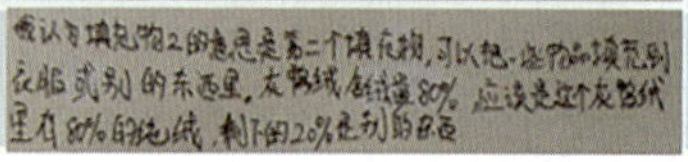	19	47.5%

前测第二部分结果统计

第二部分调研结果显示，所有同学都见过百分数，其中27.5%的同学集中在服装、布料、毛绒玩具的成分说明上见过，60%的同学在食品以及生活用品的外包装上见过百分数，还有12.5%的同学在比赛规则、超市打折信息、手机充电提示等情境中发现了百分数，示例背景很单一，不够丰富。只有40%的同学能够借助分数学习经验，寻找单位“1”，用平均分、分数以及分数与除法的关系正确解析百分数的含义，12.5%的同学有比较意识，但是不能够准确找到对应的两个量，47.5%的同学不能解释。

虽然有90%的同学具备比较两个量的关系解决问题的意识，且所有同学在生活中都见过百分数，但是仅有40%的同学能够正确解释，可见大多数同学对百分数的认识是浅层的。这些同学都采用文字描述，没有采用画图、举例子等多样方式解释，表征方式很单一，这也从侧面反映出，学生对百分数意义理解不够深入。

结合对百分数的认识以及学生前测情况，我认识到百分数表示“关系”是概念的本质和核心，绝大多数学生具备这样的学习百分数的思维基础，对百分数意义的深刻理解是本节课重点，也是需要帮助学生克服的学习难点。运用多元表征理论设计教学环节，丰富加深对意义的理解。

三、教学改进过程

教学片段1:

师：谁来说一说这个百分数85%表示什么意思?

生1：命中率是85%。

师：什么是命中率?

生1：如果投100球可以中85个。

生2：如果投1000个可以中850个。

生3：如果投10000个可以中8500个。

……

片段分析和改进:

学生对百分数的认识中有很强的生活印记，平时看篮球比赛的时候解说会提到命中率，学生能够结合生活经验理解百分数，能够做到将数学学习和生活相结合。当学生尝试用举例的方式解释百分数的含义时，后面几位同学的举例似乎更像是根据数之间的倍数关系在模仿，对百分数的理解似乎被限制住了，这并不利于对百分数的深入理解。

针对这个问题在第二次教学实践中，我在类似回答的后面加上了追问：如果投的不是整百整千个，如果投200个可能中几个呢？学生很快可以算出170个，也由此拓宽了对百分数认识的视角。

有了充分的举例后，形成一个过渡，再次追问：你们用举例的办法解释85%的含义，如果投100个，如果投1000个，如果投200个，如果投50个……可是实际上老师只投了24个球，为什么都能用84%表示啊？由此引发学生的思考，不管总数怎么变化，投中的个数和投篮总数的关系是不变的，都是投中数占投篮总数的85%。

教学片段2:

组织学生解决如下情境中的问题:

面对这个问题，从课上学生的反应来看真是一个不小的挑战。本来的预设是希望学生能够借助多种方式说理，比如画图，借助绳子实物等，在区分百分数和分数的过程中深化对百分数意义的理解。

但学生对多元表征百分数存在困难，绝大多数还是使用文字进行说理，说来说去还是原地画圈圈，并不能直观清晰地表示，说清楚百分数和分数的关系。

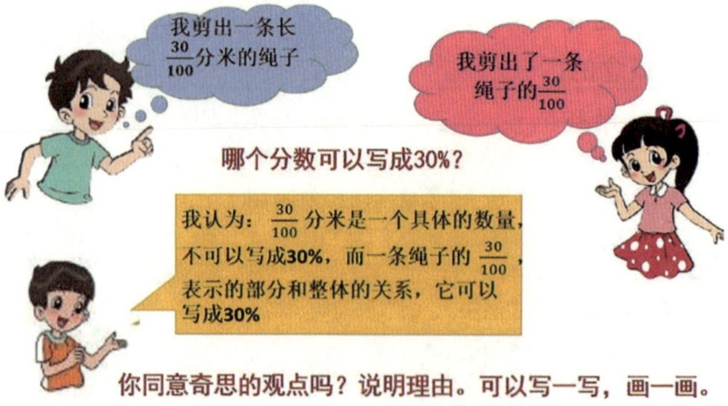

小学生处于具体形象思维占优势，向抽象逻辑思维形式的方向发展的时期，以建构性思维为主，他们对于概念的理解和掌握要经历归纳、抽象、概括的过程。除了言语表征，即语言描述百分数表示的两个量以及它们之间的关系，通过前测以及这个教学片段可知这是学生惯用并且擅长使用的表征方式。按照维果茨基最近发展区理论，学生现有的认知是利用文字言语对概念相关问题说理，希望他们能够在本节课学习后利用多种表征方式对概念相关问题进行说理，因此有必要在百分数概念出示后，有了充分的语言表征后再多加一个环节，用图形表征百分数的含义，给学生搭设脚手架。在这个环节中，由浅及深提供表征材料，降低表征的难度，引导学生用直观图形表征的方式表征百分数概念，并鼓励个性化的表征方式。有了言语和图形表征做铺垫，还可以引导学生借助符号表征。“我心中的90%”活动中不仅要动手操作材料，还要标出“90%”，意在为图形表征和符号表征建立联系；同时，引导学生发现“投中数 ÷ 投篮总数”这个除法算式表示的是投中个数是投篮总数的几分之几或者百分之几，也是在解释百分数的含义。

我❤中的90%

- **任务要求：**

1.用至少一种方式表示90%，可以直接选用下面的材料，也可以用自己喜欢的方式表示，并在图中标出90%？

2.小组讨论：结合情境和图，说一说90%表示什么意思？

- **任务材料：**

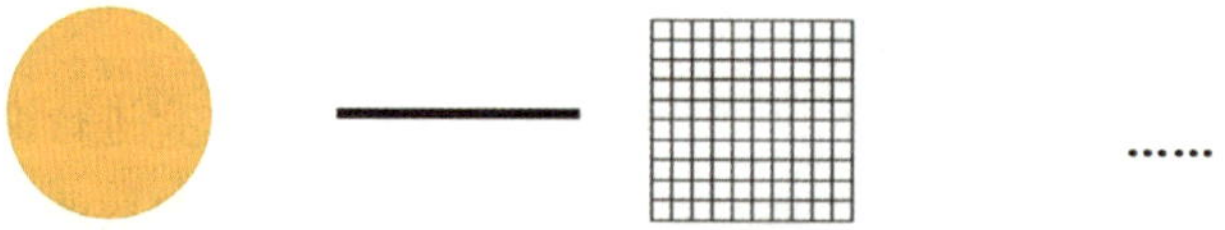

圆　　线段　　百格图

为学生的学习搭建有坡度的学习路径才能让他们在理解概念的过程中由浅及深，由外及里触及概念的内核，理解概念的意义和本质。

本次课例研究从最初的预设，到每次课后根据学生的课堂生成进行反思并改进，教学设计经过了八版的修订。从课堂效果来看，学生能够在本节课最后自主概括出百分数的含义，数学书课后习题正确率97.2%，反映出学生对百分数的含义有了较深入的理解。在后面的学习中，有78%的学生能够有意识主动运用算式、图、表、举反例等方式解释分数、小数、百分数互化问题，可见本节课在培养学生多元表征概念的学习意识方面取得效果。

基于以上分析，对于抽象程度较高的数学概念教学中科学运用多元表征十分必要，既可以引导学生实现对数学概念本质特征全面且深入的理解，还可满足学生个性化学习需求，为学生提供理解数学概念的一种有效方式，树立多元的学习观，提升学生的问题解决能力和数学学习能力。

基于真实情境 提高学生解决问题的能力

——四年级数学《有多少名观众》课例研究

武文颖

一、课例研究背景和主题

本单元属于“数与代数”领域“数的运算”这一部分内容。数的运算主要包括以下几条主线：数的运算意义及四则运算之间的关系；获得运算的结果（包括估算、精确计算）；运算律及运算性质；运用运算解决实际问题。

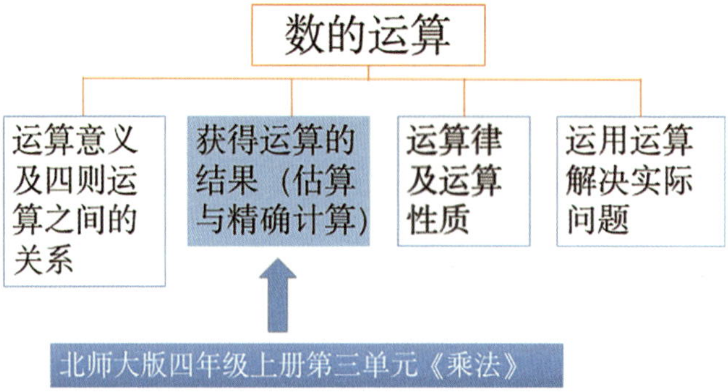

而本单元的内容主要体现了“数的运算”中获得运算的结果（包括估算、精确计算）这条主线。包括关于三位数乘两位数和利用计算器探索规律的精确计算学习，意在提高学生的运算能力。运算能力主要是指能够根据法则和运算律正确地进行运算的能力。培养运算能力有助于学生理解运算的算理，寻求合理简洁的运算途径解决问题。还包括用乘法估计大数的估算学习，意在发展学生数感。数感主要是指关于数与数量、数量关系、运算结果估计等方面的感悟。建立数感有助于学生理解现实生活中数的意义，理解或表述具体情境中的数量关系。

梳理本套教材整数、小数的乘法单元的学习，基本都包含有关于估算的内容，但是侧重点不同。

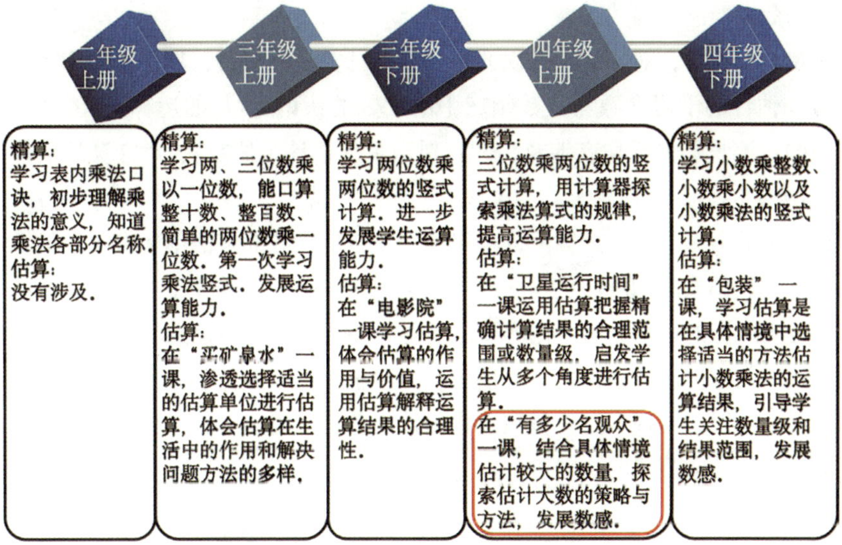

本套教材把整数乘法共分四次编排。在第一学段编排了三次，第一次是二年级上册主要学习表内乘法，重点是能够借助直观手段和情境图初步理解乘法意义，知道乘法的各部分名称；知道每一句乘法口诀的含义，能熟练地用口诀计算一位数乘一位数。第二次是在三年级上册主要学习两、三位数乘一位数，能够口算整十数、整百数、简单的两位数乘一位数的乘法；第一次学习乘法竖式，重点是理解两、三位数乘一位数乘法竖式计算的道理；能正确计算，发展学生的运算能力。第三次是在三年级下册主要学习两位数乘两位数进一步理解乘法竖式计算的道理，能用竖式正确计算，进一步发展学生的运算能力。第二学段安排了一次，即本单元。本单元主要学习三位数乘两位数的竖式计算、用乘法的策略估计大数、探索有趣的乘法算式的规律、会用计算器进行大数的四则混合运算，进一步提高学生的运算能力，为后续学习小数乘法和学生自主迁移运算方法，笔算多位数乘法奠定基础。

通过梳理整数、小数的乘法单元内容，可以发现估算与精算的学习同时进行，一般都会在某一课出现1～2个问题涉及到估算，主要是让学生估计“够不够”，引导学生关注运用估算解释计算结果的合理范围，意在培养学生估算的意识，体会估算是一种解决问题的方法。而《有多少名观众》一课属于整数乘法单元中对较大的数量进行估计的学习，即：运用估算估计大数；对较大数量估计的策略与方法的探索，即：以小估大。对较大数量的估计的数学思想，就是度量的思想。要确定一个度量单位（一排的观众人数或一个看台的人数），并估算出这个单位量，再数出单位数，就可以用乘法算出总量。不仅使学生体会到估算的作用与价值，更在注重发展学生的数感。

纵观本套教材，对于估计意识的培养和估计方法的学习，贯穿于整个小学阶段的学习。估计的学习在数与代数领域中的“数的认识”“数的运算”，图形与几何领域中的“测量”方面均有涉及，即：对数量的估计（估数）、对计算的估计（估算）、对测量的估计（估测）。

在“数的运算”这一内容下，不仅仅在整数、小数的乘法单元有关于估算的学习，在整数、小数的加减法、除法的单元学习中，都包含有关于估算的学习。而本节课虽处于“数的运算”这一内容下，但是它主要目地是借助乘法用不同的方法对生活中较大的数量进行估计，属于估数，更注重发展学生数感。

在小学阶段，梳理本套教材在“数的认识”这一内容下，在自然数范围内对学生估数意识和估数策略的培养：

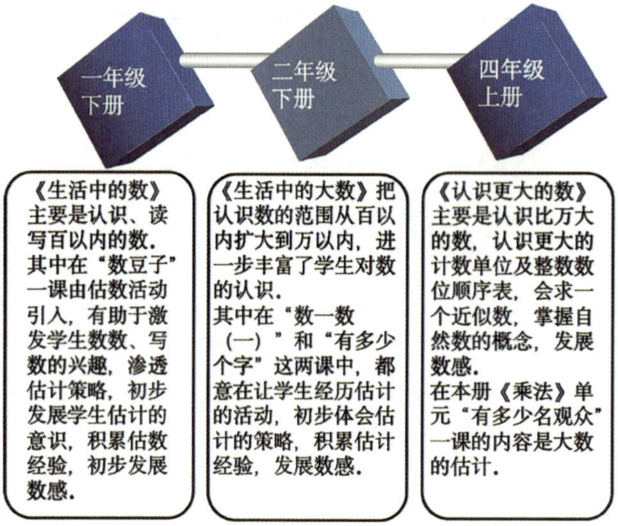

自然数的认识在小学阶段分四次安排，第一次在一年级上册，是关于20以内数的认识，没有涉及估数的内容。第二次在一年级下册，是关于100以内数的认识。其中在“数豆子”一课由估数引入，帮助学生积累估数活动经验，渗透估计策略，发展学生的估计意识，初步发展数感。第三次在二年级下册，是关于万以内数的认识。其中在“数一数（一）”一课大致圈出一千个小方片的估计活动中不仅在发展学生的数感，还在帮助学生建立估计的参照标准，发展估计策略。而“有多少个字”一课，是第一次安排独立课时学习估计，将问题难度控制在估计对象规范、能够用两位数的连加或表内乘除法或整倍数解决问题。既要体现与四年级三位数乘除运算学完以后的估计内容的区别，也是为四年级学习大数的估计做铺垫。第四次是在本册，是关于比万大的数的认识。而估计较大的数量这一估数内容，由于数值变大，数位变多，学生在估数过程中可能会运用三位数乘除法的相关知识，因此将大数的估计安排本单元进行教学。

本节课在对大数估计的过程中，运用“以小估大”的策略解决问题。“以小估大”这一估计策略在“万以内数的认识”“长度”“面积”等内容中均有涉及，学生已经积累过相关的活动经验。

此外，本节课也在借助乘法估算出整体的数量，因此本节课也包含估算的作用与价值。

在有关估算的教学过程中，要明确估算的价值与作用：一是估算在日常生活中有着广泛应用，有时可以不必进行精确计算；二是估算有利于人们把握运算结果的范围，能帮助学生发展对数及运算的理解，增强他们运用数及运算的灵活性，发展学生数感；三是通过估算教学渗透给学生近似的想法，使学生意识到“近似”也是解决问题的重要手段。

1.横向对比

通过对比三个版本的教材，会发现人教版在学习三位数乘两位数的乘法单元中，出现了通过对两个数量一个估大，一个估小的方法，像学生渗透如何估算出大概结果，同时也让学生体会到了用估算可以解决问题。而苏教版在学习三位数乘两位数的乘法单元，没有涉及到估算与估数的内容。人教版和苏教版在乘法单元都没有单独的一课让学生学习估计的方法，体会估计的作用与价值。北师大版在这一单元中融入1课时的内容专门学习大数的估计，一方面可以让学生体会到运用乘法可以解决对大数的估计，感受乘法的应用价值。另一方面可以让学生学到更多的估计方法，发展学生的估计意识和估计策略，同时发展数感。

2.聚焦本课

本课教科书中提出的三个问题，与估数和估算有关。第一个是在讨论用什么策略估计体育场观众的人数（较大的数量）；第二个问题是如何估计一个看台观众的人数；第三个问题是如何估算得到体育场可容纳的观众人数。不仅在培养学生估计的意识和体会用估算解决问题，还重在探索估计大数的策略与方法，借助乘法对生活中较大的数量进行估计，发展学生数感。

二、基本教学过程与发展脉络

（一）课堂教学程序

课次	第一轮（稿）	第二轮（稿）
教学目标	1.结合具体情境，探索估计大数的策略与方法，能借助乘法用不同的方法对生活中较大的数量进行估计，发展数感 2.在与同学交流的过程中，能够清晰地表达自己的估算思路与具体方法，培养思维的条理性 3.在解决问题的活动中，感受乘法的应用价值	1.结合具体情境，探索估计大数的策略与方法，能借助乘法用不同的方法对生活中较大的数量进行估计，发展数感 2.在与同学交流的过程中，能够清晰地表达自己的估算思路与具体方法，提高思维的条理性 3.在解决问题的活动中，感受乘法的应用价值
教学环节	环节一：初步感受“以小估大”的估算方法 环节二：体会“以小估大”的方法在解决问题中的应用 环节三：全课总结	环节一：情境引入、初探方法 环节二：感知估计策略和方法 环节三：再次体会、发展数感
学生行为	一：观看视频和照片，引出对大数的估计 二：根据剧场座位图，估计一块看台的座位数，再根据一块看台座位数，估计整个剧场 三：利用学到的方法，解决问题	一：观看视频和照片，激发学生的兴趣，引出对大数的估计 二：根据座位图，自主探索“以小估大”的估算策略。全班交流展示估算方法。感受到，估算可以给出一个范围，不必须趋于精确结果 三：由一个看台的人数估计整个剧场的人数，再次感知“以小估大”的估算方法。感受到最低范围在借助乘法计算后会更小，最高范围在借助乘法计算后会更大
教师行为	一：出示真实情境，引出探究任务 二：巡视全班，找出各种计算方法 三：在交流讨论的过程中进行追问 四：引导学生进行课堂总结	一：出示真实情境，在与学生的交流对话中，引出探究任务 二：巡视全班，找出各种计算方法，并进行分类与排序 三：展示估算方法，并进行适时追问 四：根据估算方法与结果，进行总结，提升学生对估算的认识 五：引导学生估算出整个剧场人数，总结对估算的认识
板书设计	21×9≈190（人） 190+25+20=235（人） 235≈240（人） 上半部分每行大约 30 人，下半部分每行大约 20 人．30×5+20×4=230（人） 7×9×4=252≈250（人）	

（续表）

课次	第一轮（稿）	第二轮（稿）
板书设计	方法 1：　230× 12=2760（名） 方法 2：　240× 12=2880 名） 方法 3：　250× 12=3000（名） 方法 4：　270× 12=3240（名） 方法 5：　12≈10，　230× 10=2300（名） 方法 6：　12≈10，　270× 10=2700（名）	 9≈10，21≈20， 20×10=200（人） 20×9=180（人） 180+20+25=225（人） 225≈230（人） 9×26=234≈230（人） 7×9×4≈60×4=240（人） 31×9=279≈280（人） 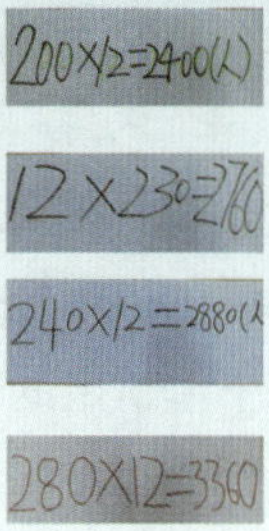

（二）课堂教学变化脉络

第一轮（稿）课：由于对估算理解的不够深入，本课重点更偏向于如何估得更准确。

第一轮课只是关注了如何在众多估算方法中，估得更准确。

在讲课的过程中，一方面由于对估算理解的不够深入，另一方面由于使用的是真实、不规则的座位图，对于学生可能出现的方法也没有一个掌握，因此在汇报学生方法和总结方面都出现了问题。

首先，在巡视选取学生方法时，没能对学生的估算策略和估算方法进行分类，因此出现了画图方式不同但估算策略相同的问题，又因为是估算，还出现了同类方法估数不同导致估算结果不同。这就显得学生方法众多又无序，整个汇报过程冗长又繁琐。其次，当这些方法全部呈现在黑板上时，学生没有思路从众多的方法中找联系，更没有感受到估算的作用，而是普遍认为，估算就是估得越准确越好。

第二轮（稿）课：基于对估算的深入理解，将估算的作用与价值定位到估算能给我们一个范围。

经过与专家老师的沟通交流，以及组内老师、领导的学习研讨，我们重新认识了估算的作用与价值。因为在第一次课后，我们一直在思考，若是估算的目的是估得准确，那么与精算有什么区别，为什么还要估而不是直接计算？因此当我们重新认识了估算的作用与价值后，又给我们一个新的思路。

在课上，巡视学生解决问题的方法时，虽然学生画图方法不同，但是背后的估算策略是相同的。我将学生的方法进行了分类整理，选取有代表性的方法进行有序汇报，并一一呈现在黑板上，分别是估小的、适中的、估大的几种方法。当所有方法汇报后，让学生观察黑板上的，感受估算的作用与价值。这样层次清晰的汇报与呈现后，学生确实能感受到，估算可以给我们一个大概的范围，无论估大、估小都有价值，而不是追求估得准确。

三、反思与收获

本节课是关于大数的估计，在小学阶段，关于估算的内容涉及广泛，对于教师来说也很难把握讲解估算时的具体方法与策略，这对于学生来说就更是一个难点。而书上给出的估算图是一个规则的图形，估算方法比较单一，而在于现实生活中，遇到的很多情况下是不规则的，无序的。那么，如何对杂乱无序的物体进行估计呢？这是学生需要增长的技能，或者可以说是学生的提升点。

此外，对于估算的认识与理解，若是老师都没有理解到位，又怎能做到把学生教明白呢？在此次备课的过程中，也使我深刻感受到，若想授人以渔，自己就必须要有授人以渔的本领。所以，教师也应该时时学习，不断加深自己对专业知识的理解与掌握。

《小篮球、行进间双手胸前传接球》课例研究

李 想

一、案例背景

小篮球是小学五年级基本教材中小球类的选用内容之一，水平三阶段学生在运动能力、体能等方面较水平二阶段有明显进步。移动是篮球运动的重要基本技术，因此，在《小篮球》教学中，不仅要从动作技能上进行较为全面的教学，本节课更是注重学生移动、反应方面的练习。

【教学设计】基础教育课程改革倡导自主、探究、合作的学习方式。体育教学应充分发挥学生的主体性，积极创造合作交流的学习环境，在体育教育教学中以小组共同任务，共同的责任，共同的荣誉为动力，通过与他人的合作，齐心协力共同分担，共同提高，为培养小学生合作意识搭建平台。本课让学生通过小组性质的合作参与学习、讨论与锻炼。通过运球技能的相互学习与帮助，采用小篮球与游戏相结合的教学方式让学生更多地参与到课堂教学中，在激活思维过程中体验合作、创新、成功时的心情，从而较快地掌握技术动作和提高身体素质。

二、案例介绍

【学习内容】小学五年级（水平三）《小篮球》。

【学习目标】（1）基本掌握上三步传球的技术。（2）发展身体的灵敏、协调等体能。（3）在活动中能与同伴互相协助，互相配合，敢于正确面对比赛的输赢。

【活动过程】组织：对比学情把学生分成4组，挑选具有基础篮球水平的同学为小组长。（1）队列练习：并队走裂队走。（2）引导学生做球操：教师带领下跟随音乐做热身活动及熟悉球性练习。教法：由教师示范，学生模仿性练习。（3）复习原地双手行前传接球：练习后通过小游戏的形式增加练习密度，增强学生对传接球动作掌握的熟练度。（4）学习行进间双手胸前传接球：给学生时间和空间，体验进行自主学习。然后在通过教师讲解示范给学生一个直观、正确、清晰的动作概念影像，观察思考，对比教师在行进间运球时的情况下，身体姿态的变

化。（5）带领学生做无球踏两步传接球动作练习和有球踏两步传接球练习：通过练习让学生初步体验原地走动传接球，体会行进间传球的手部动作、脚部动作。（6）教师组织学生练习上三步传接球练习、学生展示，评价：进一步熟练技术动作方法，感受上下肢协调配合的关系。（7）教师组织学生八人一组练习正面上三步传接球，并通过游戏加以练习：通过上三步传球游戏强化学生对行进间双手胸前传接球动作的掌握熟练度以及上下肢协调程度，增加学生对小篮球的兴趣。（8）教师组织学生体验慢跑传接球、教师小结：拓展，体验慢跑传接球，也为下节课慢跑行进间传接球打下基础。（9）游戏：攻破防线：此游戏是在学习了运球和初步学习了行进间传接球后运用运传球组织比赛。它对学生掌握运传球起到事半功倍的效果，学生的积极性特别高。

【分析与反思】本节课的教学设计，体现了新课程所提倡的要转变学生的学习方式，让学生在思考中学习，在游戏中学习，在合作中学习，让身体更多器官参与学习，从而获得学习乐趣和全面和谐发展。本课所设立的教学步骤，思路清晰。

（1）重视学习自主性。教学中，我给出足够的时间让学生进行小组合作学习。在小组合作学习中，更多的是以学生为本，我从旁加以正确辅导，教师担当的是“顾问”“指导者”的角色。学生在小组中自由练习，互相帮助，学习气氛很轻松。因而学生在课堂上特别活跃，思考特别积极。一会儿讨论，一会儿练习，然后再讨论好的方法，再接着练习，这样每个学生都能较好地掌握运球前行的技能，使课堂充满生机。

（2）重视练赛结合。“有练有赛，先练后赛”，这是体育教学中的原则。教学中我设计了蛇形运球跑接力游戏，每次游戏前都先让小组讨论怎样才能取得最快速度。面对比赛，学生能够独立思考，敢于尝试去实践，并且能够找到有效的学习途径和方法来解决问题，从而使每个学生更准确地掌握上步传球的技术。在趣味游戏性比赛中，小组合作学习的本质被凸显得一览无遗。合作学习将个人之间的竞争转变为小组之间的竞争，这不但有利于培养学生的合作精神和竞争意识，还有助于因材施教，这样就弥补了一个教师难以面向有差异的众多学生教学的不足，从而真正实现使每个学生都得到发展的目标，体现了学生的主体地位，这也是新课程标准所要求的。

（3）注重多维评价。教学中，我采用了小组自评、组际互评、师生互评相结合的方式，只要学生有点滴进步，我都给予大张旗鼓的表扬，让他们充分体验合作的乐趣，充分享受成功带来的喜悦，从而增强学生学习的自信心。在今后的体育教学中，将有着更多更好的教学新理念、新方法等着我们去探索、去研究，让学生在新课程标准的理念下健康成长。

《多彩的和声》课例研究

刘满新

一、课例研究背景和主题

（一）课题研究方向

在中华人民共和国教育部制定的义务教育音乐课程标准（2011年版）中强调，对小学3—6年级的课程目标要求增加合唱教学的分量；5—6年级部分学生进入变声期，应渗透变声期嗓音保护知识。

在小学高年级合唱教学中，音准是基础，和谐是精髓，在和谐的基础上，抒发音乐想表达的情感是灵魂。结合本人多年带合唱团的经验以及在教学中总结的一些小技巧，将课题的研究方向定在合唱教学。让更多的学生积极参与合唱、喜欢合唱，在激发学习兴趣的同时，培养合作学习的能力。

（二）单元教学设计说明

1.内容组织

本单元的学习内容，选取了具有不同演唱形式的三首合唱作品。第一首是欣赏演唱形式为领唱、合唱的《飞来的花瓣》；第二首是演唱形式为齐唱、合唱的《送别》；第三首是演唱形式为合唱的《晚风》。三首作品都与合唱相关，不仅向学生介绍了不同的演唱形式，也渗透了和声的运用技巧。其中《送别》和《晚风》这两首歌曲的合唱部分，两个声部的旋律都是三度间同向进行，虽说大小三度音程是不完全协和音程，但两个声部融合起来的声音效果非常饱满。三首作品使学生在聆听与演唱过程中感受其和声色彩。因此，本单元的主题为“多彩的和声”。

2.单元间的内容关联及学习者分析

（1）本教学设计为自主构建单元，内容是合唱教学，因此以“合唱教学”为线索，对人音版音乐教材5～12册进行教材梳理。

教材	年级	课题	课型	演唱形式	国家
5	三年级上	《美丽的黄昏》 《老爷爷赶鹅》	演唱	轮唱 齐唱、轮唱	欧美歌曲 罗马尼亚

（续表）

教材	年级	课题	课型	演唱形式	国家
6	三年级下	《虫儿飞》	演唱	齐唱、合唱	中国
		《春晓》		合唱	
		《卢沟桥》	欣赏	齐唱、合唱	
7	四年级上	《歌唱祖国》	欣赏	合唱	中国
		《牧歌》		无伴奏合唱	
		《蓝色雅特朗》	演唱	合唱、齐唱	南斯拉夫
		《吹草哨儿》		合唱、齐唱	中国
		《大家来唱》		合唱	意大利
		《月亮月光光》		合唱	中国台湾
		《渴望春天》		合唱	奥地利
		《小白船》		合唱	朝鲜
		《龙里格龙》		合唱	中国
8	四年级下	《鳟鱼》	欣赏	合唱	奥地利
		《街头少年》		合唱	法国
		《小小少年》	演唱	齐唱、合唱	美国
		《真善美的小世界》		齐唱、合唱	中国
		《老鼠和大象》		齐唱、合唱	中国
		《小纸船的梦》		齐唱、合唱	中国
		《拍手拍手》		齐唱、合唱	捷克民歌
		《白鸽》		轮唱	中国
		《阳光牵着我的手》		齐唱、合唱	
9	五年级上	《山童》	欣赏	合唱	中国
		《飞来的花瓣》		领唱、合唱	中国
		《歌唱二小放牛郎》		合唱	中国
		《送别》	演唱	齐唱、合唱	美国、中国
		《我怎样长大》		齐唱、合唱	中国
		《晚风》		合唱	俄国
		《苹果丰收》		齐唱、合唱	朝鲜
		《平安夜》		合唱	奥地利
		《铃儿响叮当》		合唱	美国
10	五年级下	《小鸟小鸟》	演唱	齐唱、合唱	中国
		《迷人的火塘》		齐唱、合唱	中国
		《故乡的小路》		齐唱、合唱	中国
		《雪绒花》		合唱	美国
		《田野在召唤》		合唱	意大利
		《我们要做雷锋式的好少年》		齐唱、合唱	中国
		《让我们荡起双桨》		齐唱、合唱	中国
		《静夜思》		齐唱、合唱	中国
		《读唐诗》		念白、齐唱、合唱	中国

（续表）

教材	年级	课题	课型	演唱形式	国家
11	六年级上	《东边升起月亮》 《长江之歌》	欣赏	合唱 领唱、合唱	意大利 中国
		《茉莉花》 《妈妈格桑拉》 《我们生活在同一个星球》 《月亮姐姐快下来》 《萤火虫》 《红蜻蜓》	演唱	合唱 领唱、合唱 齐唱、合唱 齐唱、合唱 领唱、合唱 合唱	中国 中国 中国 中国 中国 日本
12	六年级下	《爱是一首歌》 《守住这一片阳光》 《生命》 《装扮蓝色的地球》 《告别时刻》 《欢乐颂》	欣赏	混声合唱 领唱、合唱 混声合唱 齐唱、合唱 男女生二重唱 混声合唱	美国 中国 中国 中国 意大利 德国
		《红河谷》 《歌声与微笑》 《榕树爷爷》 《同一首歌》	演唱	合唱 齐唱、合唱 合唱 合唱	加拿大民歌 中国 中国 中国

人音版音乐教材从第5册开始出现合唱作品，5至12册中，共有合唱作品59首。其中5至6册有作品5首，演唱形式以二声部轮唱、简单的二声部合唱为主；第7至第8册有作品18首，演唱形式以齐唱+合唱、合唱为主，这个学段合唱作品的比例有所增加，这些作品在和弦运用上比较规范，多以Ⅰ Ⅳ Ⅴ级和弦为主，有一部分作品还运用了Ⅵ级和Ⅴ7；第9至第10册有作品18首，在这个学段演唱的合唱作品出现的比例较大，因五年级学生在认谱、唱谱、节奏、音准等方面已经积累了一定的音乐基础，大部分学生没有开始进入变声期，声音条件较好，因此这个学段可谓小学合唱教学的黄金时期。作品在和弦运用上以Ⅰ Ⅳ Ⅴ级为主，多出现两个声部三度间同向进行；第11至第12册有作品18首，在这个学段欣赏的合唱作品比例较大，六年级学生已经具备了欣赏合唱作品的能力，大部分学生开始进入青春期，特别是男生，因变声导致声音条件较差，女生开始变得腼腆，不好意思唱歌，因此在这个学段主要以欣赏为主，要在平时的教学中，多向学生普及变声期保护好声带的方法，帮助学生缓解因青春期带来的心理压力。

（2）本单元选取的三首作品在全册教材中的位置。

《飞来的花瓣》选自人音版音乐教材五年级（上册）第1课；《送别》选自人音

版音乐教材五年级（上册）第3课；《晚风》选自人音版音乐教材五年级（上册）第4课，这三首作品在教材中的位置都比较靠前。按理来讲五年级的学生应当积累了一定的合唱学习能力，但在疫情期间，学生以居家学习上网课为主，缺少了合唱学习的系统训练。所以本学年的开学初注重向学生铺垫一些合唱学习的方法、技巧以及提升认谱、唱谱的能力。激发学生对合唱学习的兴趣爱好，鼓励他们积极主动参与合唱教学。在教学中帮助学生了解合唱作品创作的原理，为后期的教学打好基础。

3.单元内的内容关联

多彩的和声						
	课时	曲名	调号	拍号	演唱形式	和弦运用
聆听	第一课时	《飞来的花瓣》	1=降E	$\frac{4}{4}$ false	领唱+合唱	和弦连接聆听与感受
演唱	第二课时	《送别》	1=C	$\frac{4}{4}$ false	齐唱+合唱	和弦的纵向分解演唱
演唱	第三课时	《晚风》	1=E	$\frac{6}{8}$ false	合唱	和弦连接的横向柱式演唱

聆听合唱作品《飞来的花瓣》，感受歌曲的和声色彩；再把这种和声思想带入到两首歌曲的学唱中，最终做到二声部的和谐演唱。

演唱歌曲《送别》，通过Ⅰ Ⅳ Ⅴ级和弦连接的分解练习，学习和声的构成，在歌曲的合唱部分感受和弦的和声色彩。

演唱歌曲《晚风》，通过师生配合，在Ⅰ Ⅳ Ⅴ级分解和弦的基础上加入横向的柱式练习，感受和声色彩的同时了解合唱作品创作的原理。运用学过的和弦为旋律编创和弦连接，在感知和声、学习和声的基础上运用和声，形成层层递进的知识体系。

4.学科素养发展价值

通过欣赏与表现，发展学生的聆听、演唱等音乐学科能力与素养。在教学中，提高学生用自然的声音、准确的节奏和音调的演唱能力，发展学生的多声思维听觉能力和提高演唱多声部的能力。加强学生对和声的感受与理解、合唱能力与水平的提升以及促进学生合作能力的发展。

5.教学设计与实践的理论基础

课标中指出：“3—6年级，增加合唱、乐器演奏以及音乐创造活动的分量；要更加重视并着力加强合唱教学”。

（三）课时教学设计说明

1.教学内容分析

（1）本课时的内容在单元结构中的位置和作用。

《晚风》是本单元学习内容的第3课，通过师生配合，在Ⅰ Ⅳ Ⅴ级分解和弦的基础上加入横向的柱式练习，感受和声色彩的同时了解合唱作品创作的原理。运用学过的和弦为旋律编创和弦连接，在感知和声、学习和声的基础上运用和声，形成层层递进的知识体系。

（2）音乐作品分析。

情绪：安谧的，曲调优美抒情，委婉动听。

调式：大调式。

节拍：$\frac{6}{8}$拍

歌词：以“晚风”为题材，生动地描绘了大自然的美丽景象。“夕阳的晚上”、“树丛中的夜莺在歌唱”……抒发了孩子们对大自然的热爱。

曲式结构：由三个乐句构成的一段体结构。

第一乐句在弱起小节进入后以平稳的节奏展开，在第1小节和第3小节只作了上移二度的小变化，使得曲调在平稳中稍有起伏，音乐把人们带到了黄昏时刻，当晚风吹来时四周田野一片静谧的情景之中，富有诗情画意。

第二乐句在四度跳进后，出现了全曲的最高音，旋律由上而下形成了一个较大的起伏，抒发了人们在美丽的大自然的情景之中，像树丛中的夜莺一样快乐的歌唱。

第三乐句变换重复了第二乐句的旋律，使赞美、热爱大自然的情感得到进一步的抒发。

力度：第一乐句mp；第二乐句mf；第三乐句mp。

和弦的运用：

2.学习者分析

（1）前测。本前测选取我校气象路校区五年级13～16班的学生，共176人。

前测试一：对首调识谱的测试

根据《北京市中小学音乐学科教学常规》的要求，教师在五线谱任何位置上呈现ls—sol—mi—do—re五声调式音阶五个音中某一个音的位置，学生能够找到相对应的其他四个音的正确位置。

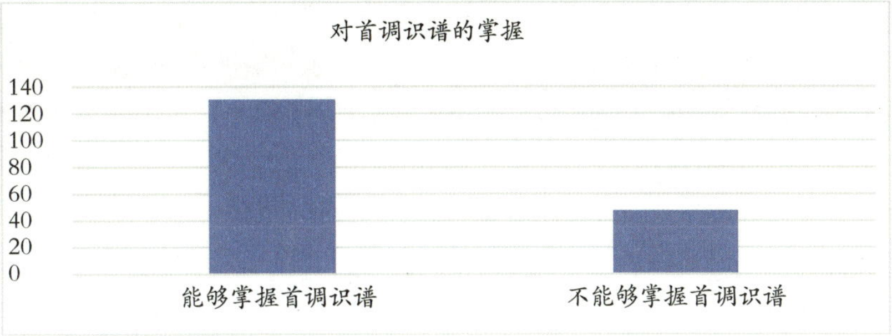

有129名学生能够掌握首调识谱的方法，约占总人数的73%。

前测二：对歌曲演唱形式的测试

聆听歌曲《校园的早晨》、《我怎样长大》，说出歌曲的演唱形式。

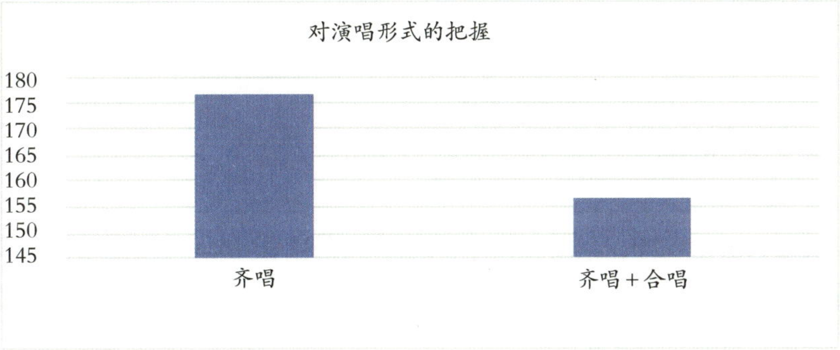

有174名学生能够准确区分齐唱、合唱两种演唱形式，约占总人数的99%。

（2）学生情况分析。

①主要优势。五年级学生，能够为歌曲划分乐句；具备首调识谱的能力；能够听辨作品的演唱形式；能够掌握基本节奏的识读与演唱；能够在演唱歌曲、识读乐谱等方面对同学或老师进行正确的评价。

②存在的问题。本届五年级学生，受疫情影响，上半年以居家学习为主，学习效果不是很理想，对于合唱作品的学习相对较少，缺少系统的训练与练习，所以在二声部演唱方面相对困难。

③解决策略。针对二声部演唱困难的问题，首先调整学生的发声方法，无论是齐唱还是合唱，都要求学生“静、轻、听、合”，做到声音统一；然后通过反复正确地唱，训练学生的音准，当学生声音统一、音准稳定，合唱的问题就解决了很多。

3.学习目标设计

（1）情感·态度·价值观。

在歌曲《晚风》的学习过程中，能够乐于参与合唱活动，并对大自然产生喜爱之情。

（2）过程与方法。

在歌曲合唱的过程中，通过师生配合、生生配合的方式，运用“静、轻、听、合”的和声演唱方法，感受二声部的和谐之美，逐步提升合唱学习的能力。

（3）知识与技能。

①能够用柔和、自然的声音演唱歌曲晚风。

②能够视唱歌曲旋律。

③认知$\frac{6}{8}$拍的特点、含义以及强弱规律。

4.学习重点难点

（1）学习重点：歌曲《晚风》的演唱。

（2）学习难点：二声部的和谐演唱。

5.学习评价设计

（1）评价方式。

结合本课教学目标，采用过程性和终结性评价的方式，对学生学习态度、方法、思维、知识能力的获得提升等进行鼓励为主的肯定性评价，依靠对学生的行为表现判断学习目标的达成度。

（2）评价量规。

评价要点	我很优秀	我可以很好	继续努力 我会很优秀
能够用柔和、自然的声音演唱歌曲			
能够准确视唱歌曲旋律			
能够与同学合作进行二声部的演唱			

二、基本教学过程与发展脉络

环节	修改前		修改后	
	教师活动	学生活动	教师活动	学生活动
发声练习	1.气息练习 (1) 慢吸——快呼 (2) 快吸——慢呼 (3) 快吸——轻声si 2.和弦连接练习 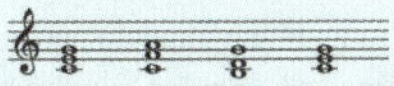 3.和弦连接编创  4.演唱编创的和弦连接 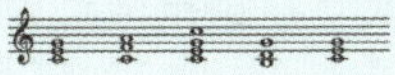	1.双手叉腰，双脚岔开与肩同宽，注意发声练习站姿；养成良好的吸气习惯，不耸肩、吸气不出声音、急吸慢呼；学会看指挥 2.和声练习注重静（安静，一心投入到和声演唱当中）、轻（轻声唱，注意发声位置的统一）、听（互相听，听自己的声音、听自己声部的声音、听其他声部的声音、听琴的声音）、合（融合，将自己的声音与集体融合起来），用心感受三度和声的美妙 3.根据C大调 I IV V级和弦，为谱例设计和弦连接 4.看老师手势，分声部演唱自己创作的和弦连接	1.分声部演唱E大调 I IV V级和弦 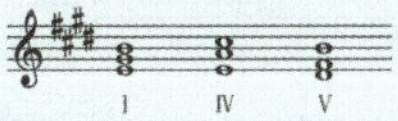	1.保持站姿；养成良好的吸气习惯，不耸肩、吸气不出声音、急吸慢呼；学会看指挥 2.和声练习注重静（安静，一心投入到和声演唱当中）、轻（轻声唱，注意发声位置的统一）、听（互相听，听自己的声音、听自己声部的声音、听其他声部的声音、听琴的声音）、合（融合，将自己的声音与集体融合起来），用心感受三度和声的美妙 3.能够对合唱的声音效果进行评价
	修改目的： 1.本环节是对常态课中教学特色的展示，设计的内容偏多，占用时间过长 2.和弦连接的调式改成E大调，有助于学生认谱唱谱 3.增加学生评价环节，引导学生发现自身问题，学会解决问题的方法			

（续表）

环节	修改前		修改后	
	教师活动	学生活动	教师活动	学生活动
编创导入	1.师生合作，生唱编创的和弦连接、师唱第一声部1、3乐句的旋律 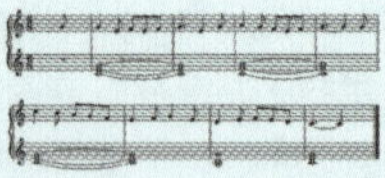	1.在演唱和弦连接的过程中，学会看老师手势，用心感受和声的美妙 2.在师生合作、生生合作的过程中，做到静（安静）、轻（轻声唱）、听（互相听）、合（互相融合）	1.利用E大调Ⅰ Ⅳ Ⅴ级和弦为旋律设计和弦连接 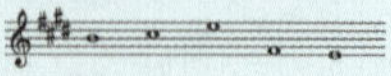 2.演唱设计的和弦连接 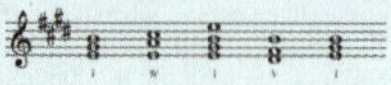 3.师生合作，老师在学生演唱和弦连接的基础上导入歌曲的旋律 	1.用E大调Ⅰ Ⅳ Ⅴ级和弦，为谱例设计和弦连接 2.在演唱和弦连接的过程中，学会看老师指挥，用心感受和声的美妙 3.在师生合作、生生合作的过程中，做到静（安静）、轻（轻声唱）、听（互相听）、合（互相融合） 4.能够对合唱的声音效果进行评价
	修改目的： 1.调整环节布局，让整体结构更合理 2.会唱和弦还不够，要反过来会运用和弦，体现教与学的过程 3.注重传授和声演唱方法 4.培养学生合作学习的能力			
学习新授	1.学习歌曲第一声部。完整聆听歌曲，边听边观察，老师创编的旋律在歌曲的位置  （1）观察歌曲的乐句特点 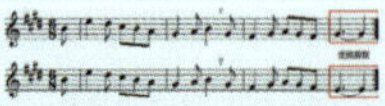 （2）演唱第一声部的歌谱，准确运用换气记号	1.安静聆听，认真思考老师提出的问题 （1）能够准确地为歌曲划分乐句；能够准确表达出老师创编的旋律是歌曲的1、3乐句 （2）能够准确找出第3乐句是第2乐句的变化重复，两乐句只有尾音不同，其他音完全相同。第2乐句尾音结束在mi上，是半终止；第3乐句尾音结束在do上，是完全终止 （3）在演唱歌谱的过程中，用左手安静地点着稳定拍，右手指	1.完整聆听歌曲 （1）发现老师演唱的旋律在歌曲中的位置 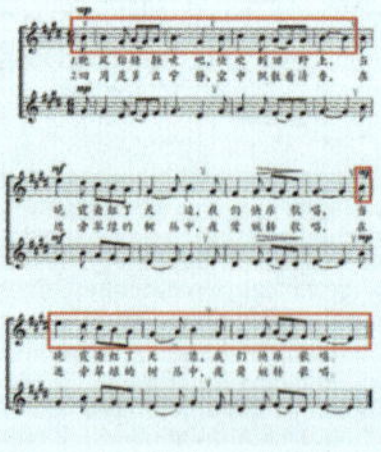 （2）老师范唱歌谱，学生观察歌曲的乐句特点 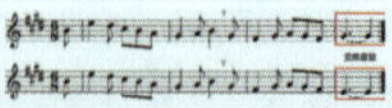 2.分声部学习歌曲 （1）出示一声部歌谱，学生自主识读	1.安静聆听，认真思考老师提出的问题 （1）能够准确地为歌曲划分乐句；能够准确表达出老师创编的旋律是歌曲的1、3乐句 （2）能够准确听出第3乐句是第2乐句的变化重复，两乐句只有尾音不同，其他音完全相同。第2乐句尾音结束在mi上，是半终止；第3乐句尾音结束在do上，是完全终止 （3）在演唱歌谱的过程中，用左手安静地点着稳定拍，右手指着谱例

（续表）

环节	修改前		修改后	
	教师活动	学生活动	教师活动	学生活动
学习新授	2. 师生合作，学习歌曲的第二声部 （1）生唱一声部，师唱二声部 （2）找出两声部间旋律走向的特点 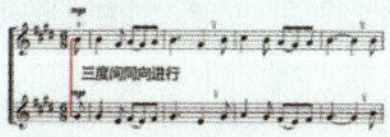 （3）自主识读第二声部的歌谱 （4）集体演唱二声部的歌谱 （5）师生合作，师唱一声部，生唱二声部	着谱例 2. 在与老师合作演唱二声部时，做到“静、轻、听、合”，互相配合	 （2）集体演唱一声部歌谱，准确运用换气记号 （3）师生合作，学生唱一声部，教师加二声部 （4）出示二声部歌谱，教师弹奏两个声部的旋律，学生观察两声部间的特点  （5）学生自主识读二声部的歌谱  （6）集体演唱二声部歌谱 将学生划分两个声部，合唱歌谱	2. 在与老师、同学合作演唱二声部时，做到“静、轻、听、合”，互相配合 3. 自我评价：准确视唱歌曲的旋律
	修改目的： 1. 环节布局再次调整，调整后更有层次感 2. 增加学生自我评价环节 3. 两处设计学生观察谱例的环节，都加上听，这样会更直观，让学生自己发现学习内容的特点，而不是教师的传授，培养学生学习的能力。无论是教师范唱还是弹奏，都可以体现教师的教学水平和专业素质，是加分项 4. 更能体现教与学的过程			

（续表）

<table>
<tr><th rowspan="2">环节</th><th colspan="2">修改前</th><th colspan="2">修改后</th></tr>
<tr><th>教师活动</th><th>学生活动</th><th>教师活动</th><th>学生活动</th></tr>
<tr><td rowspan="2">合作探究</td><td>1.合唱两声部歌谱
(1) 将学生划分为两个声部，生生合作完成两个声部歌谱的演唱
(2) 交换声部演唱
2.加歌词演唱
(1) 小声跟唱歌曲，探究力度、情感的表现
(2) 分声部演唱歌词
(3) 加钢琴伴奏，两声部合唱
(4) 解决弱起、$\frac{6}{8}$拍的特点、定义及强弱规律
(5) 完整演唱歌曲</td><td>1.在生生配合演唱两声部歌谱时，注意互相听，听自己的声音，听自己声部的声音、听另一声部的声音，将自己的声音与集体的声音融合起来
2.在演唱歌词时，把嘴张开，咬字清晰，发声位置与集体保持统一
3.听老师弹奏的钢琴伴奏，体会$\frac{6}{8}$拍的强弱规律
4.知道弱起拍是整小节的第6拍，能够准确接唱老师的钢琴伴奏</td><td>1.欣赏傍晚风景图片，学生以小组为单位，探究歌曲的力度、速度、音色，并加歌词小组内进行表现
2.小组展示
3.加歌词二声部合唱
4.跟钢琴伴奏，讲解$\frac{6}{8}$拍的定义及强弱规律</td><td>1.积极地参与到小组的探究活动中
2.在生生配合演唱两声部歌谱时，注意互相听，听自己的声音，听自己声部的声音、听另一声部的声音，将自己的声音与集体的声音融合起来
3.在演唱歌词时，把嘴张开，咬字清晰，发声位置与集体保持统一
4.听老师弹奏的钢琴伴奏，体会$\frac{6}{8}$拍的强弱规律
5.知道弱起拍是整小节的第6拍，能够准确接唱老师的钢琴伴奏
6.自我评价：能够与同学合作进行二声部的演唱</td></tr>
<tr><td colspan="4">修改目的：
1.情景式教学
2.增加学生的自我评价
3.$\frac{6}{8}$有两个切入点，一个是定义：通过看，观察谱例以几分音符为1拍，每小节有几拍；另一个是强弱规律：通过听，感受音乐的强弱规律</td></tr>
<tr><td rowspan="2">知识拓展</td><td colspan="2">无</td><td>1.聆听经典的俄罗斯歌曲《夜莺》
2.欣赏夜莺图片
3.布置作业</td><td>1.发挥想象，猜一猜歌曲唱的是什么
2.了解夜莺的叫声、习性</td></tr>
<tr><td colspan="4">修改目的：
1.加入人文的知识——俄罗斯声乐历史，《夜莺》这首歌曲是俄罗斯非常有名的声乐作品，用花腔女高音的音色模仿了夜莺的叫声。在《晚风》这首歌曲中提到了夜莺在婉转歌唱，用这首歌曲让学生了解夜莺
2.与美术学科相融合，歌曲描写了俄罗斯郊外夜晚的景色，意境非常优美，学生根据歌曲所描绘的意境以及对歌曲的理解，用画笔将这种场景表现出来</td></tr>
</table>

三、反思与收获

世纪杯是海淀区非常有含金量的比赛，是对教师基本功的考验，赛前准备的时间非常紧张，那么怎样能在较短的时间内完成高质量的参赛作品呢，我总结如下：

（一）平时的积累

这是靠平时的积累，到关键时刻将积累的内容汇聚在一起，是一个水到渠成的过程，而不是临时抱佛脚。在参赛前，我从2018年5月起，先后参加了北太平庄学区的研究课、为海淀区所有音乐教师做单元教学设计培训、海淀区音乐研究课的设计、海淀区空中课堂的录制等活动，在这些活动的准备过程中，积累了很多经验。假期里，我将小学1–6年级全册的学业标准、教材梳理了一遍，明确了不同年级段的学生应掌握哪些内容，在学习内容设计上少走弯路。

（二）注重常态课教学

赛课是平时常态课的展示，在平时的常态课教学中，根据自身特长，有自己的研究方向、注重对学生学习能力的培养，深刻体会“台上一分钟、台下十年功”的含义。

（三）专家引领

在这样时间紧迫的情况下，专家是用来帮助提升的，而不是帮助从头备课的，在这次参赛的备课中，我在引导学生自我评价、教与学的过程这两方面做的不够好，通过专家的指导，我仿佛豁然开朗，对今后的教育教学都会有非常重要的影响。

基于学情的古诗教学探究
——以五年级上册12课《古诗三首》为例

刘学敏

一、课例研究背景和主题

2020年10月底，我非常幸运地参加了海淀区“世纪杯”青年教师教学基本功展示活动。在专家的引领下，校领导的指导下，在同教研组老师的大力帮助和支持下，在同样参赛的伙伴们的相互鼓励下，我对古诗教学有了更加深入的理解。

“结合资料，体会课文表达的思想感情”是统编教材五年级上册第四单元列出的语文要素。在这个语文要素的落实上，教师要能够从单元整体目标出发，根据学生的学习起点以及基于学生的问题，对学生进行资料的查找、搜集与整理等知识的点拨，以引导学生学会恰当地结合资料体会课文所表达的思想感情，落实语文要素。

《义务教育语文课程标准（2011年版）》在总目标中指出，学生要“初步具备搜集和处理信息的能力。”统编教科书五年级上册第四单元的语文要素是“结合资料，体会课文表达的思想感情”。笔者以五年级上册12课《古诗三首》为例，谈谈如何恰当地结合资料，感受爱国情怀，落实语文要素。

二、基本教学过程与发展脉络

（一）课堂教学程序

课次	第一轮（稿）	第二轮（稿）	第三轮（稿）
教学目标	1.认识“乃”、“熏”等5个生字，会写“祭”、“乃”等8个字 2.有感情地朗读古诗。背诵古诗。默写《示儿》 3.能够结合注释、资料，理解关键诗句的含义，体会诗人的爱国情怀	1.有感情地朗读古诗。背诵古诗。默写《示儿》 2.能够结合注释、资料，理解关键诗句的含义，体会诗人的爱国情怀	1.有感情地朗读古诗。背诵古诗。默写《示儿》 2.理解诗句内容，体会诗人表达的思想感情，通过有感情的朗读，表达自己的爱国之情 3.能够基于学习中的问题，结合资料，深入地理解古诗内容，体会诗人的思想感情

（续表）

课次	第一轮（稿）	第二轮（稿）	第三轮（稿）
教学环节	环节一：主题导入，读通古诗，初悟诗意 环节二：结合资料，想象画面，体悟感情 环节三：入情入境齐诵古诗	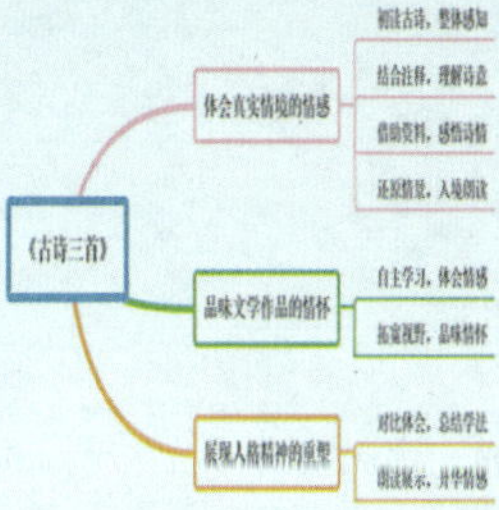	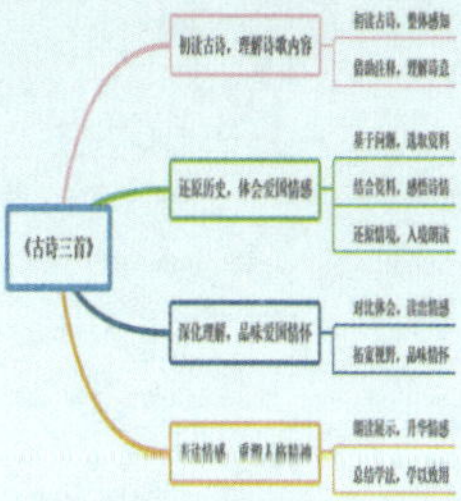
学生行为	1.学生交流查找资料情况 2.学生借助资料，分小组交流体会诗歌的感情 3.熟读成诵，互相检查评价 4.学生有感情背诵课文，分小组展示交流成果，谈谈自己通过查阅资料，理解了哪些内容，体会到诗人的爱国情怀	1.结合注释理解诗歌内容 2.结合资料来体会诗人情感 3.小组交流资料，尝试解决自己的疑问 4.通过朗读南宋诗人们的诗句，体会爱国情怀 5.对比两首古诗，从表达方式上找到不同点 6.学生有感情朗诵古诗，体会到诗人的爱国情怀	1.看题目，结合注释，解诗题 2.那陆游在临终前告诉了儿子什么？ 再读古诗，结合注释理解诗歌内容 3.设置情境 1210年的冬天，窗外，是北风凄厉的呼号；屋内，昏暗的烛火下是烛泪在流淌。面对床前的儿孙，这位老人说：“我的孩子们，这是我临终前的心里话。______________________________________。” 陆游都会说哪些心里话呢？两人一组，互相说一说。 追问：你觉得诗人怀着什么样的心情说的这些话？ 4.结合“靖康之耻”、“南渡”等资料，了解金兵占领中原，百姓生活在水深火热之中 5.除了宋朝时期的资料，陆游其他的诗歌，有没有给你启发？ 6.对比两首诗，找出关联。都在写爱国，感受不同，朗读的方式也不同 7.结合查找的资料，朗读南宋诗人们的诗句，体会爱国情怀

（续表）

课次	第一轮（稿）	第二轮（稿）	第三轮（稿）
			8.带着理解与体会，在《示儿》和《题临安邸》两首诗中，任选一首，朗诵给同伴听。听的同学进行评价，完成朗诵评价单
教师行为	引导学生细读古诗，通过借助注释和相关背景资料，深入理解诗意，体会诗人的情怀	引导学生细读古诗，通过借助注释和相关背景资料，深入理解诗意，体会诗人的情怀	引导学生细读古诗，通过借助注释和相关背景资料，深入理解诗意，体会诗人的情怀
板书设计	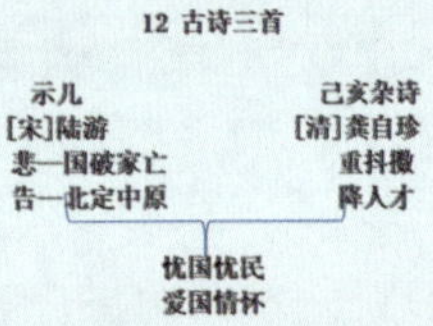	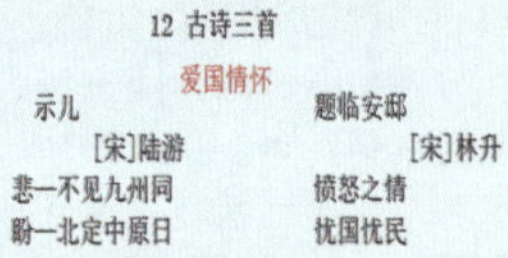	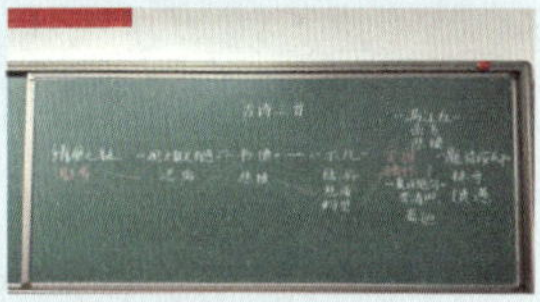

（二）课堂教学变化脉络

1.立足学生本位，确定课时学习难点

在课堂教学中，教师要能够从学生的认知起点出发，了解学生在查找、搜集资料方面已经具备了哪些能力，在体会课文思想情感方面还应做哪些努力，然后对学生进行有目的的指导，以丰富学生的学习经验。

对于五年级学生而言，学生已有学习古诗的经验，并且有了一定品读诗句，体会情感的能力与策略。但特殊历史背景下的家国情怀，是学生所不熟悉的，理解起来有一定的困难，很难在情感上产生共鸣，因而从语文能力的训练来看，需要学生进行大量的资料查询，并且筛选资料，加深对课文的背景理解。

因此，在学习《古诗三首》之前，对班级学生进行了前测。

学生前测问题：

请结合注释，写一写《示儿》这首诗的诗意。

你想搜集哪些方面的资料？

什么时候提取资料，通过结合什么资料来理解诗歌内容以及体会诗人的情感？

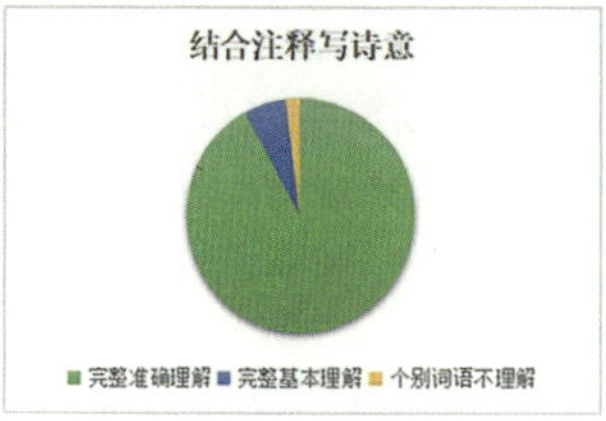

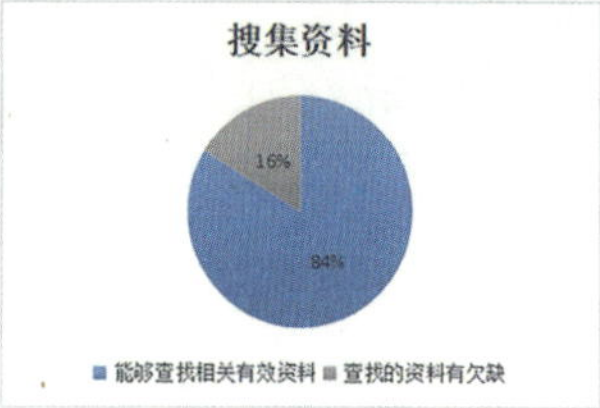

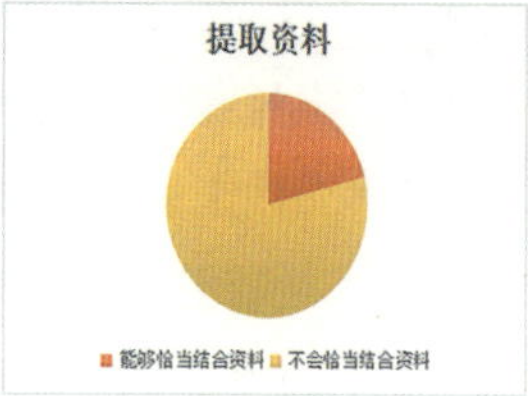

通过前测了解：

全班有92%的学生能够结合注释，完整准确写出古诗的诗意。

全班有84%的学生能够查找相关的资料，如诗人的生平资料、南宋时期的资料以及相关的爱国诗歌。

难点在于学生不会恰当地结合资料，提取资料、运用资料的能力有所欠缺，占到了全班人数的79%。

基于以上分析，学生运用学过的方法自主识字学词，读通读顺课文，借助注释初步读懂诗题和诗句的字面意思并不难，但是想要深入理解诗句表达的意思和情感，体会诗人深沉、强烈、真挚的爱国情怀，受到感染，产生共鸣，则需要借助一定的相关资料。重点在于引导学生有目的地查找资料，把握时机运用资料，有针对性地使用资料。本课的难点是引导学生基于学习中产生的疑问，结合资料，更深入地理解古诗内容，体会诗人的思想感情。立足学生本位，设计了《古诗三首》的教学环节。

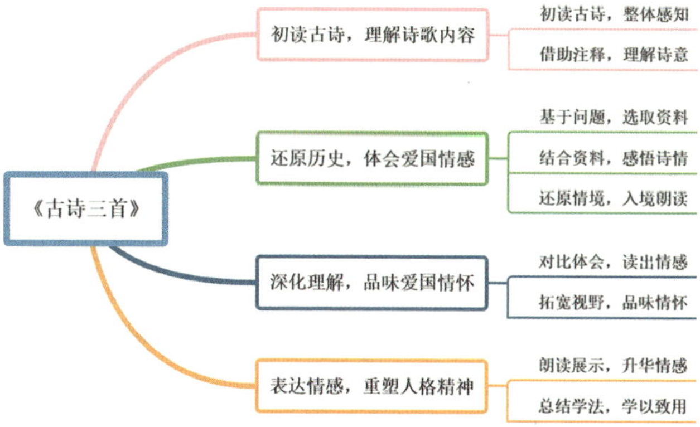

2.聚焦有价值的问题，选取关键资料

在学习《示儿》这首诗时，笔者进行了以下的教学。

师：《示儿》这首诗是陆游对儿子们的嘱托。联系生活实际想一想，一般家里的老人在去世前会对子女们嘱托些什么？

生1：嘱托儿女好好生活；对家里的财产进行分配。

生2：交代未完成的心愿，希望儿女去达成。

师：但是陆游却只字未提个人的事，心里只想着国家。大家想一想，为什么陆游没有嘱托儿子们个人的事情，心里只想着国家统一这一件事呢？这个单元的语文要素是结合资料，体会课文表达的思想感情。请你结合课前查找的资料，解决问题。

学生结合“靖康之耻”“南渡”等资料，了解金兵占领中原，百姓生活在水深火热之中。陆游还写下了许多著名的爱国诗，《观大散关图有感》《关山月》《书愤》《病起书怀》等，感受到陆游少年时期就深受爱国思想的熏陶；陆游满怀恢复旧山河的壮志，虽不得志，却从未改变初衷，因为陆游始终都热爱着自己的国家。

这个教学环节是引导学生结合南宋时期的资料和陆游其他的爱国诗歌，体悟感情，从而解决学习中产生的问题。教师引导学生选取关键信息，筛选有用的资料。结合资料，学生体会到这首诗表达了诗人深深的遗憾与无限凄楚的情感，同时又对南宋王师终将收复失地抱有坚定的信念，字里行间充分体现了陆游一生的报国之情。

3.还原历史，体会诗人表达的思想感情

在学习《示儿》的过程中，还原了陆游临终前的情境。

师出示情境：

1210年的冬天，窗外，是北风凄厉的呼号；屋内，昏暗的烛火下是烛泪在流淌。面对床前的儿孙，这位老人说：“我的孩子们，这是我临终前的心里话。____。”

陆游都会说哪些心里话呢？两人一组，互相说一说。

生：我本来就知道，我死后人间的一切都和我无关了。唯一让我感到悲伤的一件事，就是没有看见祖国的统一。当南宋朝廷军队收复中原失地的那一天到来之时，你们举行家祭的时候，千万别忘把这好消息告诉你们的父亲！

此教学环节让学生在理解古诗内容的基础上，用陆游的口吻再说一说临终前的心里话，缩短了古诗本身与学生的距离感，能够入情入境地朗读，更好地体会陆游的爱国情怀。

4.由点到线、由线到面，品味南宋诗人的爱国情怀

本课由陆游的一首《示儿》作为学习的起点，结合学生课前查找的陆游其他的爱国诗歌，体会陆游这一生心系国家的伟大爱国情怀。再学习同样处于南宋时期的林升的《题临安邸》，以互文的方法，互为学习资料，将两首古诗巧妙的联系在一起，使学生有了更深的体会。最后结合学生查找的南宋时期其他爱国诗人的诗歌，体会南宋历史背景下的爱国志士的情感表达。

学生在学习《己亥杂诗》时，也运用这样的方法，根据自己的疑问自主查阅资料，在课堂上进行分享和交流，从而深入理解诗歌的内容，体会丰厚的情感。

三、反思与收获

第一，基于教材的编排，明确“结合资料，体会思想感情”的价值意义。统编小学语文教科书建构符合语文学习规律、适合学生身心发展特点的语文能力体系，并按照梯度，落实在各年级各单元的教科书中。统编教科书的语文要素是教师进行教学设计、学生开展深入学习的航标。教师要把准语文要素的横向、纵向联系，找到学生语文能力发展的适切点，明确单元目标的定位。从纵向上考量语文要素，找到学生语文能力发展的适切点。从横向上基于单元的整体教学考量语文要素，明确单元目标的定位。

第二，基于学生的学习起点，把握“结合资料，体会思想感情”的出发点。学生在第二学段已经学习了查找、整理资料的基本方法：三年级下册的收集传统节日的资料，交流节日的风俗习惯，写写过节的过程；四年级下册的根据需要收集资料，初步学习整理资料的方法；学生已经初步掌握一定的查找、整理资料的方法。但对资料的甄别、筛选、整理、运用能力不足，第四单元的教学重点是引导学生有目的地查找资料，把握时机运用资料，有针对性地使用资料，结合资料，更深入地理解课文内容，体会课文表达的思想感情。

第三，基于学生的问题，围绕“结合资料，体会思想感情”进行有效的教学设计。立足学生本位，确定课时学习难点。在课堂教学中，教师要能够从学生的认知起点出发，了解学生在查找、搜集资料方面已经具备了哪些能力，在体会课文思想情感方面还应做哪些努力，然后对学生进行有目的的指导，以丰富学生的学习经验。

在小学语文教学中，教师要能够从单元整体目标出发，教会学生查找资料，体会课文的思想感情，并注重对学生的学习过程进行指导。如此教学，才能有效落实语文要素，提升学生的语文素养。

《行进间双手胸前传、接球》课例研究

刘　谱

一、课例研究背景和主题

作为青年教师，今年首次有机会参加了海淀区“世纪杯”小学青年教师的展示活动。该活动历时近两周时间，从最早的确定题目到后期逐步确定内容，再到最后完成教学设计撰写以及课堂实录，整个过程可以说让我在学情分析、教材梳理、教学方法探究、教学实践甚至心理素质等方面都得到了很大的锻炼。过程虽然感觉辛苦但确实受益良多，我想对于作为一名青年教师的我的成长也有着很大帮助。虽然也有幸获得了一等奖，但发现整个过程中仍然有许多值得反思的地方。

行进间双手胸前传接球是篮球运动的重要技术动作之一，处于水平三的五年级行进间双手胸前传接球是在水平二所学原地双手胸前传接球基础之上进一步学习的内容。通过反思我发现深入学习并理解教材是上好课的重要基础，把握好学情是把课堂效果做到事半功倍的基石，合理的选择教学方式方法是师、生在教与学中共同成长的核心。

二、教学过程和发展脉络

（一）课堂教学程序

课时	第一轮（稿）	第二轮（稿）	第三轮（稿）
教学目标	1．学习行进间双手胸前接、传球动作，了解动作过程，使80%～90%的学生掌握跑动中接、传球的基本动作技能，做到传、接球准确 2．通过练习和游戏，发展学生身体的速度、力量、灵敏素质和身体协调能力，提高学生球感 3．培养学生勇敢、果断和勇	1．学习行进间双手胸前接、传球动作，了解动作过程，使70%～80%的学生掌握跑动中接、传球的基本动作技能，做到传、接球准确 2．通过练习和游戏，发展学生身体的速度、力量、灵敏素质和身体协调能力，提高学生球感 3．培养学生勇敢、果断和勇	1．学习行进间双手胸前接、传球动作，了解动作过程，使70%～80%的学生掌握跑动中接、传球的基本动作技能，做到传、接球准确 2．通过练习和组织比赛，发展学生身体的速度、力量、灵敏素质和身体协调能力，提高学生球感以及实际运用技术的能力

（续表）

课时	第一轮（稿）	第二轮（稿）	第三轮（稿）
	于展示自我的精神，以及同学之间相互帮助的可贵品质	于展示自我的精神，以及同学之间友好交往的优良品质	3. 培养学生勇敢、果断和勇于展示自我的精神，以及同学之间友好交往、团结协作的优良作风
教学环节	一、开始部分 1.集合整队 2.师生问好 3.宣布内容、目标，提出要求 4.检查服装，安排见习生 5.队列练习：裂队走、并队走 二、准备部分 1.徒手操头部运动、肩绕环运动、扩胸振臂运动、腰绕环运动、弓步压腿、膝绕环运动、踝碗关节运动 2.专项练习活动：①地面手指拨球②空中手指拨球③对地传接球 三、基本部分 1.主教材，行进间双手胸前接、传球 ①观看挂图，教师示范并讲解 ②八人一组，一组固定位置横队站立，另一组移动中与固定位置同学进行慢走行进间传、接球练习 ③八人一组，一组固定位置横队站立，另一组移动中与固定位置同学进行慢跑行进间传、接球练习 ④两人一组，进行直线慢跑传、接球 ⑤两人一组练习跑动中连续传、接球动作。教师巡视，个别指导 ⑥请优秀组展示，师生共同评价 ⑦继续练习，并组织行进间传接球准确性比赛 ⑧小结	一、开始部分 1.集合整队 2.师生问好 3.宣布内容、目标，提出要求 4.检查服装，安排见习生 二、准备部分 自编篮球操，教师示范带做 ①原地踏步 ②伸展运动 ③双人背对背结合球体转运动 ④双人背对背结合球腹背运动 ⑤“8”字胯下绕球 ⑥地面手指拨球 ⑦空中手指拨球 ⑧对地传接球 三、基本部分 1.主教材，行进间双手胸前接、传球 ①学生复习原地双手胸前传、接球 ②观看视频，教师示范并讲解 ③四人一组纵队排列，在菱形场地长对角处相对而站，进行迎面直线慢跑传、接球，交叉换位练习 ④继续在菱形场地沿菱形边线进行跑动中向对面固定位置的传、接球 ⑤继续在菱形场地沿菱形边线进行跑动中向对侧边线移动位置同学的传、接球 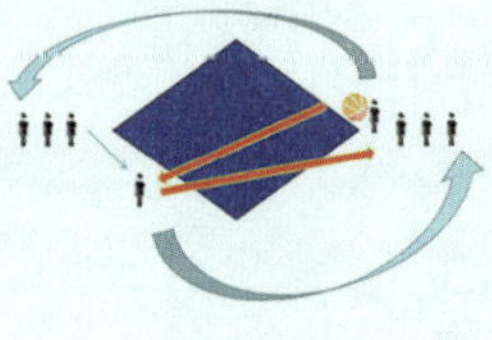 图示	一、开始部分 1.集合整队 2.师生问好 3.宣布内容、目标，提出要求 4.检查服装，安排见习生 二、准备部分 1.结合步伐跑 慢跑、侧身跑、变速跑、 2.自编篮球操，伴随音乐，教师示范领做 ①原地踏步 ②伸展运动 ③双人背对背结合球体转运动 ④双人背对背结合球腹背运动 ⑤“8”字胯下绕球 ⑥地面手指拨球 ⑦空中手指拨球 ⑧对地传接球 三、基本部分 1.主教材，行进间双手胸前接、传球 ①学生复习原地双手胸前传、接球 ②观看视频，教师示范并讲解 ③四人一组纵队排列，在菱形场地长对角处相对而站，进行迎面直线慢跑传、接球，交叉换位练习 ④沿菱形一侧斜边运球后传球，交叉练习 ⑤观看视频解析动画，思考、讨论，教师讲解 ⑥延菱形一侧斜边慢跑后接、传球，交叉练习，要求伸手并呼喊“传球”

（续表）

课时	第一轮（稿）	第二轮（稿）	第三轮（稿）
教学环节	2. 辅教材，游戏：打鸭子 ①教师示范并讲述游戏方法和规则 ②学生尝试练习 ③组织学生进行比赛 ④小结 四、结束部分 1. 教师带领拉伸放松 2. 教师小结 3. 宣布下课 4. 收拾器材	⑥两人一组练习跑动中连续传、接球动作。教师巡视，个别指导 ⑦请优秀组展示，师生共同评价 ⑧继续练习，并组织行进间传接球准确性比赛 ⑨小结 2. 辅教材，游戏：固定位置投移动篮筐比赛 ①教师示范并讲述游戏方法和规则 ②学生分组尝试练习 ③组织学生进行比赛 ④小结 四、结束部分 1. 随教师示范与口令拉伸放松 2. 教师小结 3. 宣布下课 4. 收拾器材	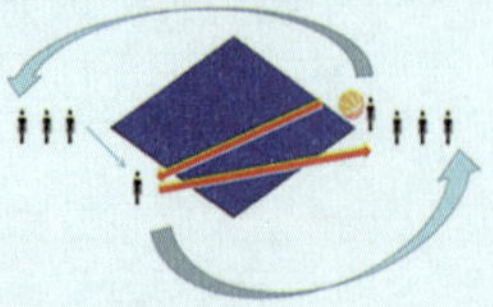 图示 ⑦两人一组练习跑动中连续传、接球动作。教师巡视，个别指导 ⑧请优秀组展示，师生共同评价 ⑨继续练习，并组织行进间传接球准确性比赛 ⑩小结 2. 辅教材，游戏：投移动篮筐 4V4 对抗比赛 ①教师示范并讲述游戏方法和规则 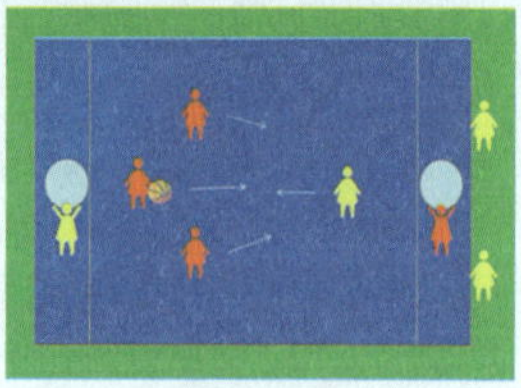 图示 ②学生尝试练习 ③教师指导学生比赛中结合行进间双手胸前传接球进行练习。要求投篮前完成至少一次行进间双手胸前传、接球 ④组织学生进行比赛 ⑤小结 四、结束部分 1. 结合音乐拉伸放松 2. 教师小结 3. 宣布下课 4. 收拾器材

（续表）

课时	第一轮（稿）	第二轮（稿）	第三轮（稿）
学生行为	一、开始部分 学生精神饱满、集中注意力，认真进行队列队形练习 二、准备部分 学生通过徒手操充分活动身体进行热身，同时进行专项准备活动，为主教材学习做好铺垫 三、基本部分 1.主教材，行进间双手胸前接、传球 学生观看挂图与示范并认真听老师讲解 学生分八人一组，从走动中接、传固定位，到跑动中接、传固定位篮球，再到两人一组进行直线慢跑传、接球，随后积极进行展示与评价，最后进行进间传接球准确性比赛 2.辅教材，游戏：打鸭子 学生认真听讲游戏方法与规则，并按要求用海绵球进行“打鸭子”游戏 四、结束部分 学生随老师的示范进行拉伸，认真听老师总结，并按老师要求收拾器材	一、开始部分 学生精神饱满、集中注意力，认真听讲 二、准备部分 学生通过自编篮球操在熟悉球性的同时充分活动身体，在③、④节通过双人配合的形式完成练习，在⑥、⑦、⑧节通过接近传、接球发力方式的练习为主教材学习做好铺垫 三、基本部分 1.主教材，行进间双手胸前接、传球 学生两人一组复习原地双手胸前传、接球 学生观看视频与示范并认真听老师讲解 四人一组纵队排列，在菱形场地长对角处相对而站，进行迎面直线慢跑传、接球，交叉换位练习 随后在菱形场地沿菱形边线进行跑动中与对面固定位置同学进行传、接球，然后以同样方式与对面沿边线移动中的同学传、接球 学生两人一组练习跑动中连续传、接球动作。随后进行优秀组展示，师生共同评价。然后继续练习，并组织行进间传接球准确性比赛 2.辅教材，游戏：固定位置投移动篮筐比赛 学生认真听讲游戏方法与规则，并按要求用移动篮筐进行传准和投篮游戏 四、结束部分 学生随老师的示范结合口令进行拉伸，认真听老师总结，并按老师要求收拾器材	一、开始部分 学生精神饱满、集中注意力，认真听讲 二、准备部分 学生通过结合篮球步伐的跑动进行热身，通过自编篮球操在熟悉球性的同时充分活动身体，在③、④节通过双人配合的形式完成练习，在⑥、⑦、⑧节通过接近传、接球发力方式的练习为主教材学习做好铺垫 三、基本部分 1.主教材，行进间双手胸前传、接球 学生两人一组复习原地双手胸前传、接球 学生观看视频与示范并认真听老师讲解 四人一组纵队排列，每两组各在菱形场地长对角处相对而站，进行迎面直线慢跑传、接球，交叉换位练习 学生沿菱形一侧斜边运球后侧身传球，交叉练习 观看视频解析动画，思考、讨论，认真听教师讲解 随后在菱形场地沿菱形边线进行跑动中与对面沿边线移动中的同学传、接球，要求伸手并呼喊“传球” 学生两人一组练习跑动中连续传、接球动作。随后进行优秀组展示，师生共同评价。然后继续练习，并组织行进间传、接球准确性比赛 2.辅教材，游戏：投移动篮筐4V4对抗比赛 学生认真听讲游戏方法与规则，并按要求用移动篮筐进行4V4对抗比赛，根据规则限

（续表）

课时	第一轮（稿）	第二轮（稿）	第三轮（稿）
学生行为			制在比赛中尽量多尝试运用移动中双手胸前传、接球 四、结束部分 学生随老师的示范伴随音乐进行拉伸，认真听老师总结，并按老师要求收拾器材
教师行为	一、开始部分 师生问好后宣布内容、目标，提出要求。然后检查服装，安排见习生。然后通过口令指导学生进行队列练习 二、准备部分 示范带做，提出要求的同时带领学生进行徒手操和专项准备活动练习 三、基本部分 1. 主教材，行进间双手胸前接、传球 组织学生观看挂图，教师示范并讲解 教师组织学生从慢走到慢跑与固定位置的同学进行行进间双手胸前传、接球练习，然后组织学生两人一组练习，过程中教师进行统一或个别指导 示范环节，组织学生自评以及教师评价 比赛环节，鼓励并表扬学生们的优异表现 2. 辅教材，游戏：打鸭子 教师示范并讲述游戏方法和规则。组织学生进行练习和比赛。表扬获胜组并小结 四、结束部分 教师带领拉伸放松。小结并宣布下课。组织学生收拾器材	一、开始部分 师生问好后宣布内容、目标，提出要求。然后检查服装，安排见习生 二、准备部分 教师提出要求，示范带做篮球操的同时提示动作要领。鼓励学生表现 三、基本部分 1. 主教材，行进间双手胸前接、传球 组织学生复习原地双手胸前传、接球 组织学生观看挂图，教师示范并讲解 教师组织学生利用菱形场地进行直线、斜线传固定位置、斜线传移动位置练习，然后组织学生两人一组进行练习。过程中进行统一以及个别指导 示范环节，组织学生自评以及教师评价 比赛环节，鼓励并表扬学生们的优异表现 2. 辅教材，游戏：固定位置投移动篮筐比赛 教师示范并讲解游戏方法和规则。组织学生进行练习和比赛。表扬获胜组并小结 四、结束部分 教师示范并利用口令带学生拉伸放松。小结并宣布下课。组织学生收拾器材	一、开始部分 师生问好后宣布内容、目标，提出要求。然后检查服装，安排见习生。 二、准备部分 1. 结合步伐跑 教师带领学生绕篮球场“8”字慢跑，侧身跑时教师在场地中央给出数字手势让学生跑动中侧身观察，然后带学生进行变速跑 2. 自编篮球操，伴随音乐，教师示范带做 教师提出要求，伴随音乐示范带做篮球操的同时提示动作要领。鼓励学生表现、鼓励学生默契配合，团队协作 三、基本部分 1. 主教材，行进间双手胸前接、传球 组织学生复习原地双手胸前传、接球 组织学生观看视频，教师示范并讲解 教师组织学生利用菱形场地进行行进间迎面直线慢跑双手胸前传、接球、斜线慢跑侧身传球。同时进行统一以及个别指导 组织学生观看视频解析动画，引导学生思考、共同讨论，教师讲解 教师组织学生利用菱形场地边线进行行进间双手胸前传、接球后组织学生两人一组练习跑

（续表）

课时	第一轮（稿）	第二轮（稿）	第三轮（稿）
教师行为			动中连续传、接球。教师巡视，进行统一指导、个别指导 示范环节，组织学生共同讨论后自评、互评、教师评价。比赛环节，鼓励并表扬学生们的优异表现 2.辅教材，游戏：投移动篮筐4V4对抗比赛 教师示范并讲解比赛方法和规则。组织学生进行练习和比赛。根据表现调整规则使学生在真实的对抗比赛过程中多运用行进间双手胸前传、接球，鼓励学生团队协作。表扬获胜组并小结 四、结束部分 教师示范并伴随音乐带领学生拉伸放松。小结并宣布下课。组织学生收拾器材。
板书设计	 挂图	 示范视频	 技术解析动态视频

（二）课堂教学变化脉络

1. 梳理教材、扎实前测的基础上找准教学目标

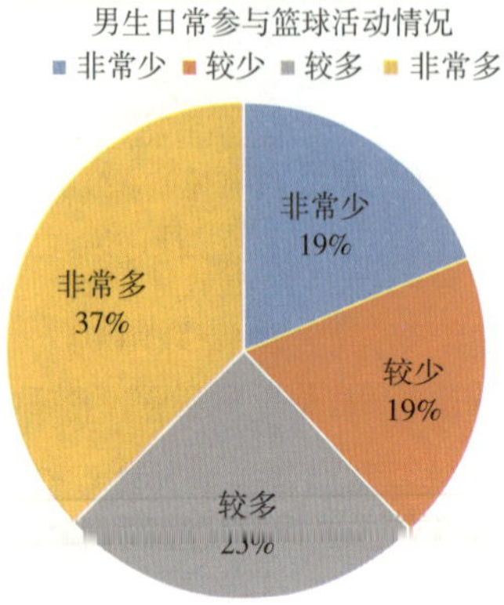

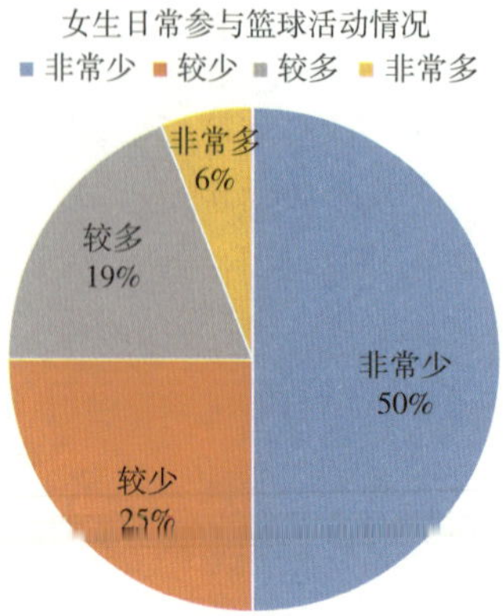

教材和学情是上好一节课的重要基础，但在备课时也容易出现这两方面准备不充分甚至被忽略的情况。在设计这堂课的初期，我紧紧围绕所抽取的题目，根据所了解的教材内容、课例以及学生的基本情况进行设计。①在课的准备部分依然采取了队列队形练习。②主教材的学习中运用八人一组，一组固定位置适当距离横队站立，另一组移动中与固定位置同学进行行进间传、接球练习。③副教材运用了常见的“打鸭子”游戏。我设想通过队列队形练习来提高学生课堂专注力；通过移动中与固定位置的学生进行行进间传接球的方式来逐步过渡，逐步提高难度来促进学生学习；通过“打鸭子”这样接近用球的游戏来提高学生课堂兴趣，促进学生全面发展。但指导教师看完我的教学设计后问我几个问题“球类教学与其他类的教学相比特点在哪？”“所学技术是为什么？”“这样分大组练习，里面不同水平的学生是怎么区别对待的？”“这种练习方式下出现失误是否容易从失误位置继续练习？会不会直接影响后面人的练习？”这下我才突然意识到我对于教材和学情的把握有点想当然了。随后我对教材进行了更为仔细、全面的梳理，同时也对学情进行了更深入的调查。

首次“碰壁”后我认真研读了《体育课堂标准》和人教版《体育与健康》教材以及其他相关课例，《体育课程标准》要求水平三阶段小篮球的教学应使学生多感受比赛的乐趣，初步具有合作学习和探究学习的能力。人教版教材要求本阶段应多采用小场地和简化规则进行活动，运用球类活动形式多样，趣味性强等特点来培养学生团结友爱、互帮互助和顽强拼搏的精神，同时发展学生身体素质和运动能力，改善神经系统的灵活性。而指导教师的建议以及参考其他课例发现在球类课上课的

准备部分和副教材都可以与主教材内容串联相关。准备部分即可结合球进行，副教材可以作为主教材的进一步延伸。于是我将准备部分重新设计为篮球操，将副教材设计为投或传活动篮筐来进一步提高学生的传球准确性，同时适当添加了小组合作完成的内容。

与此同时，我对学情也进一步研究，通过调查问卷发现学生中有一部分所掌握的篮球基础是从学校体育课堂获得，另一部分则是从经常进行课余篮球活动甚至参与俱乐部训练中获得，篮球基础明显的参差不齐。因此，我把主教材的活动形式设计为最多四人一组，同时分在四块小的菱形场地上进行，这样即能区别对待又有利于整个班级有序进行练习。同时也把教学目标从使80%～90%的学生掌握跑动中接、传球的基本动作技能，做到传、接球准确调整到70%～80%。

2.注意细节，精益求精教学内容

解决完教学目标的问题后对于教学内容的把握上仍然有许多细节需要提高。在专家与指导教师的进一步指导下继续细化并完善了教学内容。在第二稿基础之上，准备环节增加了步伐跑，自编篮球操结合音乐；主教材新增了解析视频并组织学生分析、探讨，侧身传球环节来辅助学生逐步学习，通过多维度的评价表来辅助学生进行自评、互评；副教材采用了4V4小组对抗来拓展学生的实践运用能力；结束部分也结合了音乐来调动学生练习兴趣。完善内容的同时也进一步提高了课堂教学的时效性。

学生自评、互评量表　　第__组 姓名________

目标	内容	自评			互评		
		非常好	一般	再努力	非常好	一般	再努力
技能	传接球技术正确						
	提前量、力度适宜						
	传球准确						
认知	知识掌握						
	探究思考						
情感	团结协作						
	沟通交流						

评价量表图示

3. 在单元整体中明确体育育人功能

在单元内容确定上也是费了不少心思，结合教材发现小篮球是深受学生喜爱的体育活动内容之一。行进间双手胸前传接球也是篮球运动的重要技术动作之一，是在水平二所学原地双手胸前传接球基础之上进一步学习的内容。内容以学习行进间双手胸前传接球的方法，掌握传球时，结合接球人的位置、速度和时机，准确将球传出，做到人到球到；接球时，能迎球跨步接球，以及基本的篮球规则和知识。通过练习与游戏发展学生速度、力量、协调、灵敏等身体素质，培养球感。过程中同时培养学生团结协作、沟通表达、探究思考的能力，充分发挥体育学科全面育人作用，体现体育学科核心素养。

五年级学生已经学习了基本的运、传、投动作，非常渴望参与篮球比赛，有较强的竞争意识和配合意识，但在有对抗的条件下，会出现动作变形、传接不到位、走步等问题，因此本单元将引导学生在多种比赛情境下进行学练，初步培养篮球意识，以及比赛中的传接球配合能力，做到学以致用。

4. 在活动中贯穿学法与指导

作为单元学习的第二次课，在第一次课学习了跨步接球，迈步传球的基础之上重点学习行进间双手胸前传、接球准确性，准确性提高同时为第三次课做到传、接球步伐正确、清晰奠定学习基础。本环节是能顺利完成行进间双手胸前传、接球的重要组成部分，需要在行进中完成侧身接球、传球的连贯动作，对于双人配合，需要具有适宜的提前量来确保传球准确。基于所学内容和学生全面发展的需要尽量丰富的教学方法。①改变学习方式：教师设疑，引导学生通过探究思考、相互交流、对比，师生共同归纳总结，再结合实践进行练习，提高行进间双手胸前传接球的学习效果。②考虑疫情期间对于学生的体能以及技术的影响，本课所设计的各个环节内容逐步向前推进，环环相扣，让学生无论是技术上还是身体上都能逐步接受所学内容。③培养团队协作精神：结合教材要求本课从准备活动的双人操练习到主教材的分组练习，再到辅教材的拓展比赛都贯穿了团队协作精神，同时培养了学生沟通表达能力以及敢于展示自己的可贵品质。④尊重个体差异：本课根据前测将篮球基础与力量较好的男生与相对较弱的女生分开进行练习，在分组比赛时对于能力较弱的女生多进行鼓励，对能力较强的男生设置更高的标准，使得不同能力的学生在本课均有明显提高，也提升了学生的学习兴趣。

三、反思与收获

通过完成本课的设计过程，让我受益颇丰，不仅丰富了自身教育教学方式方法的体系，也提高了自己完成好一节研究课的信心。但与此同时也发现一些问题，首先能够认识到自己在教材把握、学情分析上的基本功不足，仍然需要进一步重视。然后是具体教学方式方法的运用上仍然需要继续加强学习，丰富自身的教学方法体系才能在日常教学工作中更加游刃有余。此外，由于疫情和场地影响学生的篮球基础相对较弱，因此本课学生学习过程中仍然出现一些错误的双手胸前传、接球动作或步伐不清晰的情况，因此应在后面的课程中进一步改善。总之，希望自己在一次次的磨练中继续提高，有付出也有收获。

巧用想象与推测，促进学生深度学习

——《穷人》课例研究

唐录青

一、课例研究背景和主题

（一）课题研究方向

本课题研究的方向是在课堂教学中通过合理的想象与推测促进学生深度学习。本课教学设计以单元整体教学任务设计为依托，根据学生在课堂上的反馈，评价教学任务的完成情况以及对学生思维的发展。从教学任务设计到课堂实施再到最后的研究论文与课例分析，笔者在文字斟酌间对教学任务设计以及课堂实施进行深入思考，对通过合理利用想象与推测的手段促进学生的深度理解与运用的能力进行评估，为实现真实而有效的课堂教学奠定了基础。

（二）单元教学设计说明

本单元有三篇课文，分别从不同的角度刻画了普通人物在面临困境时所闪现的人性光辉。《桥》塑造了一位党支部书记在山洪暴发时舍己为人、不徇私情的光辉形象，《穷人》赞美了穷苦渔民桑娜夫妇善良美好的心灵，《在柏林》则通过刻画战争中平民百姓的悲苦形象，侧面反映战争给人民带来痛苦的残酷现实。这样编排小说单元，旨在引导学生感受情节推进和环境描写对塑造人物形象的作用。如《桥》一课，让学生体会情节设置和环境描写对塑造人物形象的作用，《穷人》一课从对话和心理描写中体会人物形象，在启发学生思考环境，描写对刻画人物的作用，《在柏林》引导学生从思考战争灾难这一主题入手，反思结尾环境描写的深意。再通过“交流平台”回顾课文，梳理、总结了理解小说人物形象的基本方法，本单元的习作要求是“发挥想象，创编生活故事”，与本单元的阅读要素有一定的联系。

在单元整体教学任务的设计中对单元语文要素和人文要素的把握可通过有梯度，有难度和广度的教学任务完成。而其中的想象这一要素在单元整体中也是有层次有梯度变化的。例如在《桥》一课中学生通过文字想象当时的环境，从而体会老支书的党性高于人性，在《穷人》一课则需要通过研读标点符号对人物内心进行补白，最后合理想象一家人在五年后、十年后以及二十年后的生活，从而体会作者的写作意图。而《在柏林》一课则是引导学生在一片寂静中想象如果自己是车厢里的人会想写什么。

（三）课时教学设计说明

《穷人》这篇课文在写作上特色鲜明，为我们提供了丰富的教学资源。其中环境描写不仅交代了故事发生的场景，也烘托出了主人公勤劳、善良的品质。对桑娜和西蒙家的环境描写，渔夫在恶劣天气下出海打鱼，孩子一年四季没有鞋穿，菜只有鱼，西蒙家潮湿又阴冷，睡得是稻草铺……这样层层推进的环境描写，铺垫了小说情节发展的背景，学生只有深刻感受人物的生活困境，才能深入理解人在这样困境中做出抉择的伟大之处，由此体会主人公勤劳、善良的可贵品质。文中渔家小屋“温暖而舒适”这几个字是全文环境描写中最耐人寻味的。初看“温暖而舒适”是因为桑娜一家勤劳、善良，深入理解人物内心后，再看“温暖而舒适”，会体会到正是因为人情的温暖和心灵的高贵，困窘的生活不再煎熬，反而充满了希望。因此本文的教学内容以细致的心理刻画作为突破口，渐渐走入其生活环境，再通过合理想象，体会其内心的善良与高贵，最后结合作者资料以及写作背景体会作者的写作意图。

理解列夫托尔斯泰文字背后的深层含义对于学生来说非常困难，那么如何让学生完成深度理解并在习作中进行运用，就可以结合单元语文要素，运用合理的想象与推测来完成。

二、基本教学过程与发展脉络

笔者从第一轮原经验地上课，到第二轮经过专家及同行指导后的新设计，再到三轮反思改进后的新行为，教师观念和教学行为都发生了很大改变，教学设计更加基于学情分析，取得了较好的教学效果。

（一）三轮课课堂教学程序

课次	第一轮	第二轮	第三轮
教学目标	1. 学会独立识字“汹”“涌”“熄”“皱”等14个生字，会写并运用联系上下文理解“汹涌澎湃”等词语 2. 有感情的朗读课文，整体把握小说的主要情节 3. 继续体会环境描写在推动情节发展及凸显人物品质上的作用	1. 学会独立识字“汹”“涌”“熄”“皱”等14个生字，会写并运用联系上下文理解“汹涌澎湃”等词语 2. 有感情的朗读课文，整体把握小说的主要情节 3. 继续体会环境描写在凸显人物品质上的作用	1. 学会独立识字“汹”“涌”“熄”“皱”等14个生字，会写并运用联系上下文理解“汹涌澎湃”等词语 2. 有感情的朗读课文，整体把握小说的主要情节 3. 通过替换题目、联系环境描写，走进桑娜及渔夫的内心，体

（续表）

课次	第一轮	第二轮	第三轮
教学目标	4.借助省略号体会人物内心，抓住情节波折对表现人物品质所起的作用 5.通过读写结合，引导学生尝试结合小说的三要素完成文章的结尾续写	4.品读人物对话及心理描写的句子，借助补白、对比，感受其对人物形象塑造的作用，深入感受桑娜和渔夫的形象的异同 5.结合相关资料，理解当时社会环境下，处于生存困境中的桑娜和渔夫的善举，所彰显出的人性之美	会二人做出选择的艰难，感受勤劳、善良、充满希望的人物形象 4.通过对比及合理想象对桑娜和渔夫的心理进行描摹和丰富，深入体会其在艰难抉择中选择善良的高贵品质 5.通过对未来进行合理想象，从对未来的美好的期待中，感受作者的写作意图，体会小说虽然是虚构的，但是来源于生活的特点
教学环节	1.回顾旧知，由环境描写再悟贫穷 2.开展辩论，感悟人物的善良品质 3.补白省略，感知人物内心世界 4.续写结尾，体会小说写法 5.布置作业，拓展延伸	1.贫穷生活中的坚毅善举 2.贫困压力下的坚定信念 3.贫困环境中的乐观精神 4.布置作业，拓展延伸	1.默读课文，感知穷人之善良 2.替换题目，感知穷人之富有 3.合理推测，感知作者之意图 4.布置作业，拓展延伸
学生行为	1.默读课文，用1-2个词语来概括一下桑娜一家生活的贫困状态 2.从文中找出依据桑娜一家该不该收养西蒙的两个孩子？同桌之间先辩一辩再课堂发言交流 3.同桌相互交流，全班分享文中出现两次沉默中他们两人会想些什么？ 4.用学过的方法续写结尾，根据学习评价表，同桌互评	1.交流对桑娜家贫困现状的理解 2.默读课文，对相关语句进行批注，并进行小组交流讨论 3.阅读资料，了解作者及小说的写作背景，结合写作背景及课文中的语句体会自然环境的描写也在反映着当时的社会背景	1.默读课文，畅谈自己的体会 2.替换题目为“桑娜的选择”“桑娜夫妇的选择”“桑娜一家人的选择”，从文中找出关键词概括做出收养孩子前的生活，合理想象收养孩子后的生活，进行对比 3.了解当时的社会背景，并顺着托尔斯泰的思路想象桑娜一家人五年后、十年后以及二十年后的生活
教师行为	1.谈话导入，引导学生寻找文中描写穷人之穷的语句 2.开展辩论 3.研读标点，补白人物内心世界 4.续写结尾，理解小说三要素	1.谈话导入，感受人物善良品质 2.借助批注，分析人物形象 3.研读标点，感知人物善良 4.结合写作背景，感受人物的高贵品质	1.谈话导入，整体感知人物形象 2.指导替换题目从文中提取关键词感受选择前的生活并合理想象选择后的生活，从对比中感知人物品质 3.出示写作背景，合理推测，感受列夫托尔斯泰的写作意图 4.播放视频，抒情结尾

（续表）

课次	第一轮	第二轮	第三轮
板书设计	穷　　人 家徒四壁　　善良 朝不保夕	“穷”人 桑娜　　渔夫　　西蒙 善良、勤劳 母性光辉　　善良、憨厚 有责任、有担当　　母性光辉 ↓ 人性美	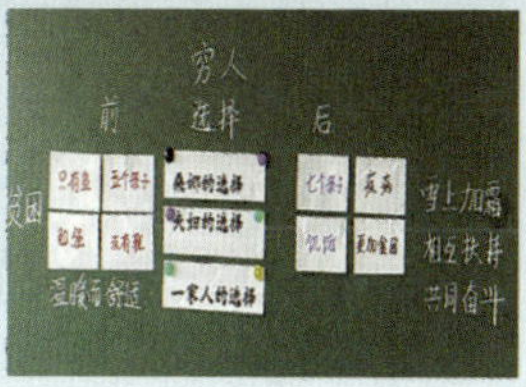

（二）三轮课的变化脉络与关键教学事件

1.第一轮课：教师借助辩论补白人物内心，囿于文本，学生没有得到思维的提升与发展

第一轮课是笔者依据经验在未经指导的状态下上的一节课，教师借助问题“桑娜一家该不该收养西蒙的两个孩子？从文中找出依据，同桌之间先辩一辩。”引导学生从文中寻找关于桑娜家环境描写的句子，通过对家庭环境的描写体会桑娜家的贫穷以及夫妻二人的善良，再通过对于细节处标点符号的研读，理解人物内心世界的挣扎与忐忑，最后体会到人物的善良品质。最后的续写要求学生合理运用环境描写、语言描写、心理描写以及神态、细节、动作描写，写150字左右的片段。

课堂教学任务的实施与作业的设置都紧扣对小说三要素的理解，通过课堂反馈可知，在课堂中学生的积极性很高，尤其是在辩论环节。但回过头来看，这未免不是一种虚假的“繁荣”，辩论的形式虽然会让学生们活跃起来，但是也容易造成课堂上失去“语文味儿”，而流于形式，学生在辩论过程中争论的焦点一直围绕在桑娜家的贫困与桑娜内心的善良上，这在本课中不通过辩论这种形式也是可以实现的，因此辩论这个环节给学生思维上的启发不多，未实现学生的深度学习。在对人物内心进行补白的过程中学生思维也并未打开，未实现思维上的触动。

回顾本课的教学设计，未考虑到作者的写作意图，对人物形象的理解并未达到提升，对小说这种文体形式的理解也停留在小说三要素这一层面，通过最后的续写可知，学生能够通过环境描写体会到人物的贫穷以及善良，但是仅仅是流于表面的，对学生思维上的触动不够深刻。

2.第二轮课：教师出示写作背景，借助环境描写想象人物内心世界，学生思维得到一定提升

本节课的设计抓住了小说中经常用到的一种写作手法，即环境描写总是在一定程度上说明了当时的社会环境，从这一点切入引导学生去理解小说的写作手法。首先通过引导学生通过环境描写感受人物的善良，再通过品读标点符号深入感受人物的善良品质，最后通过引入背景资料，既帮助学生进一步读懂这篇小说的主题，又能通过社会环境与自然环境的勾连，引导学生明白小说的选材来源于生活，回归本单元的人文主题：小说有生活的影子。此轮教学设计在课堂上实施之后造成了学生在认知上的冲突，促进了学生深度学习的发生。

3.第三轮课：教师巧用想象与推测，通过替换题目帮助学生深入理解人物形象，学生思维得到提升

进行学情分析可知，六年级学生在以往学习过程中已经学会了抓住细节描写感受人物品质的阅读方法，在日常习作中，部分学生能有意识加入环境描写来推动事件发展或奠定故事情感基调。对班级内学生进行了以下前测。

经过前测，笔者了解到以下情况：80.5%的学生通过对《桥》的学习，能够体会环境描写对人物品质的塑造作用，但是几乎没有学生能将环境描写与人物心理相联系，61%的学生能够通过语言、心理描写来初步感受人物品质，仅有4.88%的学生查询了关于作者托尔斯泰的资料，但是没有学生能借助背景资料深入理解作者的写作意图，理解善良与爱是能够对抗艰难的力量。

根据以上数据可知学生已知环境描写表现出的家庭情况的艰难，但是无法将环境描写表现出的艰难与人物内心的纠结与忐忑相联系，学生能够通过语言、心理描写来初步感受人物品质，但无法联系写作背景了解作者的写作意图。

因此本课重点为通过替换题目、联系环境描写，走进桑娜及渔夫的内心，体会二人做出选择的艰难，感受困苦中勤劳、善良、充满希望的人物形象。

本课难点为通过对未来进行合理推测，在对未来的美好的期待中，感受作者的写作意图，体会小说虽然是虚构的，但是来源于生活的特点。

《穷人》中对桑娜纠结内心的细致刻画是本课最重要的教学切入点，在教学过程中引导学生替换题目，将聚焦人物的的题目“穷人”替换为聚焦小说情节的“选择”，并在此基础上添加人物，将题目变为“桑娜的选择”。从文中找出桑娜在做出收养两个孩子的选择前面对的生活，此时是以环境描写作为切入点，学生在寻找桑娜面对的生活时必然会找到“破帆、古老的钟、屋外波涛的轰鸣和狂风的怒吼”等，再通过合理想象，描绘桑娜在做出收养两个孩子后面对的生活，此时学生能想到的也多集中于环境描写，比如“更破的帆、更沙哑的钟”等，通过前后的对比，此时再结合描写桑娜内心纠结的段落第九段来看，学生更能体会到桑娜作为贫困生活中的人能做出善良抉择的可贵之处。也就是通过环境描写更加能够体会到人物内心的纠结。将题目替换成“桑娜夫妇的选择”与“桑娜一家人的选择”之后再重复上述操作，引导学生感悟渔夫在不知情的情况下与桑娜做出同样的选择，并认为“我们总能熬过去的”，其行为背后是夫妇二人的相互扶持，再通过合理的想象与推测，感知当五个孩子醒来他们也会同意自己父母的决定，当将来遇到同样的情况时，他们会做出与父母同样的选择，这背后是一家人的共同奋斗。最后通过出示写作背景以及作者简介，引导学生合理想象与推测桑娜一家人在五年后，十年后以及二十年后的生活，从而感悟小说文字背后要传达的精神力量。

在课堂中学生运用想象在头脑里对已知的恶劣的自然环境和桑娜这一人物形象之间的关系进行加工改造，形成对桑娜这个人物的善良品质更加深刻的认识，这是一种特殊的思维方式，是高级的认知过程，也是一种创造性的思维活动，而想象的过程正是深度学习中的“创造”。

三、反思与收获

合理的想象与推测可以为促进学生深度学习的发生搭建脚手架。阅读教学，就是建立学生与“这一篇”课文的链接，以帮助学生克服现有的语文经验与课文理解、感受所需要的语文经验之间的落差。[①]为使学生获得超出自己经验的阅读体验就需要为学生搭建脚手架。在《穷人》一课的教学中学生远离作者所生活的时代，对于当时的黑暗社会缺乏直观认知，通过让学生对比人物做出选择前与选择后的生活理解人物的高贵品质，这一教学行为就是为学生在认知上搭建了脚手架。

教师在课堂上应合理利用想象与推测的手段，不应滥用。想象与推测只是服务于教学目标的手段，不能让教学手段喧宾夺主，影响到正常的课堂教学行为。

① 王荣生，2012. 阅读教学的基本任务与路径[J].课程・教材・教法，32(07):84-91

凸显模型意义，聚焦数学素养

——《小鸡吃食》课例研究

王月鑫

一、课例研究背景和主题

一年级上册第三单元《加与减（一）》中的内容属于数与代数领域中数的运算部分的内容。而小学阶段的运算学习，学生要经历加法和减法、乘法和除法、混合运算、运算律四方面的内容。

本单元是学生学习运算的起始，涉及到加法和减法。而加减法的运算学习，学生又将经历从整数到小数再到分数的过程。在整数运算的过程中，学生经历10以内数的加减法、20以内数的加减法、100以内数的加减法、万以内数加减法。可见，本单元10内数的加减法是基础，也是运算教学的初级阶段，它将成为后续的学习积累经验。

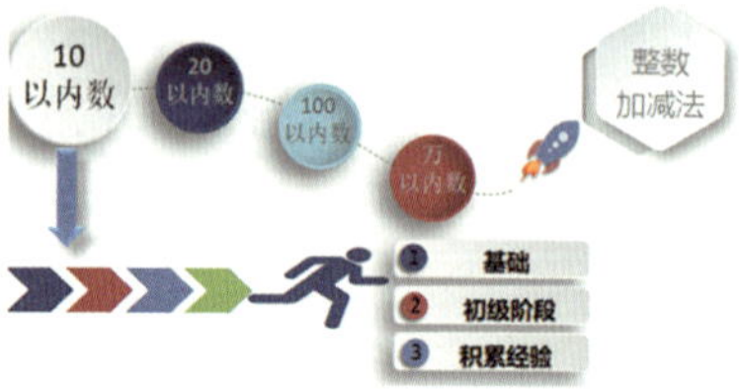

本单元从数的运算看，包括：5以内数的加减法，6~9的加减法，10的加减法以及连加、连减和加减混合运算。

从另一个角度来看，本单元分为两大部分，首先认识加法和减法是理解运算的意义，然后是掌握有关10以内数的加减运算；同时将解决简单的实际问题与计算的学习有机相融。这遵循了运算学习展开的三个线索：理解运算的意义、探索计算的方法，解决简单的实际问题。

与此同时，在整个过程中，有机结合数的认识和运算意义，加深对数的认识。

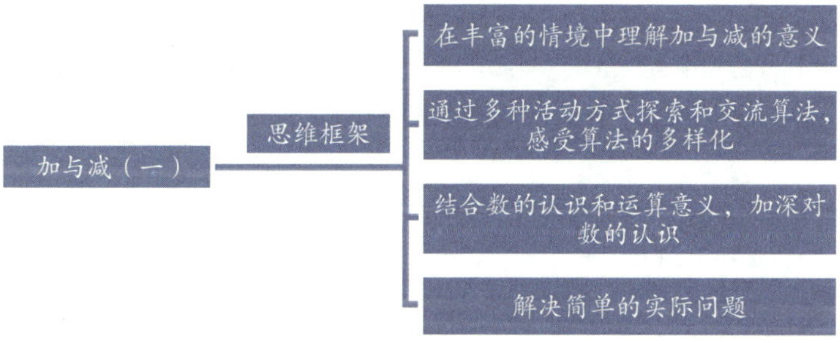

二、基本教学过程与发展脉络

（一）课堂教学程序

课次	第一轮（稿）	第二轮（稿）	第三轮（稿）
教学目标	1.结合具体的摆一摆、画一画等操作活动，进一步理解加减法的意义，探索并掌握有关10的加减法的计算方法 2.能根据数学信息，列出不	1.结合具体的摆一摆、画一画等操作活动，进一步理解加减法的意义，探索并掌握有关10的加减法的计算方法 2.能根据数学信息，列出不	1.结合具体的摆一摆、画一画等操作活动，进一步理解加减法的意义，探索并掌握有关10的加减法的计算方法 2.能根据数学信息，列出不

（续表）

课次	第一轮（稿）	第二轮（稿）	第三轮（稿）
教学目标	同的加减法算式，体会加减法的互逆关系，并能正确计算有关10的加减法 3.学会用有关10的加减法解决简单的实际问题，初步发展解决简单实际问题的能力 4.初步学习有条理地思考问题，感受数学学习的快乐	同的加减法算式，体会加减法的互逆关系，并能正确计算有关10的加减法 3.学会用有关10的加减法解决简单的实际问题，初步发展解决简单实际问题的能力 4.初步学习有条理地思考问题，感受数学学习的快乐	同的加减法算式，体会加减法的互逆关系，并能正确计算有关10的加减法 3.学会用有关10的加减法解决简单的实际问题，初步发展解决简单实际问题的能力 4.初步学习有条理地思考问题，感受数学学习的快乐
教学环节	1.观察情境图，发现数学信息，提出数学问题 2.实物操作、探索10的加减法的计算方法 3.猜测想象，学习有关10的加减法 4.巩固提升、整理10的加减法	1.观察情境图，发现数学信息，提出数学问题 2.实物操作、探索10的加减法的计算方法 3.巩固提升、整理10的加减法 4.总结回顾	1.观察情境图，发现数学信息，提出数学问题 2.实物操作、探索10的加减法的计算方法 3.巩固提升、整理10的加减法 4.总结与反思
学生行为	1.学生根据情境图，发现数学信息，提出数学问题 2.用自己喜欢的方法摆一摆、画一画，或是用手势表示计算的过程 3.学生小组内交流并列出相应的加减法算式并引导学生们观察、发现规律，从而促进学生们对加减法意义的理解 4.在游戏中巩固10的加减法	1.学生根据情境图，发现数学信息，提出数学问题 2.借助给小鸡分食的活动多角度认识和理解10的意义，为正确计算积累经验，初步体会有序思考问题的优越性 3.总结与反思	1.学生根据情境图，发现数学信息，提出数学问题 2.实物操作，探索10的多种摆法，专注一种摆法，说算式，说意义，体会有序思考 3.专注一种摆法，说算式，说意义、拨一拨，巩固整理10的加减法 4.总结与反思
教师行为	1.通过充满童趣的情境图，引导学生找出图中的数学信息并提出数学问题 2.给予学生充分的时间，放手让他们用自己喜欢的方法摆一摆、画一画，或是用手势表示计算的过程 3.通过学具摆一摆、手指分一分、图形画一画，在开放情境中探索并掌握10的加减法，体会加与减的互逆关系 4.通过小游戏的形式，在游戏中巩固10的加减法	1.通过充满童趣的情境图，激发学生们的学习兴趣 2.通过摆一摆进一步理解加减法的意义，掌握有关10的加减法的计算方法 3.总结本节课的知识，及时归纳反思	1.通过充满童趣的情境图，激发学生们的学习兴趣 2.结合具体的摆一摆、画一画、分一分、拨一拨等操作活动，进一步理解加减法的意义，掌握有关10的加减法的计算方法，初步学习有条理地思考问题 3.总结本节课的知识，及时归纳反思

（续表）

课次	第一轮（稿）	第二轮（稿）	第三轮（稿）
板书设计	小鸡吃食 得数为10的加减法 9+1=10 10-9=1 8+2=10 10-8=2 7+3=10 10-7=3 6+4=10 10-6=4 5+5=10 10-5=5 4+6=10 10-4=6 3+7=10 10-3=7 2+8=10 10-2=8 1+9=10 10-1=9 有序 小棒 画图 计数器	小鸡吃食 米饭 蔬菜沙拉 000000000 9 0 1 8 2 9+1=10 7 3 9再添1就是10 6 4 5 5 4 6 ……	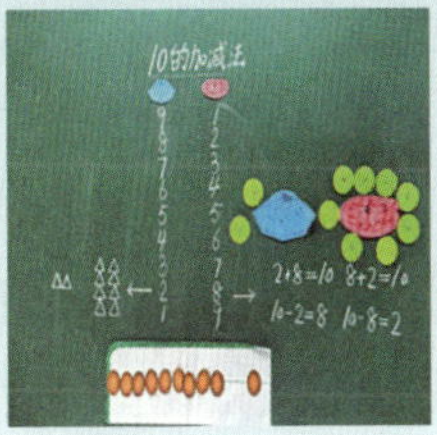

（二）课堂教学变化脉络

第一轮课：

本节课首先通过充满童趣的情境图，引导学生找出图中的数学信息、提出数学问题并通过交流讨论，让学生们进一步体会9再添1就是10。随后，由于学生们在学习本节课之前已初步理解了加减法的意义并学习了有关6–9的加减法的计算方法所以在学生们探究计算结果时我给予学生充分的时间，放手让他们用自己喜欢的方法摆一摆、画一画，或是用手势表示计算的过程。接下来，提出问题：10只小鸡还可能会到哪个盘子边吃食呢？让学生们通过学具摆一摆、手指分一分、图形画一画，在开放情境中探索并掌握10的加减法。最后，通过小游戏的形式让学生们在游戏中巩固10的加减法。一节课上下来我发现要想把这些内容都讲完是很难的，于是我就在思考哪些内容是可以删减的，哪些内容是可以略讲的，而又有哪些内容是需要重点去讲的。

第二轮课：

在第二轮备课之前我又对学生们的学情进行了重新调研，通过调研我发现：

（1）算一算。

4+6=　　　　10–2=

（2）说一说，12个桃子分给2只猴子，可以怎么分？

第一题：调研结果

学生答案类型	人数	百分率
完全正确	39人	95.1%
计算出错	2人	4.9%

调研分析：

通过调研可以发现，在学习本节课之前，学生们已接触过10的加减法计算，大部分学生们已能正确计算出有关10的加减法。于是，我又对部分学生进行了访谈：

4+6=10：通过访谈我发现部分学生是借助以往数数的经验求出的结果，有的学生是从4接着往后再数6个，还有的学生是从6开始接着往后再数4个数，还有部分学生借助旧的知识推理出4+6=10。

10−2=8：通过访谈我发现部分学生是借助摆一摆或画一画的方法计算出正确的结果。

虽然同学们可以借助数一数、摆一摆、画一画等方法正确地计算出结果，但是很少有学生可以想到手势这种方法。

第二题：调研结果

学生答案类型	人数	百分率
分法错误	1	2.4%
只找到一种可能	14	34.1%
找到2种以上，但不全面	11	26.8%
全面无序	6	14.6%
全面有序	9	22.1%

调研分析：

大部分学生都可以想到一种分法，部分学生可以找到多种分法。于是我又分别找来只找到一种情况和找到多种情况的学生进行了访谈，通过访谈我发现：

只找到一种情况：

你还能找到另一种分法吗？通过这个问题我发现其实大部分的学生都是可以找到另一种方法的，但是他们的思考都是无序的，想到哪种就摆哪种。

找到多种情况：

通过让这部分学生摆一摆我发现，他们的思考都是有序的。有的学生想给一只猴子分1个桃子，给另一只猴子分11个桃子，接下来就可以把这两只猴子的桃子数量进行交换。还有的学生发现只要每次移动一个桃子就可以摆出一种新的分法。

看来这节课重要的是让学生们初步学习有条理地思考问题，在开放的情境中掌握10的加减法，丰富对10的认识和理解，并借助介绍“手”这个模型为学生们正确计算积累经验。基于以上分析与思考，我制定了我的教学活动设计。修改后的教学设计将借助10只小鸡还可能会到哪个盘子边吃食？这个数学问题，让学生们通过实物操作，探索10的加减法的计算方法。这样修改后，一节课所有的内容基本上可以完成，学生们也通过探究10只小鸡的不同分法的过程中学习了有关10的加减法并初步体会了有序思考。但是这节课也反映出来了一些问题，例如：在填写学习单前对学生们的引导过多，从而导致让学生们的思维形成了固化。还有就是学生们在填写学习单时需要花费很多时间，这样很有可能导致后面的环节不能完成。为了解决这些问题，我又进行了第三轮的备课。

第三轮课：

这一次的教学设计我取消了填写学习单的环节，让学生们借助帮10只小鸡分食的情境，通过摆一摆的活动，丰富对10的认识和理解。并从10的多种摆法中专注一种摆法，说算式，说意义让学生们进一步理解加减法的意义，能根据数学信息列出不同的加减法算式，理解算式的意义。具体教学设计如下。

摆一摆游戏

教师活动

我先来玩个摆一摆的游戏吧！

午饭时间到了，小鸡们排着队准备吃饭，这10只小鸡可能会到哪个盘子旁吃食呢？

学生活动

学生们动手活动。

有些学生在找到一种方法后就立即结束活动；有些学生一直在摆，找到了多种小鸡吃食得可能。

请你利用手里的小圆片代替小鸡在学习单上摆一摆。

教师通过采访活动，引导学生摆出小鸡吃食的多种可能。

1.汇报交流多种摆法

老师发现刚才在活动的过程中，所有同学都摆出了多种可能，谁能上来摆一摆。

他是怎么摆的？（师板书）

大家猜猜，接下来他会怎么摆？

师板书

2.深入探究一种摆法

（1）多种模型表示数量关系

这种情况，我们除了用摆小圆片来表示，还能怎么表示呢？

如果画三角形，谁能说说怎么画？

生：（师板书）

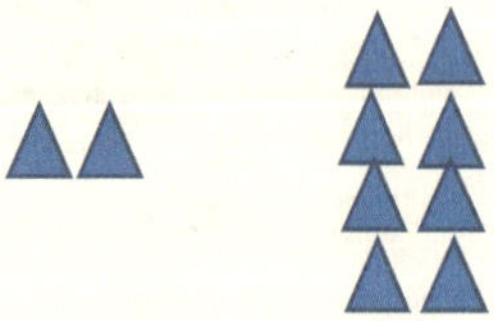

他的摆法是一个盘子边有5只小鸡，另一个盘子边有5只小鸡。

他的摆法是一个盘子边有4只小鸡，另一个盘子边有6只小鸡。

一个盘子边有3只小鸡，另一个盘子边有7只小鸡。

一个盘子边有2只小鸡，另一个盘子边有8只小鸡。

画三角形、画方块或者星星。

一边画2个三角，另一边画8个三角。

2+8=10　　8+2=10

10−2=8　　10−8=2

2+8=10：一边有2只小鸡，另一边有8只小鸡，把它们合起来一共有10只小鸡。

8+2=10：一边有8只小鸡，另一边有2只小鸡，把它们合起来一共有10只小鸡。

10−2=8：一共有10只小鸡，其中有2只小鸡在吃米饭，还剩下8只小鸡

（2）根据图列四个算式

这种情况你们都能想到哪些算式？

（3）说意义

那你们能说说每个算式的意义吗？

（4）小结

同学们能够根据一幅图，从多个角度思考问题列出不同的算式。

3.体会有序思考

还有其他的摆法吗？

师记录

观察板书，你发现了什么？

小结：刚刚咱们通过摆一摆、说一说找到了许多种小鸡吃食的可能，在过程中，我们还发现要想找全所有的可能，就要有序思考。

在吃蔬菜。

10－8=2：一共有10只小鸡，其中有8只小鸡在吃蔬菜，还剩下2只小鸡在吃米饭。

9	1
8	2
7	3
6	4
5	5
4	6
3	7
2	8
1	9

吃米饭的小鸡的数量在逐渐减少，吃蔬菜的小鸡在逐渐增加。

三、反思与收获

10的加减法在计算学习中非常重要，是后续学习进位加法和退位减法的重要知识基础。而本节课我根据学生们的年龄特点，结合教材的内容及学生们已有的学习经验，为学生们创设了充满童趣的情境，让学生们感受学习数学的乐趣，拉近了抽象的数学问题和实际生活的距离。随后，通过摆一摆、画一画、做手指操、拨一拨多种操作活动让学生们进一步理解加减法意义，探索并掌握有关10的加减法的计算方法，学会10的组成。从这节课的整体来看，学生们的学习兴趣十分高涨，大部分学生可以达成本节课的学习目标。与此同时，本节课也有一些需要再改进的地方：1.对学生的要求不够明确，在动手操作的环节中有些同学没有按照要求去做。2.教学过程中，语言不够生动、连贯。课后我还需继续改进，改善自己的语言，从而充分调动每一位学生的学习的积极性。

小学英语课堂读写教学结合案例研究

罗 曦

一、课例研究背景和主题

（一）课题研究方向

阅读能力培养是英语教学的重点，同时还是学生掌握英语语言的有效手段。伴随着英语学科建设的持续深入，在探究小学英语阅读教学方法方面投入的精力也越来越多。大量的英语教师认识到在阅读教学当中单一依靠课内阅读帮助学生建构英语语言体系的方法，是不能够激发学生学习兴趣的，而且会给学生英语语言综合能力发展带来极大的阻碍。面对这一情况，教师需要提高对课外阅读的重视程度，并将课内阅读和课外阅读联系起来，把握好二者的衔接策略，让学生获得综合性的阅读体验，彻底打破传统阅读教学的局限，为学生提供开放性阅读空间。

学生英语素质的综合发展离不开教育教学当中的综合培养，而阅读就是发展学生英语综合素养不可忽视的教学环节。阅读是一项综合性活动，包括课内和课外阅读这两个大的部分，而且二者相辅相成，缺少任何一个方面都会影响到阅读的综合性以及完整性，也会影响学生在阅读当中所获得的学习成果。这就需要做好课内阅读和课外阅读的整合，并在这一过程当中遵循一定的实践原则：一是有序性原则。在对小学英语课内外阅读的目标进行确定时，需要将有序性原则作为根本指导，这里所说的有序性就是以理解为主，以欣赏为辅，只有遵循这样的顺序，才能够逐层达成阅读目标。在有序性原则的指导之下，教师需要有计划和有规律开展课堂现实阅读，加强对阅读技巧的指导，并在课外阅读当中恰当引入趣味性强的文本，让学生对课外阅读的理解到达更深的层次。二是相关性原则。教师在对课内外阅读文本内容进行选择和应用时，要坚持相关性原则，也就是说，课内外选用的文本材料要和教材提供文本具备一定的相关性，比如主题相关、语言要点上相关、阅读难度相近。这样才能够起到强化阅读作用，保证课内外阅读衔接的效果。

（二）单元教学设计说明

在当前新课改背景下，培养学生的核心素养是小学英语教学的主要目标，而这一过程是依靠实施课堂教学活动来实现的。

单元整体教学充分地体现了整体性和系统性的特点，单元内的教学内容都是围绕单元主题开展的，能够做到由点及面，加强相互间的联系。在单元整体教学中，教师通过利用主题对学生进行引导，结合单元内每篇文章的内容，让学生通过多种学习方式在掌握英语知识的同时，对单元整体进行深入的思考，相互间通过讨论交流来分析主题的意义，使学生形成开拓性思维，并逐步地提高学生的核心素养，达到教书育人、知行合一的目的。当前小学英语教材的编排都是以单元为单位的，每个单元都有一个较为明显的主题，这就需要教师以话题为大纲，以发展学生语言能力和思维能力为主线，对单元整体教学进行合理的设计，体现单元整体教学的价值。

Animals是本册书的第三单元，第一和第二单元学习了对于人外貌和性格的描述，在本单元的学习中可以对于描述性语言进行迁移。虽然单元话题相对独立，但动物话题在一年级、三年级都进行过专门的学习，在六年级也会更加深入的探讨，所以五年级的动物单元起到了承上启下的作用。

本单元第一课时主要介绍了动物园和农场中常见动物的词汇，让学生了解拓展更多的动物词汇；第二课时与学生探讨最喜欢的动物并对外貌进行简单的描述；第三课时通过阅读文段更加深入的了解动物并提取重点信息；Let’s Check课时通过检测活动巩固语言；Fun Time课时介绍了两种濒危动物；Story Time讲述了动物之间交朋友的故事。这些内容从不同角度引导学生了解和认识更多的动物，意识到动物和我们共享家园，是我们的朋友。

由此可见，本单元虽然重点学习关于动物的语言知识，但在对单元整体进行分析和研究了每课时的内涵与关联后，我们发现不仅仅要掌握知识，还要让学生通过设身处地的换位思考，进一步认识和了解动物的多样性，意识到动物是我们的朋友，并且需要我们的保护和帮助。因此，我将本单元学习主题确定为“Different Animals We Want to Be”.

（三）课时教学设计说明

本单元原教材没有对动物描述进行系统描述，渗透动物的科普常识的概念较少。基于深度学习单元整合理念，在学生现有认知基础上，要使该话题知识系统化和结构化，并且挖掘该话题的人文意义和对学生现实生活的价值，应该通过思维导图对动物描述，并从始至终渗透保护动物概念。

本课是本单元的第三课时，是一节读写结合课。A项短文介绍了几个孩子喜欢的不同动物。要求学生从中提取Home, Food, Appearance这几个信息并补全信息卡。B项是基于A项提取关键信息活动的口头表达练习。要求学生能够用简洁的语言描述动物的Home, Food, Appearance等信息。C项是基于A项或B项提取关键信息进行写的活动，也就是根据A项短文提供的语言框架，用几句连贯的话来描述，培养学生笔头描述的能力。

根据本课时的内容，本课时主要训练学生阅读文段提取信息和总结信息的能力，以读促说；以说促写。

在进行教学目标设置时，教师需要对教材进行深入的分析，将单元目标落实到每个单课教学目标中，并且不同课时侧重点也要不同，这样才能够循序渐进地进行整合，从而达到预期的效果。

二、基本教学过程与发展脉络

（一）课堂教学程序

课次	第一轮（稿）	第二轮（稿）
教学目标	1. 使用功能句：What's your favourite animal? 及其答语：My favourite animal is the…谈论自己最喜欢的动物 2. 阅读描述动物的短文，抓住大意，提炼出动物的生长环境、饮食习性、外貌特征等重要信息，并制作成动物信息卡 3. 用They live in …. They are …. They have …. They eat …. 等句子连贯地介绍某种动物的生长环境、外貌特征、饮食习性等	1. 阅读描述动物的短文，抓住大意，提炼出动物的生长环境、饮食习性、外貌特征等重要信息，并制作成动物信息卡 2. 用My favourite animal is the …It lives …. It is …. It has …. It eats …等，写出不少于五句话的语段，连贯有逻辑地介绍某种动物的生长环境、外貌特征、饮食习性等 3. 主动了解动物的生活习性，认识到动物的多样性，理解不同人有各自喜爱的不同的动物
教学环节	环节一：歌曲热身，激趣导入 环节二：读前活动，文本预测 环节三：读中活动，提取信息 环节四：拓展巩固，书写练习 环节五：交流展示 环节六：布置作业	环节一：歌曲热身，激趣导入 环节二：文本阅读 环节三：拓展阅读 环节四：迁移运用 环节五：作品展示，交流分享
学生行为	学生观看视频并跟唱 同伴两人一组，轮流抽取信封中的谜语，一人读，一人猜，再交换 学生通过观察信息卡的图片，对文本内容进行预测，并回答 学生在限定时间内，快速的浏览文章，寻找答案 学生以小组为单位，自行选择阅读补充的动物文本，或是书上的动物文本 学生观察需要填写的信息并根据Reading Rules，完成信息卡的填写 小组间交流互动，找到与自己所制作的信息卡	学生观看视频并跟唱 学生阅读游戏规则 同伴两人一组，轮流抽取信封中的谜语，一人读，一人猜，再交换 1～2名学生上前读谜语，全班学生思考并举手回答 学生打开书，观察信息卡上的图片并回答问题 学生将按照已知的相关知识思考并回答问题，并提出自己想要了解的问题 学生回忆以往做题策略，尝试回答 学生根据阅读任务和阅读指导要求，再次阅

（续表）

课次	第一轮（稿）	第二轮（稿）
学生行为	不同的人，借助信息卡，相互介绍自己所了解的动物，在互动中共同学习 学生认真阅读信息卡，借助本节课学习的句型，对所选择的动物进行介绍 学生展示自己的作品并进行动物介绍	读语篇，边读边圈画，提取关键信息，完成信息卡的填写 学生通过阅读填写信息卡后，尝试回答问题。 学生看着自己完成的信息卡，根据老师提出的问题，进行回答 学生看着PPT呈现的问题，两人小组合作，在限定时间内以问答形式核对其余的信息卡 学生在原文中找到这两个词，并朗读这句话，通过上下文尝试猜测词义
教师行为	环节一：歌曲热身，激趣导入 1.听歌曲《At the Zoo》 2.猜谜游戏 环节二：读前活动，文本预测 1.PPT呈现本课文本内容及信息卡 环节三：读中活动，提取信息 初读文本，浏览大意 核对答案 再读文本，提取信息 1.出示补充文本 2.小组自选阅读，填写信息卡 PPT出示信息卡以及Reading Rules 环节四：拓展巩固，书写练习 1.借助信息卡，进行动物介绍 2.使用Worksheet，进行书写练习 环节五：交流展示 环节六：布置作业 Read two books and make an information card for your favourite animal!	环节一：歌曲热身，激趣导入 教师活动1： 1.听歌曲《At the Zoo》 2.猜谜游戏 呈现游戏规则 同伴活动 学生展示 指名1～2名学生，上前与全班同学互动交流 环节二：文本阅读 Pre-Reading 1. PPT呈现问题，教师提问 教师在黑板上贴出四个动物的图片 While Reading 1.第一遍阅读，浏览大意 2.第二遍阅读，提取信息 （1）教师提出问题，请学生带着问题进行第二次语篇阅读，填写信息卡 （2）教师引导学生说一说Reading Steps After Reading 阅读结束，教师再次提问， 随着学生的回答，教师在黑板进行板书，呈现学生的答案，构成介绍动物的思维导图。 小组合作，核对信息 （1）教师以问题引导学生回答并核对第一个动物 （2）教师通过问题引导学生进一步发散思维，思考还可以介绍动物的哪些方面 （3）教师根据学生的回答在黑板上进行补充 3.讲解tusk和trunk 4.补充视频 环节三：拓展阅读 教师引导学生阅读补充材料，并完成任务单

（续表）

课次	第一轮（稿）	第二轮（稿）
教师行为		环节四：迁移运用 制作主题海报，介绍自己最喜欢的动物填写信息卡 口头介绍自己最喜欢的动物 （1）教师引导学生介绍自己最喜欢的动物 （2）教师引导学生看着已经填写好的信息，向自己的小组成员介绍 3. 书写练习 教师提问，引导学生思考 环节五：作品展示，交流分享 教师投影展示自己的animal card，请同学们检查书写规范 引导学生上前介绍自己最喜欢的动物，分享自己的写作成果，并展示在海报上 3. 小组内介绍交流，海报展示 点击PPT出示小组合作规则
板书设计	Unit 3 Animals What's your favourite animal? My favourite animal is the ….	

（二）课堂教学变化脉络

“以读促写”教学是教师在指导学生从语篇阅读获取词汇积累之外，充分利用语篇优势，以语篇主题为引领，学习语篇所承载的语言知识和文化知识，在综合性实践活动中运用所学语言，培养良好的思维品质，提升综合语言技能，发展英语学科核心素养。

一节课学完了，学生到底学会了哪些知识呢？学习的效果又怎么样呢？为了检查学生的学习效果，在第一轮试讲之后，教师安排了“今日盘点”的环节，让学生说说这节课的收获。通过学生们的反馈，并对教学中的不足之处进行反思。

第一轮的试讲在小学英语阅读教学过程中，老师更多地将目光定格在“阅读文本”本身，忽视了“图片”这一重要的阅读资源。我们可以根据教材自带的文本插图，挖掘和创新合适的图片辅以教学，极大地影响了阅读教学的生动性和灵活性。

这就告诉我们，在小学英语阅读教学中，教师应适时地结合图片，运用身体语言或动作，形象直观识生词，让学生结合自身知识和生活经验对文本中的生词进行猜测，引导学生展开阅读，提高其阅读综合能力。

在第二轮改课后也注重了借助上下文理解词语的阅读策略的渗透。为了培养学生良好的做英语阅读题的习惯，帮助学生在阅读时能根据上下文和构词法推理、理解生词的含义，教师可以在教学过程中，将英语单词拼写与课文阅读相结合，由于英语单词和短语一词多义的情况很多，不同的短语在不同的语境中使用，词义也会全然不同，这就要求学生在做阅读体的时候，学会瞻前顾后，巧妙的联系给出阅读材料的上下文，理解词语或者短句的意思。

并且给了同学们更加充分的时间进行读后的口头输出，读后的一项重要活动，是检查学生口语的有效方法，进一步提高学生的语言输出能力，强化学生内在的英语语言素养。学生们借助信息卡的关键词，由词到句，由句到篇，由说到写，由浅入深，层层递进，使学生在模仿中习得了英语写作的方法与技能，为其自主输出语言奠定了坚实的基础。学生在练习过程中对话题句型进行了整合和加工，达到了巩固知识、完成课文仿写的目的。

三、反思与收获

小学英语的阅读教学由课内阅读和课外阅读构成。课内阅读指教材中的Lesson3，Story Time（课文学习）和Fun Time（趣味阅读）这三个板块。课外阅读指教材以外的阅读文本。因此在教学实践中，如何基于英语学科核心素养进行Story Time，Fun Time及课外阅读教学，如何将课内外阅读教学有效地融合互补，共同促进学生综合语言运用能力的提升进行阐述。

从以上教学活动的设计可以看出，在关注文本整体理解和语言综合运用的同时，从热身—导入—初读—再读—拓展各个环节，紧紧围绕重点语言呈现—理解—尝试初步运用—操练巩固—综合运用，语言知识和语言技能训练扎实有效。

话题丰富、内容有趣、题材多样的课外阅读能激发学生的讨论，唤起有想象力的表达。

目前我呈现出的阅读教学仍有不足，课外阅读缺乏具体要求和指导，缺乏有效的过程监控和评价方式，流于形式。同时仍要注意小学英语课内外阅读教学要避免使用一个固定模式来应对；避免单纯的词汇学习、句式练习、语法讲解、翻译语句等活动。学生的学习如果仅仅停留在语言形式上，而深入不到思想内容，就难以建立用英语的观念和习惯，也谈不上文化和语感。如果教师教学控制过多，问题细碎，难以激发学生兴趣，培养学习能力，或在执教课外阅读时，过分强调语言，忽视阅读方法和阅读策略的培养、多元文化的渗透，学生的思维能力得不到发展，文化意识难以形成。

通过这次参与比赛，我也收获颇丰，更加深入的意识到，课外阅读教学中有效的学习策略有利于提高学习效率和发展自主学习能力。同时，对学生进行文化意识的培养，有利于正确地理解语言和得体地使用语言。在英语课内外阅读教学中，这五个方面相辅相成，融合互补，共同促进学生综合语言运用能力的形成与发展。英语语言能力构成英语学科核心素养的基础要素。文化意识体现英语学科核心素养的价值取向。思维品质体现英语学科核心素养的心智特征。学习能力构成英语学科核心素养的发展条件。因此，小学英语课内外阅读教学应融合互补、指向核心素养，全面发展学生的英语综合语言运用能力。

教学设计

美化文档小能手

刘 博

单元教学设计

单元学习主题 |《美化小能手》

1. 单元教学设计说明

（1）单元教材分析。

整个单元运用word文字处理软件的相关操作，总体围绕美化文档来进行，培养学生把生活中发生的事件、观察到的身边事物、爱好乐趣等运用电子文档的方式进行及时的记录并美化。第二单元在整本教材中属于较基础的内容，初识word之后对文章进行修改编排，通过设置字符、段落格式以及复制、粘贴、查找和替换的快捷方式，给文章进行美化。相比于纸质版的书写，电子文档更美观。体验技术的发展对文字的记录、保留、分享更加的方便，从而激发学生对word文档的喜爱。为后续更有难度的电子小报、做贺卡等图文结合的内容做铺垫。

（2）单元学情分析。

根据对四年级学生问卷调查得出数据的分析，有85%的学生能独立并熟练的编辑和修改文档，有60%的学生能简单的对字符设置进行操作。他们已经掌握了很多专业知识，操作能力以及接受知识能力明显提高，具备了一定的信息技术素养。通过第一单元的学习，学生们打下了一定基础，但若要对文档进行美化，就有所困难了，所以这一单元主要增强学生的审美眼光以及技术上的快捷功能的使用。

（3）单元育人素养价值。

在学习word部分的基本知识后，学生在制作文档的过程中，产生美化装饰文档，增强作品美观性的需要，通过对字符的加工处理，文章的整体布局与修改以及快捷的操作技能，从而进一步美化文档，综合运用知识创作作品的必要知识储备，合理的使用技术，并用技术更好的为我们服务，制作漂亮的文档，从而提升学生的审美意识。结合主题《北京故宫》通过编辑对故宫介绍的文档，为故宫做介绍牌等深入了解，增加学生对北京文化传承与热爱。

（4）问题解决对策及单元设计与实践的理论基础。

小学四年级学生在基础操作方面是能够独立完成的，接受事物的能力也有所提升。在审美和技术相结合上面还是有所欠缺。这一单元主要提升学生的设计感，让学生多看作品，并分析出作品的优缺点以及改正方法。给学生的学法使“理解任务—思考问题—交流学习”。建构主义学习理论强调以学生为中心，要求学生由知识的灌输对象转变为信息加工的主体。在教学过程中，巧妙设计，让学生带着一个个任务通过课堂讨论、实际操作、互相点评等方式，自我探索，自主学习，实现知识的传递、迁移和融合。

2. 单元学习目标与重点难点

（1）单元学习目标。

在编辑修改电子周记的过程中，能够根据需要设置字符格式、段落格式、学会使用查找、替换、复制、粘贴以及软键盘的使用对文章进行编辑。

在编辑文档的过程中，体会知识获取到知识运用的过程和方法，从而提升对word文档学习的积极性。

在word文档处理软件编辑修改文档的过程中，制作合理规范美化文档的同时，增加学生对北京文化的了解、传承与热爱，运用所学知识解决实际问题的乐趣。

（2）单元学习重点。

技能上的操作以及学会对文档进行合理的设置。

（3）单元学习难点。

根据不同的文档内容进行合理的设置与美化。

3. 单元整体教学思路

课时教学设计	
课时及课题	第5课时《美化文档小能手》
课型	新授课

1.教学内容分析

四年级上册第一单元学生初步了解了word文档，并能在文档上进行简单编辑和修改。通过对学生问卷调查，有85%的学生能独立并熟练的编辑和修改文档，有60%的学生能简单的对字符设置进行操作。本课是在操作的基础上增加美观性，最简单直观的方式就是对字符的运用，即字符的字体、字号、字形和颜色的设置，也是接下来进一步美化文档，综合运用知识创作作品的必要知识储备。在设置字符的过程中，合理使用技术，并用技术更好的为我们服务，提升审美意识。

2.学习者分析

根据问卷调查得出的数据。

（1）85%的学生能熟练编辑和修改文档。

（2）60%的学生能简单的对字符设置进行操作。

（3）40%的学生认为自己能根据文档的内容进行合理的美化。

四年级学生对计算机的操作已经有了一定的基础知识储备。Word文档是这学期所新接触的，在简单的技能上大部分学生是会使用的，可如何在会操作的基础上提高作品的质量还是他们需要学习的。增强作品美观性看似简单却又对学生们来说是个挑战，色彩的搭配上、字体的大小都是需要思考设计的。有的学生审美性强但单技术差，有的则是技术过硬但设计不好，所以老师要分层次，有针对性的为每类学生解决问题。

3.学习目标确定

知识与能力：

（1）学会在文档中进行字符格式（字号、字体、字形、颜色）设置。

（2）熟练掌握字符格式在word文档中装饰的运用。

• 过程与方法：在学习改变字符格式的过程中，运用任务驱动法，培养学生自我探索、自主学习以及动手动脑思考的能力。

• 情感态度与价值观：让学生在不断尝试中激发求知欲，在不断的摸索中获得知识。通过自我展示、自我激励、互相评价，培养学生鉴赏美和欣赏美的能力。

4. 学习重点难点

重点：掌握word中修饰文字的方法（调整字号、字体、字形、颜色）。

难点：根据不同文档类型通过字符的设置进行合理的修饰。

5. 学习评价设计

评价内容				
评价项目	评价等级			
	☆	☆☆	☆☆☆	☆☆☆☆
标牌题目突出、内容清晰				
文档标题醒目				
有重点内容标记				
色彩的搭配				

6. 学习活动设计

环节一：图片导入，出示课题

教师活动1

导入（2分钟）

教师：

出示一张图片，给同学3秒时间观察

学生活动1

提问：

（1）快速说出这是哪路公交？

（2）照片中是哪一站？

（3）你们怎么能这么快速的就回答出来呢？

引导学生联系到与改变文字大小、颜色有关，通过改变文字大小、颜色能带来这么好的体验，今天我们就来通过对字符格式的设置来美化文档。引出课题。

- 预设：
- 回答：
- （1）919支。
- （2）德胜门。
- （3）因为字大，颜色鲜艳醒目。

活动意图说明

通过短时间观看图片，让学生发现醒目的字体可以快速抓住重点，从而引出字符设置的意义。激发学生兴趣，让学生们积极主动的了解学习任务。

环节二：发布任务，学生自主探究

教师活动2（1分钟）

（1）提问：什么是字符格式的设置？（通过看书，引导学生了解）

（2）字符设置在格式工具栏中的样子。

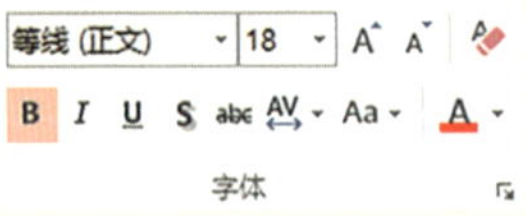

对字符格式设置了解后，以故宫建成600年为主题，为故宫设计标牌、

学生活动2

（1）改变文字颜色、大小

通过看书，部分学生能答出字形，字体。

简介。

（3）出示图片，分析各个地方标牌的共有特点。

任务一：为故宫设计标牌

要求：标题醒目，内容清晰，改变字体与字号。

看课本p22-23，根据书上内容，研究如何改变字体、字号。

（一名学生进行如何更改字体演示并讲解，教师补充）出示板书。

强调，改变字符时，要先选中所修改的内容。

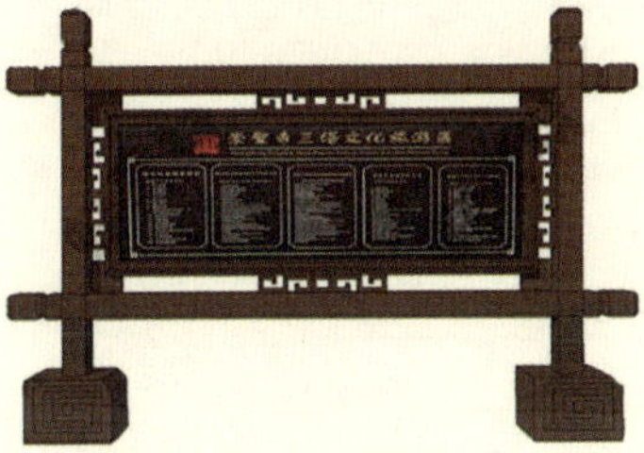

提问：有没有发现字号有两种样式？

学生尝试并总结

没有合适的大小，在字号栏中自己输入数值。

学生操作（完成的同学帮助未完成的同学）。

展示作品，学生评价。

（2）学生演示

选中修改内容—单击列表右侧小三角—更换字体。

字号调整：

文字的－数值小－字号大。

数字的－数字大－字号大。

活动意图说明

这样做培养了学生主动学习、自主探究的能力。在学生自主尝试的过程中及时评价，对做的好的学生加以肯定和鼓励，激发学习动力，对掌握不熟练的学生给予指导。学生协助老师帮助未完成的同学，可提高课堂效率以及操做完成率。

环节三：学科融合，综合创作

教师活动3（14分钟）

分析文章，如何改进可以吸引读者。

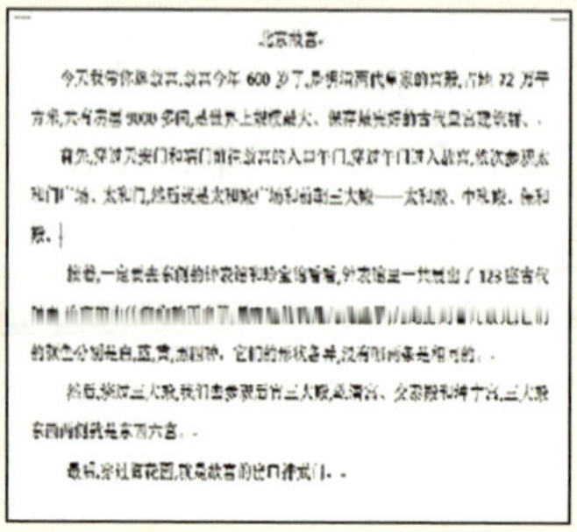

北京故宫

今天我带你游故宫，故宫今年600岁了，是明清两代皇家的宫殿，占地72万平方米，共有房屋9000多间，是世界上规模最大、保存最完好的古代宫殿建筑群。

首先，穿过天安门和端门前往故宫的入口午门，穿过午门进入故宫，依次参观太和门广场、太和门，然后就是太和殿广场和前朝三大殿——太和殿、中和殿、保和殿。

接着，一定要去东侧的钟表馆和珍宝馆看看，钟表馆里一共展出了125座古代钟表，[illegible]的颜色分别是白、蓝、黄、绿四种，它们的形状各异，没有两件是相同的。

然后，游览三大殿，我们去参观后宫三大殿：乾清宫、交泰殿和坤宁宫，三大殿东西两侧就是东西六宫。

最后，穿过御花园，就是故宫的出口神武门。

案例分析

提问：（1）是字符格式设置的越多越好吗？

（2）颜色应如何搭配

出示任务二：美化《北京故宫》这篇文章使读者印象深刻。

要求：标记重点内容，合理运用颜色的搭配。

探究字形的应用

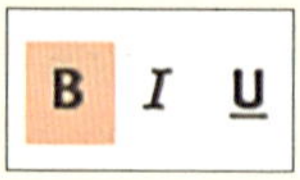

提问：（1）字形中的三类分别有什么功能

学生活动3

文字小

标题不醒目

看不清内容。

颜色太多，乱。

（2）字形格式如何取消

（3）多次改变同一字符，需要重新选中吗？

学生操作并讲解

分析2幅作品 学生说美化的意图。

完成后，全班互看作品，填评价表。

加粗 倾斜 下划线。

选中，再按字形。

选中一次可以重复更改文字。

活动意图说明

本层次教学拓展了学生的知识面，贴近生活，增加了学生对北京文化的了解、传承与热爱。通过做任务的过程中，探究操作技能，体会到深入学习的快乐，以及在设计中颜色搭配的重要性。通过学生互评，加深对所学知识的理解。

环节四：归纳总结，课外延伸

教师活动4（6分钟）

（1）让学生交流本课学习心得。

（2）拓展延伸：欣赏生活中带有字符设置的图片。

学生活动4

活动意图说明

本层次帮学生梳理知识点，回顾这一节课所学到的内容。与生活中实际案例相结合，让学生留心观察身边的事物，并应用到学习中。

7. 板书设计

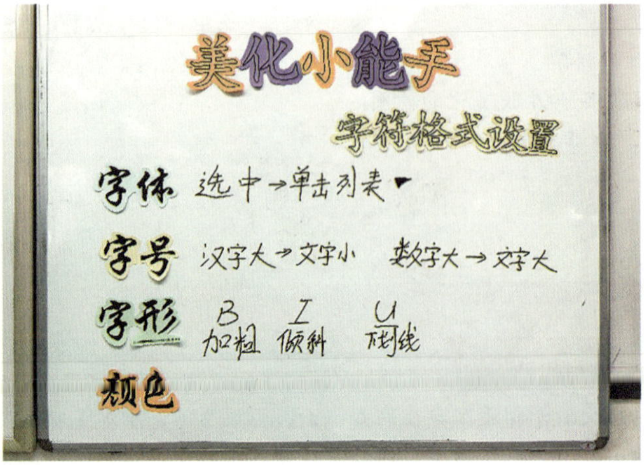

8. 作业与拓展学习设计

欣赏生活中带有字符设置的图片，开阔眼界，增加灵感。

作业：出去游玩后，可以尝试为当地具有特色的地方设计介绍牌。

9. 特色学习资源分析、技术手段应用说明

（1）与生活中的事物相结合，让学生从生活中的小细节发现信息技术带来的便捷。

（2）以故宫为主题创设情景，增加学生对北京文化的了解。

（3）以学生为主体，教师引导和指导下，增强学生学习过程的体验性、实践性。

（4）通过设计故宫介绍牌的学习形式，对文章的美化、字体上的设计有了清晰的思路，从而提升学生的审美意识。

10. 教学反思与改进

（1）应加强分层次教学—任务难易程度的更改。

（2）应强调不同场合美化风格是不同的—详细讲解，出示案例。

借温度之“形” 解负数之“象”

王 瑜

单元教学设计

单元学习主题 | 生活中的负数

1.单元教学设计说明

本单元属于数与代数领域中数的认识维度。关于数的认识，教材中认识数的顺序与数的发生发展顺序相同，是依照人类在生产和实践中逐渐形成和发展的顺序来学习的。负数的学习，是在学生认识了自然数、分数、小数的基础上进行教学的，让学生在认识数的过程中还体会到了每一种数产生的必要性。认识负数，是对数概念的扩充，同时有利于中小学数学的衔接，为第三学段进一步理解有理数的意义和运算打下良好基础。

《课程标准（2011版）》对于“生活中的负数”的学业标准是：结合生活情境，了解正、负数及整数的含义，会用负数表示日常生活中的一些量；能正确认、读、写负数。可以看出，本单元关注学生对数的意义的理解和表示，学生经历用数来描述现实世界的过程，就是学生建立数感的过程。

《课程标准（2011版）》中提到：“数感”主要是指数与数量、数量关系、运算结果估计等方面的感悟。建立数感有助于学生理解现实生活中数的意义，理解或表述具体情境中的数量关系。课标将“数感”放在核心素养的首位，由此可以看出数感在数学核心素养中的重要地位。承载数感核心素养的内容集中于“数与代数”领域中的数的认识、数的表示、数的大小、数的运算和数量的估计这五个维度。本单元正是在数的认识维度中，因此本单元重在发展学生的数感。

本单元先以温度为正、负数的现实模型，让学生感悟数的扩充的必要性，发展、完善对0的认识，使学生体会到正负数可以表示两种相反意义的量。接着结合更多实例，让学生进一步体会生活中很多具有相反意义的量。最后通过直线上标出的整数、0、负数，加深学生对负数和数轴模型建立的认识。由对数的感悟到对数量的感悟，使学生的数感逐渐提升。

布鲁纳认为，知识的学习包括三种过程，即新知识的获得、旧知识的改造、检查知识是否恰当。新知识的获得是一种主动的、积极的认知过程，这种认知过程以已有的有关知识和经验所构成的认知结构为基础。本单元就是在学生认识了自然数、分数、小数的基础上，结合了学生已经拥有的大量生活经验开展的。

2. 单元学习目标与重点难点

（1）结合熟悉的生活情境，了解正、负数的意义及表示方法，能认、读、写负数，体会引入负数的必要性，会用正、负数表示日常生活中的相反意义的量。

（2）知道0既不是正数，也不是负数，进一步发展对0的认识，了解整数的意义及构成。

（3）感受数学对生活的意义，体会数学与现实世界的密切联系，在认识负数的过程中培养学生的数感。

重点：了解正、负数及0的意义，会用正、负数表示生活中相反意义的量。

难点：培养学生的数感。

3. 单元整体教学思路

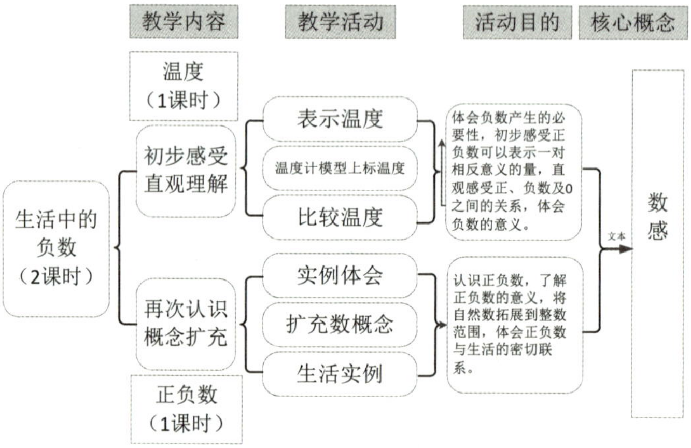

课时教学设计	
课　题	温度
课　型	新授课☑　章/单元复习课☐　专题复习课☐ 习题/试卷讲评课☐　学科实践活动课☐　其他☐

1.教学内容分析

已学过的相关内容

第一学段

- 认识万以内的数
- 初步认识小数、分数

四年级上册

- 认识万以上的数

→

本单元的主要内容

- 初步认识正、负数
- 用正、负数表示相反意义的量
- 对0的再认识
- 整数的意义

→

后续学习的相关内容

四年级下册

- 小数的再认识

五年级上册

- 分数的再认识

从整个知识体系来看，“数的认识”是学习“数与代数”的基础，本节课则是本单元学习的基础。学生在第一学段已经认识了自然数、小数和分数，积累了从现实情境中抽象出数和数量的经验，本节课正是在以上基础上进行教学的，通过研究正、负数的现实模型——温度，为下节课从具有相反意义的量抽象出正、负数奠定基础，同时也为下一学段的学习做铺垫。

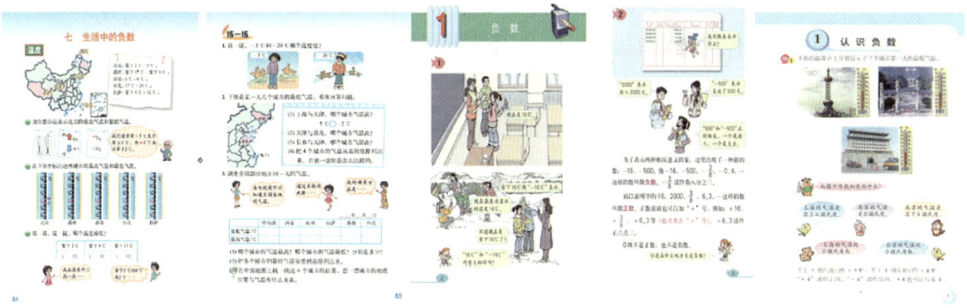

通过对比三个版本教材，我发现三个版本的教材都是结合学生熟悉的生活情景进行初步认识的，并且都用到了“温度”模型。

不同点在于人教版和苏教版分别编排在六下和五上，在第1课时就提出了正数和负数的概念，而北师大版编排在了四上，并且用了2课时来认识正、负数。

教学思考：四年级的学生思维正处于由具体到抽象的过渡阶段，对小学生而言，数是抽象的。认识整数时，我们借助了小棒、计数器；认识分数时，我们又借助了图形，在实际的分一分、折一折等活动中，感受分数的意义。比较而言，负数的意义更抽象，如果脱离图形，理解会更困难。温度计在形式上和数轴比较接近，恰巧，形的直观可以弥补数的抽象。因此北师大版顺应学生认知特点安排2课时，并且在第1课时只安排借助温度模型帮助学生感知正负数。

聚焦本课，教材以5个城市某日温度的气象信息为背景，进行了三次活动。第一次是探索表示温度的方法，体验用带“+”“-”的数表示零上温度与零下温度的必要性，在创造表示方法的过程中，初步构建相反意义的量的意义；第二次是在温度计模型上标记温度，直观理解温度的实际意义，积累理解“一对意义相反的量”活动经验；第三次是比较温度高低，对负数的大小有初步的感知，积累理解负数的活动经验。

困惑：学生在二年级科学课上已经学习和认识了温度计，对本节课的学习又有什么帮助，学生的困难点在哪？

2. 学习者分析

我对农科院附小四年级（12）班39名同学进行了调研。

（1）关于温度，你知道什么？

（2）你知道-5℃是什么意思吗？

（3）你知道-5表示什么意思吗？

调研目的：了解学生在科学课上的学习对本课学习可以提供哪些学习经验。

调研结果：1. 温度的含义、单位、可以用温度计测量温度、温度有零上和零下之分等；2. 100%学生回答正确。

意思	零下5摄氏度	比零小	0往下数5格	减5
人数比例	56%	24%	12%	8%

我的思考：学生在科学课上已经积累了借助温度计读出零上温度和零下温度的活动经验，但是大部分学生对负数的认识还需要借助“温度”这一直观模型，因此借助“温度”模型来学习负数是很有必要的。但如果只认读温度计，就和科学课混淆，应该充分运用“温度”这一正、负数的现实模型，让学生通过冷和热的感觉去体会正、负数的现实意义，从温度高低过渡到数的大小。从而加深对负数意义的理解和感悟，以帮助学生建立良好的数感。学生在第1课时对负数有了感性的认识后，才能更容易从实例中抽象出对负数的理解，形成准确的理性认识。

3. 学习目标确定

（1）结合温度实例，探索表示温度的不同方法，体验用带“+”“-”的数表示零上温度与零下温度的必要性。

（2）通过在温度计模型上标记温度活动，体会零上温度、0℃、零下温度在温度计上的位置与顺序关系，积累理解“一对意义相反的量”的活动经验，发展学生数感。

（3）通过比较不同温度的大小，感受不同温度的差距，理解正、负数的现实意义。

4. 学习重点难点

重点：借助温度计模型，积累认识正、负数的直观经验，初步体会正、负数的意义。

难点：体会负数的大小关系。

5. 学习评价设计

下图是某一天几个城市的最低气温，看图回答问题。

(1) 上海与天津，哪个城市气温高？

5℃ ○ -2℃

(2) 天津与青岛，哪个城市气温高？

(3) 长春与天津，哪个城市气温高？

(4) 把4个城市的气温从高到低排列出来，并说一说你是怎么比较的。

6. 学习活动设计

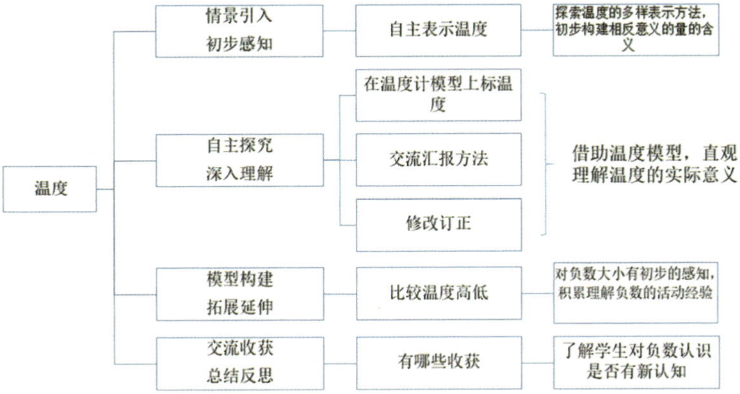

环节一：情景引入，初步感知

教师活动 1

出示图片

师：同学们，寒假就要到了，我打算从这五个地方选择一个地方去旅游，要想知道带什么衣服，我要了解什么？（当地温度），今天我们就一起研究城市天气中的温度。

问题1：请你想办法表示北京的最高气温和最低气温。

问题2：请介绍你的方法，并说一说你是怎么想到的？

小结：温度可以有不同的表示方法。

学生活动 1

自主探究

预设1：用温度计表示。

预设2：用汉字加箭头表示。

预设3：用符号表示。

活动意图说明

从学生已有的经验入手，探索温度的表示方法，体验用带“+”、“−”的数表示零上温度与零下温度的必要性，在创造表示方法的过程中，初步构建相反意义的量的意义。

环节二：自主探究，深入理解

教师活动2

问题1：在下图中标出这些城市的最高气温和最低气温。

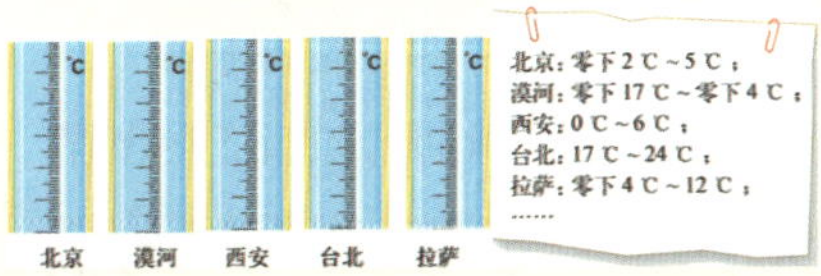

老师巡视，指导并捕捉有价值的资源供全班交流。

师：以北京为例，展示你的方法。

问题2：你是怎么标的？

问题3：为什么先要确定0℃的位置？

问题4：在确定0℃的位置后，你通过什么方式找到“+5℃和“-2℃”的位置的？

问题5：模型上表示的零下2℃在什么情况下可以用“2”表示？

组织学生交流，对于学生的每一次回答，都应适当地肯定，回应。

小结：看来，0℃是零上温度和零下温度的分界线，哪儿表示零上，哪儿表示零下，还得看温度计模型上的方向。

小结：怎样才能在模型中正确标出温度？

师：请完善你的“作品”，并和同桌进行交流。

老师巡视，指导

小结：“0”的重要性，零上温度与零下温度的关系。

学生活动2

自主探索

预设1：直接标温度。

预设2：先找“0”的位置再标温度。

预设3：不标注方向。

预设1：先确定0的位置。

预设2：0℃是标准，0以上数5格就是+5℃，0以下数2格就是-2℃，它们的位置不唯一。

预设3：先看是零上还是零下，再数相应的度数。

预设4：需要用表示方向的符号。

预设1：先确定0℃的位置，然后再看看模型中的方向，最后根据和0的距离标出温度。

活动意图说明

借助温度计直观模型，直观理解温度的实际意义，积累理解“一对意义相反的量”活动经验。

环节三：模型构建，拓展延伸

教师活动3

问题1：一起观察这5个温度计，哪个温度最高？你是怎么判断的？

问题2：哪个温度最低呢？剩下的温度哪个高哪个低呢？你怎么判断？

在简易温度计上标出来，并比较这些温度的高低。

数感延伸：世界上最冷的地方是南极-88℃，它应该标在哪？请学生指一指。

观察这个温度计，你有什么发现？

小结：温度高低还能通过数的大小比较得出结果。

学生活动3

预设：台北，因为它是24，最大。
在0上，离0最远。
在温度计上位置最高。

预设：对齐5个温度计的0刻度线或把这些温度放到一个温度计上。

自主探究

预设：0度以上数越大，温度越高，0度以下数越大，温度越低。

活动意图说明

比较温度高低，对负数的大小有初步的感知，积累理解负数的活动经验。

环节四：交流收获，总结反思

教师活动4

思考：

比较这节课和科学课关于温度的学习，有什么不同？

学生活动4

生1：科学课是给固定的数读温度，这节课是自己来找温度，要想找零上和零下的温度应先标出0度，再找到方向，最后根据0度的位置数出温度。

生2：可以用不同的方法表示温度，不光只用温度计，只要能表示出零上和零下是相反的就可以。

生3：认识了负数，负几就是从0往下数几。

活动意图说明

考查学生掌握正、负数现实意义的情况，了解学生对负数的认识是否有了新的认知。

7. 板书设计

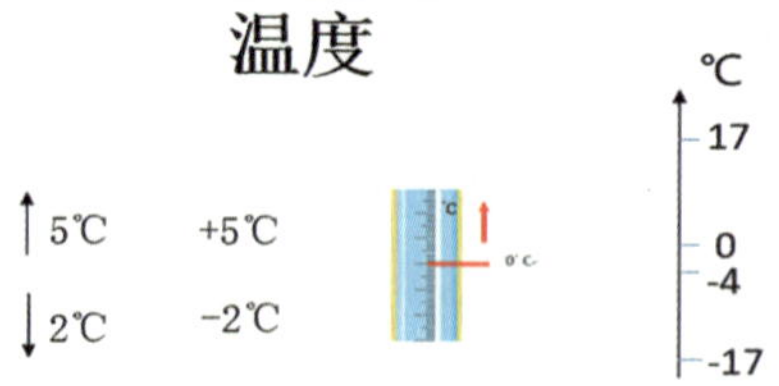

8. 作业与拓展学习设计

调查一下几个城市同一天的气温，并回答以下问题。

	哈尔滨	西安	杭州	拉萨	香港	台北
最低气温/℃						
最高气温/℃						

（1）哪个城市的气温最高？哪个城市的气温最低？

（2）请在地图上找一找这6个城市的位置，想一想这些城市地理位置与气温的关系。

9. 特色学习资源分析、技术手段应用说明

（1）学生在没有数字的温度计模型上标温度，感知正、负数是一对相反意义的量，体会“0”的作用。

（2）学生在黑板上的简易温度计上标温度，感知数的顺序；在确定不同温度位置的过程中，体会计量单位的累加，感知数的位置，丰富数感。

10. 教学反思与改进

“0”和方向是学生对负数意义理解的两个重要因素。学生在标的过程中，首先要对“0”的位置和方向进行思考，在此基础上去感受零上、零下的相对性及相反性，深刻理解负数的意义，从而发展学生的数感。

Let's explore the animal world

邓 垚

单元教学设计

单元学习主题 | Let's explore the animal world

1. 单元教学设计说明

（1）单元育人素养价值。

学科核心素养是学科育人价值的集中体现，是学生通过学科学习而逐步形成的正确价值观念、必备品格和关键能力。英语学科核心素养包括语言能力、学习能力、思维品质和文化品格。从本单元看在语言能力方面学生能够听懂，能问答，能认读理解，能书写英语表达的名称、种类、外貌、食物、栖息地、习性，能根据所学语言及情景做事情。从学习能力看，学生能在学习的过程中通过体验、探究、展示的形式提升自主学习及合作学习的能力。从思维品质上看，学生在学习过程中能够结合物种特点思辨、推理和探究，通过老师的问题引领进行深入思考，对于动物对人的重要性，人与动物的关系有正确的认识。从文化品格看学生在学习过程中可以掌握更多的动物科学知识，对动物的种类、生活习性、栖息地、现状等方面有更加深入的了解。

（2）单元设计与实践的理论基础。

2011版课标中指出“语言既是交流的工具也是思维的工具、……学习外语有助于学生认识世界的多样性、……增进国际理解……形成社会责任感……、那么在本单元动物话题中关于动物的种类，分类特点的学习，动物知识的探究也是认识世界的一部分。动物种类的学习以及动物知识的探究过程可以提升学生的科学精神。理解人与动物，人与自然的关系，动物对于我们的重要性更是学生形成社会责任感的重要前提。因此动物主题的学习对于学生的全面发展是至关重要的。

课标同时指出“教师要合理的安排教学步骤，组织多种形式的课堂互动，鼓励学生通过观察、模仿、体验、探究的学习方式学习和运用英语，尽可能多的为他们创造语言实践的机会，引导他们学会自主学习和合作学习。”而动物相关的自然科学知识的学习过程更能够帮助学生在英语学习的过程中掌握探究动物知识的能力。

（3）单元教材分析。

本单元选自人教新起点教材六年级上册的第三单元，Animal World动物世界。world一词在六年级上册2单元Around the World中第一次出现，引入世界各地国家及城市的学习理解。那么本单元中world再次出现引导我们在教学中应让动物主题的学习更加有深度及广度。

在本单元学习之前学生已经分别在1年级上册Animals，3年级上册Pets，5年级上册Animals 这3个单元年级都学过动物的相关知识，在本单元Animal World中进一步在大的群体角度上学习动物分类以及某一种动物多角度的自然知识。在语言层面上学生从学习表达动物名称-描述外貌-表达习性-动物分类学习逐步渐进。同时从非语言能力上也是递进式上升。1年级上册知道动物的外貌声音特点，了解动物都有天敌。3年级上册理解不同动物的可爱之处。要有对于宠物的责任与担当。5年级上理解不同动物的外貌及习性的多样性，尊重接纳动物的不同。6年级上学习动物的分类特征。探究学习动物知识，理解人与动物之间的关系。因此本单元的学习既是对之前学习知识的融合巩固，又在此基础上让学生对于动物有更加深入的学习。

本单元教材很好地呈现了动物知识学习的情境。第一课参观动物园的情境中学习动物种类和动物词汇。第二课学校中分享动物园参观见闻的情景，学习询问并回答动物的种类的功能句。复习操练表达动物外貌习性的问答句。第三课撰写动物报告的情景，通过大象语篇阅读，进一步了解动物。梳理介绍动物的方面，撰写自己的动物报告。Fun time的学习学生了解动物分类依据。Story time 的学习引导学生思考人与动物的关系。构建了本单元看动物→了解动物→查找探究动物→介绍动物→思考动物与人类关系的学习主线。但是本课的主线内容及课堂活动仍需根据单元主题及学习需求进行调整。

本单元中第一课学生学习动物分类的过程中缺少分类的依据，学生不一定能够进行正确的判断。因此应把分类依据的学习放在前面。第二课的学习中学生缺乏动物的广泛性和学生讨论的真实性，因此应在单元整体的设计中引入帮助动物园做英文动物宣传的活动，并让学生在课前进行相关的梳理，在课堂上学生的交流能够做到真正的交流。第三课大象的介绍短文学习缺乏对于大象更加直观立体的了解，应从文本知识，视频知识等全方位地了解大象，感受动物的魅力，并思考如何介绍自己感兴趣的动物。Story time 的学习中关注点在于身边的动物对人类的重要性。但并不深入，学生无法体会动物对于人类的重要性。因此教师从简单的生活中的动物至自然中的动物界，引导学生思考动物与人类和谐相处的重要性，同时思考人类可以为动物做点什么？展示课中学生可以通过展示版或视频的形式对于本课的学习进行深入的介绍，通过灭绝动物的学习让学生进一步深刻体会保护动物的迫切性。

（4）单元学情分析。

从学生角度看，知识储备方面学生在1、3、5年级的英语学习中都学习过动物的话题，能够用英语表达部分动物的名称、食物、生活习性、居住地。生活经验方面：学生在日常的课外阅读、影视资源、语文、科学等课堂教学中对于部分动物的生活习性，物种划分，动物与人类的关系，动物对于人类的重要性有一定的了解，对于单元的学习有一定的辅助作用。年龄特点方面：高年段的学生与低年段相比性格相对内敛，喜欢有挑战性的活动，乐于思辨，对于自己喜欢的动物乐于探索。从发展需求方面：学生需要深入了解动物，综合运用所学习的语言，以及探索收集的能力，了解并介绍动物的相关知识。动物的重要性，现状与人类的关系需要有深入的认识。

通过上面的课标，学业标准梳理，教材梳理，以及学生的分析后我认为本单元主题Animal world说明我们对于学生对动物了解的引领应更加具有广度和深度，在整个单元教材主线的引领下，学生应科学地了解动物的分类特征，学会根据特征分类。同时深入细致地探究、了解动物特点、习性、栖息地、现状，这也是学生在实践中学习的过程。因此我将单元主题定位Let's explore the animal world。

即通过本单元的学习掌握部分动物种类及其分类依据，学习探究动物的外貌、习性、栖息地、现状等动物知识。理解动物与人类平等的关系，思考人如何与动物和谐相处。

由于本单元中以参观动物园为情景的引领，因此，我们的单元实践性任务为帮助动物园做事情。学生可以选择喜欢的方式帮助动物园给外国友人介绍动物的知识。

①制作动物信息介绍牌。

②PPT讲演介绍动物。

（5）问题解决对策。

本单元中第一课学生学习动物分类的过程中缺少分类的依据，学生不一定能够进行正确的判断。因此应把分类依据的学习放在前面，对教材顺序进调整。第三课大象的介绍短文学习缺乏对于大象更加直观立体的了解，应从文本知识、视频知识等全方位的了解大象，感受动物的魅力，并思考如何介绍自己感兴趣的动物。学生对于写作的逻辑策略掌握较弱，因此应在学习中引导学生梳理写作逻辑。Story time的学习中关注点在于身边的动物对人类的重要性。但并不深入，学生无法体会动物对于人类的重要性。因此教师从简单的生活中的动物至自然中的动物界，引导学生思考动物与人类和谐相处的重要性，同时思考人类可以为动物做点什么？展示课中学生可以通过展示或视频的形式对于本课的学习进行深入的介绍，通过灭绝动物的学习让学生进一步深刻体会保护动物的迫切性。

2. 单元学习目标与重点难点

通过本单元的学习深入了解动物的分类、生活习性等知识，理解动物与人类之间的关系。

学习目标如下。

知识技能目标：

（1）能够听、说、读、写动物及动物种类的相关词汇。

（2）能够询问并回答动物种类等相关信息 。

（3）能够读懂与话题相关的对话、文段和简单故事 。

（4）能够利用现代化设备搜索感兴趣的动物信息，并能够用英语进行介绍。

理解目标：

（1）动物的分类是依据其身体构造、习性、生理特征决定的。

（2）理解动物与人类之间的关系。

迁移目标：

（1）能够将学习的知识运用到生活中，识别部分动物的种类。

（2）能够查阅、梳理并介绍动物的自然科学知识。

（3）能够友善对待动物，尊重动物，知道为什么要这样做。

学习重点：

（1）学习5种动物的物种以及他们的共同特性。

（2）练习用英语描述动物的种类，外貌特征，生活习性。

（3）阅读关于动物的文章，书写描述动物的短文。

（4）用英语介绍动物。

学习难点：

（1）动物种类复数的表达。

（2）用动物特征给动物进行分类。

（3）有逻辑地书写动物介绍的文段。

3. 单元整体教学思路（教学结构图）

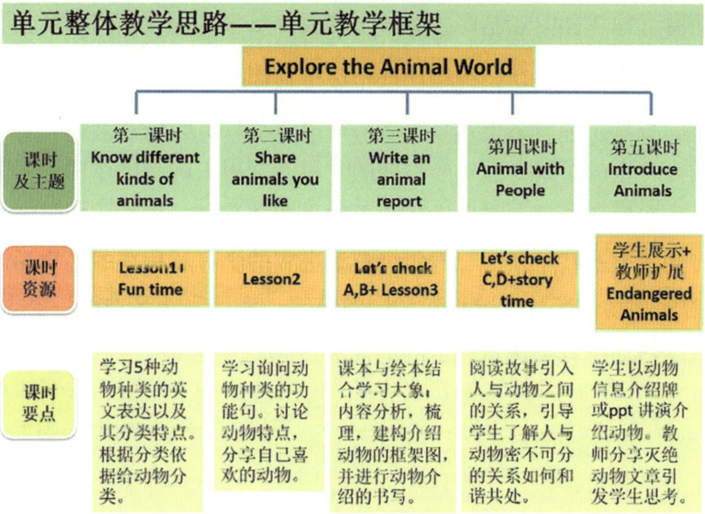

课时教学设计	
课　题	Lesson 1 Know different kinds of animals
课　型	新授课☑　章/单元复习课☐　专题复习课☐ 习题/试卷讲评课☐　学科实践活动课☐　其他☐

1. 教学内容分析

本课节选自人民教育出版社新起点英语六年级上册第三单元Animal World的第一课，是一节词汇新授课，主要学习掌握动物界中最为常见的五种动物类别的表达，以及相关种类中的代表动物。

本课教材包括Get ready 和Lesson1 两大部分。Get ready 中通过书中人物到动物园参观情景化地呈现了较为常见的5种动物类别以及他的代表动物，引出本单元关于动物种类的学习。Lesson1 通过听音标号的途径感知学习新词汇。B项通过游戏和交流表达的形式操练动物的种类以及他们的外貌或生活习性。C项通过补全句子信息的写的形式进一步巩固操练对于物种以及相应种类动物的表达。

本课对于动物种类的学习，以及根据动物的外貌和习性给动物分类的活动，为后面的对话及短文阅读的学习奠定了重要的基础。

2. 学习者分析

从年龄特点上看，大多数学生对动物感兴趣，十分喜欢小动物同时喜欢自然科学，愿意了解动物的相关知识。喜欢去探究自己不了解的动物知识。在表达上更喜欢陈述事实和介绍性的表达，性格比低年级更加内敛一些。

从生活经验看，部分学生在科学课的学习以及日常的科普书籍的学习中，对于动物的分类有一定的了解，这对于本课的学习起着很大的帮助作用，但学生也比较容易被表象的东西所迷惑，需要学生深入的思考和探究。

从已有知识上看在一、三、五年级都渐进式的学习过相关的动物知识，能够说出20种左右的动物的名称，能够对动物的外貌，生活习性等进行一定的描述表达，可以为阅读学习动物分类奠定一定的语言基础。

3. 学习目标确定

（1）能够根据动物的外貌特征以及英文描述给动物进行正确分类。

（2）能够用英语表达动物的种类。

（3）能够说出动物的生活习性特点。

（4）能够意识到动物和人类是平等的。

4. 学习重点难点

学习重点：

（1）学习五种动物的英文表达。

（2）学习根据动物的外貌特征和语言描述习性给动物分类。

（3）练习根据动物的外貌特征给动物分类。

学习难点：

（1）根据动物的外貌特征或习性给动物分类。

（2）动物种类复数的使用和理解。

5. 学习评价设计

（1）形成性评价，集体和小组内完成任务时自评或互评。

序号	学习目标	形成性评价方式
1	能够根据动物的外貌特征以及英文描述给动物进行正确的分类	组内互评
2	能够用英语表达动物的种类	自评
3	能够说出动物的生活习性特点	组内互评
4	能够意识到动物和人类是平等的	师评

（2）学习反馈单回忆这节课的收获。

6. 学习活动设计

环节一、复习热身

教师活动1

播放动物视频，学生说出动物名称。

学生活动1

学生观看视频并说出自己看到并认识的动物英文名称。

教师活动2

Free talk 教师提问

What animals do you know?（低阶）

What can they do?

学生活动2

学生小组讨论并分享

I know…They can…

活动意图说明

通过视频的形式激活课堂气氛，引入本单元的话题，学生通过视频的形式复习了解的动物。小组讨论的形式让所有的学生能够跟同伴分享自己对于动物的了解。

环节二：新课导入

教师活动1

教师提问

T: Where can we see most of these animals?（低阶）

引入 Get ready 图

T: They are going to the zoo. What animals are they going to see?

T: Why are they in 5 different groups?

T: Let's listen and number.（高阶）

Listen and tell me why there are five groups of animals.

T: Can you tell me the name of these groups of animals?

T: There are 5 groups because they are 5 kinds of animals, Today let's learn the 5 kinds of animals.

学生活动1

学生根据教师提出的问题进行相应的思考与回答

Ss: In the zoo.

Ss: They are turtle, snake, shark, whale.

学生听音标号，学生教师核对答案。

SS: They are different.

Ss: Birds, fish, mammal···.

活动意图说明

通过关于动物园的对话引入文中人物去动物园的情景，通过听音标号的形式初步感知本课的学习内容。

环节三：理解学习

教师活动1

T: They are in 5 kinds because they have a lot in common.

Let's see what they have in common.

（1）教师逐个出示动物种类，带读动物种类词汇，reptiles在这里面比较难，请学生多跟读。分开音节读。注意强调动物种类的复数。

Rep/tiles. Turtles are reptiles.

（2）请学阅读相关动物种类特点的Fun time小语段，读后总结。

例：Turtles and snakes are reptiles, What do they have in common? Let's read page 33.

（3）教师请学生说一说自己知道的相关种类动物。

T: What reptiles do you know?（低阶）

此处学生有很多动物的名字是不知道的，因此可以允许动物用中文表达动物的名字。

Crocodiles are reptiles.

壁虎 are reptiles.

Birds对于学生来讲比较简单，学生能够很好的掌握，注意引导学生阅读时关注fish是没有复数表达的。Insects, mammals, whales, penguins关注词汇的分音节阅读。

学生活动1

学生阅读后说一说自己对于这种动物的了解。

They have cold blood.

They lay eggs.

They have scales.

They have 4 legs.

学生说一说自己了解的相关种类的动物。

Crocodiles are reptiles.

壁虎 are reptiles.

教师活动2

教师带领学生阅读所有的分类词汇以及动物词汇，并关注词汇的复数表达。

学生活动2

学生跟读

Snakes are reptiles.

Lions are mammals.

Sharks are fish.

…

环节三：操练巩固

教师活动1

教师播放动物身体部位闪现图片，学生说出动物的种类。

What kind of animals are they?

学生活动1

学生看快速闪现的图片，说出动物的种类。

They are insects

教师活动2

（1）教师给学生动物的图片，请学生根据学习的动物分类特点以及对于这种动物的了解给动物进行分类。

T: Here you can see many animals.

What kind of animals are they? Please talk with your friends.

在出示的8种动物中有两种不属于学习的这5种动物之中。

（2）教师与学生核对动物的分类。

What kind of animals are they?

（低阶）

学生活动2

学生两人一组，根据图片上动物的特征以及对动物的了解给图片上面的动物进行分类。

Ss: They are …(mammals, reptiles..)

教师活动3

Let's share.

T: What animal do you like?

What can they do?

学生活动3

学生1对多进行问答练习。

活动意图说明

通过多种形式的活动帮助学生巩固掌握不同动物的分类特点，同时能够通过判断给动物进行分类。快速闪现的活动让学生能够集中注意力，增加学生的主动性。小组给动物分类的活动帮助学生在合作中共同学习探究动物的种类。

环节四：小结与拓展

教师活动1

教师提出问题，学生思考并回答。

Are there only 5 kinds of animals in the world?（高阶）

What about us?

Are we animals?（高阶）

教师给学生出示图片，引导学生了解人类与其他动物是平等的，都是地球上的生物。

T: So here we can see .We are one kind of animals too. We are same with other animals.

学生活动1

学生思考并回答问题：

Ss：No there are more than 5 kinds.

Ss: Yes we are .We are human being.

活动意图说明

通过读文段再次回顾今天学习的知识内容，并引出对于动物物种以及人类的思考，帮助学生扩展了解世界上有很多的物种同时让学生了解人类并非高于其他物种而是与其他物种一样在这个星球上共同生存的物种之一。

7.板书设计

Unit 3 Animal World

Lesson 1 Know different kinds of animals

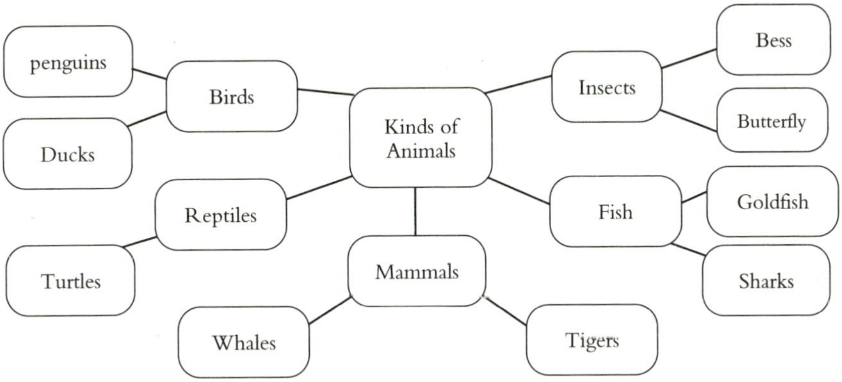

8.作业与拓展学习设计

作业：认读课本第26页词汇。

每个种类扩充查找一个动物。

9.特色学习资源分析、技术手段应用说明

在本节课中利用欣赏视频的形式激活课堂气氛，吸引学生的注意力，并真实丰富的了解动物世界的壮美。通过学生常见但学生比较模糊不清的物种让学生真正利用今天所学习的知识给物种进行分类或判断。

10.教学反思与改进

在实际教学中板书的摆放较乱，应利用线连接布置成思维导图的形式，帮助学生更好地理解分类与单个动物之间的关系。部分ppt图的设置与表达内容不太吻合例如表达they的时候图中只有一只动物。

课时教学设计	
课　题	Lesson 2 Share animals we like
课　型	新授课☑　　章/单元复习课☐　　专题复习课☐ 习题/试卷讲评课☐　学科实践活动课☐　其他☐

1. 教学内容分析

本课节选自人民教育出版社新起点英语六年级上册第三单元Animal World的第二课时，是一节句型新授课，主要学习掌握询问某一中动物的分类的功能句What kind of animals are they？并回答They are…。

本课教材包括三大部分。A项通过在教室中Miss Wu与学生们的对话，将情景由上节课的参观动物引入本节课的在课堂中讨论并分享动物，进而通过对话的形式学习本单元的功能句以及重点的对话话题。B项通过学生选一选说一说的形式，对动物的种类以及生活习性等方面进行介绍。C项在基于上面描述动物的对话基础上书写自己喜欢的动物特征，以写的形式进一步巩固练习。

本课通过功能句的学习以及描述动物的句子的练习帮助学生进一步关注动物的生活习性，物种等特点，为后面学生进行动物的介绍奠定了基础。

2. 学习者分析

从年龄特点上看，大多数学生对动物感兴趣，喜欢小动物同时喜欢自然科学，愿意了解动物的相关知识。同时在思维的逐渐成熟中能够关注到动物细节上的不同。

从生活经验看，学生能够了解一些较为常见的动物的生活习性，物种，饮食特点等，这对于本课中描述动物的对话表述以及书写描述动物的语句起着基础的作用。

从已有知识上看学生在5年级上册学习动物单元的时候已经初步接触了关于怎样描述动物的外貌特征、生活习性、饮食特点等。但之前学习的表述中采用单数的形式进行描述，而本课中要进行复数形式的描述，学生容易出现表述错误，不注意区分单复数的情况，教师应给予学生明确的示范，并在学生表述中进行指导。

3. 学习目标确定

（1）能够询问某类动物的种类，并进行回答。

（2）能够用英语从动物种类、生活习性、外貌特征、饮食习惯等方面对动物进行介绍。

（3）能够利用问答的形式从动物种类，生活习性，外貌特征，饮食习惯等方面进行问答表述并猜测动物。

（4）能够关注同类动物的区别，并思考同类动物差异大的原因。

4. 学习重点难点

学习重点：

（1）学习询问并回答某动物的种类 What kind of animals are they? They are…。

（2）小组合作练习问答动物的关键信息。

（3）书写描述动物的简短语句。

学习难点：

动物复数的表达 They are…They like to eat…

学生在表述中容易出现单复数混淆使用的情况。应在听力感知学习以及跟读练习中强调复数的使用，并用动物的实例让学生理解某一大种动物也是有多重多样的同类动物。

5. 学习评价设计

（1）形成性评价，集体和小组内完成任务时自评或互评。

序号	学习目标	形成性评价方式
1	询问某类动物的种类，并进行回答	组内互评
2	用英语从动物种类、生活习性、外貌特征、饮食习惯等方面对动物进行介绍	自评
3	利用问答的形式从动物种类、生活习性、外貌特征、饮食习惯等方面进行问答表述并猜测动物	组内互评

（2）学习记录单回忆这节课的收获。

6. 学习活动设计

环节一、复习热身

教师活动1

教师呈现Fun faces about animals的小语段

学生活动1

学生读Fun faces about animals并猜测其中的相关内容。

教师活动2

教师出示跟动物相关的词汇，让学生边读猜动物。

学生活动2

学生大声朗读出现的词汇并猜测动物。

活动意图说明

通过关于动物的有趣小事实以及动物的猜谜游戏帮助学生激活课堂气氛，引入本节课的相关内容。

环节二：新课导入

教师活动1

教师提问

T: Where did they go yesterday?

T: What did they do there?

T: Where are they? What are they doing?（低阶）

学生活动1

学生根据教师提出的问题进行相应的思考与回答

Ss: The zoo.

Ss: They saw animals.

Ss: Now they are in the classroom,

They are sharing their trip to the zoo.

What animal are they talking about?

What do they know about animals ?

Let's listen together! (低阶)

Tthey are talking about monkey.

活动意图说明

通过关于动物园的对话引入文中人物去动物园的情景，通过听音标号的形式初步感知本课的学习内容。

环节三：理解学习

教师活动1

T：教师播放对话录音

T：教师再次播放录音。What did Miss Wu say?

If we want to know the kind of the animals, we should say "What kind of animals are they?" "They are..." (低阶)

教师请学生重复朗读本功能句。

学生活动1

S：学生听录音，标注教师提出的关键问题的答案。

学生跟读本单元的重点功能问答句。

教师活动2

教师引导学生读书中的对话，并根据对话的内容绘制关于猴子信息的思维导图。

Please read and make the mind map of the monkey.

教师带领学生核对思维导图。

What else do you know about monkey?

学生活动2

学生默读对话并完成思维导图。

They are mammals	They can climb trees very well.
Monkey	
They like to eat peaches and bananas.	....

教师活动3

教师播放对话录音。

Let's read together.?

学生活动3

学生跟读对话录音。

学生小组内朗读对话录音。

环节三：操练巩固

教师活动1

游戏 Guessing game

教师请3名学生表演屏幕中出现的同类动物。

所有学生齐问 What kind of animals are they?

一名学生猜一猜这些是哪类动物。

学生活动1

学生分为3个大组表演，问，猜有关动物的种类。

What kind of animals are they?

They are…

教师活动2

教师变换游戏形式，将B项游戏改为动物猜谜游戏。

教师请1名学生一起做对话范例。

学生活动2

学生分男女生齐读猜谜对话，了解游戏形式。

学生两人一组小组进行对话练习活动。

教师活动3

教师请学生看C项信息和图片。

What do you know about shark after you read it ?

Can you write about animals you like jwst just like this.

学生活动3

Ss看图片及文字回答问题：

What kind of animals are they?

What do they eat?

What do they look like?

学生仿照小语段完成自己的书写练习。

学生阅读分享自己的练习。

活动意图说明

通过表演猜谜和小组猜谜的形式帮助学生操练本课的重点功能句，同时游戏的形式提高了学生活动的兴趣和积极性。

环节四：小结与拓展

教师活动1

教师利用C项的鲨鱼对比金鱼

Sharks are fish.

Goldfish are fish too.

What's their different?

Why they are so different?（高阶）

Fishes are different because they are from different places.

学生活动1

学生说一说对于鲨鱼和金鱼的相同和不同。

They are all fish.

Sharks live in the sea. Goldfish in the pond.

Shark is big. Goldfish is small.

….

活动意图说明

通过对比金鱼和鲨鱼回顾总结今天学习的内容，并引导学生思考同类动物不同的原因，扩充学生对于动物进化和环境影响的思考。

7. 板书设计

Unit 3 Animal World

Lesson 2 Animals are same and different!

What kind of animals are monkeys?

They are mammals.

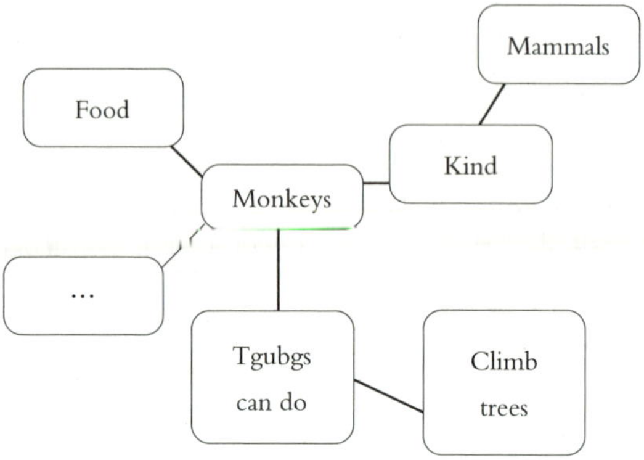

8. 作业与拓展学习设计

作业：利用单词insects/mammals/reptiles/birds/kind造句。

完成课本第34页。

思考并查询自己喜欢的动物的相关信息。

9. 特色学习资源分析、技术手段应用说明

在本节课中通过思维导图的形式帮助学生梳理对于动物的介绍，了解信息。让学生能更清晰的掌握如何从多种方面介绍动物，利用有趣、充满挑战的猜谜游戏帮助学生掌握本单元的重点句型。

10. 教学反思与改进

在本节课的学习中学生都能够较好地掌握功能句的使用，但是在表述中部分学生会出现单复数混淆的情况，应引导学生发现我们在表述中是介绍某一类的动物而并非介绍某一只动物，因此在表述中应用复数的表达形式。

课时教学设计	
课　题	Lesson 3 Let's write an animal report
课　型	新授课☐　章/单元复习课☐　专题复习课☐ 习题/试卷讲评课☐　学科实践活动课☑　其他☐

1. 教学内容分析

本课节选自人民教育出版社新起点英语六年级上册第三单元Animal World的第三课时，是一节阅读实践课，主要通过阅读关于大象的文章，总结学习如何介绍一种动物，并尝试自己书写介绍一种动物。

本课教材包括三大部分。A项通过阅读关于大象的文章，进一步了解大象的生活习性等相关内容。练习提取动物的相关信息，同时学习如何介绍动物。B项通过填写自己喜欢的动物的相关信息梳理自己喜欢的动物相关内容。C项在B项梳理的基础之上进行动物介绍的书写。

本课中关于大象的介绍内容并不是十分的丰富，图片并不直观，内容较为浅显。因此可以给孩子扩充更多关于大象的科学知识，帮助学生扩充更多关于大象的了解，因此教师对于本课进一步补充了大象的相关绘本。帮助学生进一步了解大象的生活以及生存现状。

2. 学习者分析

从年龄特点上看，大多数学生对动物感兴趣，愿意进一步了解动物的生活习性，生存现状等相关知识，并愿意对于自己的喜欢的动物进行相关的介绍。

从生活经验看，学生已经在日常的学习生活以及电视节目中对于大象有了一定的了解。能够结合已知内容更好的理解本课中的阅读文段以及补充阅读资源。

从已有知识上看，学生在5年级上册学习文段阅读中已经初步的了解了关于大象的象牙，象鼻的英文表达以及部分关于大象的生活习性内容，因此本课的补充学习将帮助学生更好的深入了解大象的相关信息，进而思考如何介绍自己喜欢的动物。

3. 学习目标确定

（1）能够读短文并提取大象的相关信息，完成标注和填写任务。

（2）能够读补充阅读信息了解更多大象的生活习性。

（3）能够结合阅读的书中文段以及补充阅读文段绘制关于大象的思维导图，梳理可以介绍动物的方面。

（4）能够梳理自己想介绍的动物的信息。

4. 学习重点难点

学习重点：

（1）阅读大象的文章提取相关的介绍信息。

（2）阅读大象的补充信息。

（3）梳理关于大象信息的思维导图。

（4）梳理自己喜欢的动物的思维导图。

学习难点：

（1）梳理关于大象的思维导图。

（2）梳理自己想要介绍的动物的思维导图。

5. 学习评价设计

形成性评价，集体和小组内完成任务。

序号	学习目标	形成性评价方式
1	读短文并提取大象的相关信息，完成标注和填写任务	组内互评
2	结合阅读的书中文段以及补充阅读文段绘制关于大象的思维导图，梳理可以介绍动物的方面	组内互评
3	梳理自己想介绍的动物的信息	自评

6. 学习活动设计

环节一：复习热身

教师活动1

Guessing game

课本第 34 页 A 教师播放录音，学生听并匹配人物以及他们谈论的动物。

教师请学生提取判断的 key words.

T: Bill and Lily are talking about animals they see in the zoo. Can you guess what are they?（低阶）

学生活动1

学生听并匹配人物以及他们谈论的动物。

学生思考并说出做此判断的理由。

Ss: Key words: mammals in the sea./ insects/black and white/

教师活动2

1 Check B 项作业

Yesterday we finish the riddle game, now check with your friend.

Read together.

②What's Tom's parents'jobs?

学生活动2

学生小组核对完成的任务。

学生回答问题。

Zoo keeper./Animal doctor.

活动意图说明

通过关于动物猜谜和阅读帮助学生激活旧知，复习。

环节二：新课导入

教师活动1

T: What did Miss Wu and the students do in the school?（低阶）

T: Yes Today they are going to show their animal report. Let's see together.

T: Here we can see they are going to introduce elephant. What do you know about elephant?

学生活动1

They share what they see in the zoo.

学生思考并分享自己对于大象的了解。

They are biggest animal on the land.

活动意图说明

通过复习上节课书中的故事情境，引入本节课的故事情境。

环节三：理解学习

教师活动1

教师请学生阅读书中A项的文段，读前布置阅读任务。

T: Let's read the animal report about elephants.

Before we read we need to know our task.

Let's read part 2 and part 3 together.

Let's read and finish the tasks. I will give you 3 minutes to finish it.

Check with your friend、

教师带领学生共同核对2、3项任务的答案。

学生活动1

学生阅读2、3号任务。

学生阅读文段并完成2、3号任务。

学生小组内互相核对任务完成的情况。

教师活动 2

教师播放A项文段录音，学生跟读。

教师在相应的难点处停顿，并问学生相关问题，检测学生对于相关信息的理解。

T: What means “4 metres tall”?

Elephant can pick up big tree that means elephants are?（高阶）

学生活动 2

学生跟读A项录音对话。

学生回答老师针对文段中提出的问题。

Strong /flexible

环节四：操练巩固

教师活动 1

教师带领学生通过思维导图的形式梳理回顾文章中关于大象的介绍。

学生活动 1

学生跟老师一起梳理关于大象的信息。

教师活动 2

教师通过提问引出补充阅读材料。

Here we know elephant can use the trunk to pick up tree and peanut. What else can the trunk do?

Elephant in Africa and Asia are same or different?（高阶）

Here Bill find a story about elephant. Let’s read together.

学生活动 2

学生思考并尝试回答教师出示的问题。

学生以小组的形式阅读教师提供的补充阅读，并思考答案。

教师活动 3

What do you think of elephant?

But elephants are now endangered?

学生活动 3

学生分享自己对于大象的感受。

Do you know what means "endangered"? Why are they endangered.（高阶）

教师分享大象濒临灭绝的原因以及生存现状。

学生思考并表达大象濒临灭绝的原因。

trunk/ living places/ animal show

活动意图说明

通过思维导图的形式帮助学生梳理对于大象的了解，同时通过补充阅读帮助学生扩充对于大量的了解。

环节五：小结与拓展

教师活动1

教师请学生在课本31页的表格中梳理自己喜欢的动物的信息，并思考还可以介绍这种动物的那些知识。

T：We need to write our animal report of your favourite animals. What can you write about it? Please list it in the chart.

学生活动1

学生根据自己喜欢的动物梳理动物的信息。

活动意图说明

通过前面的大象介绍，学生已经了解了很多关于大象的相关知识，基于上面的活动后学生梳理自己喜欢的动物的相关信息，帮助学生为之后的动物报告书写打基础。

7. 板书设计

Unit 3 Animal World

Lesson 3 Introduce Animals

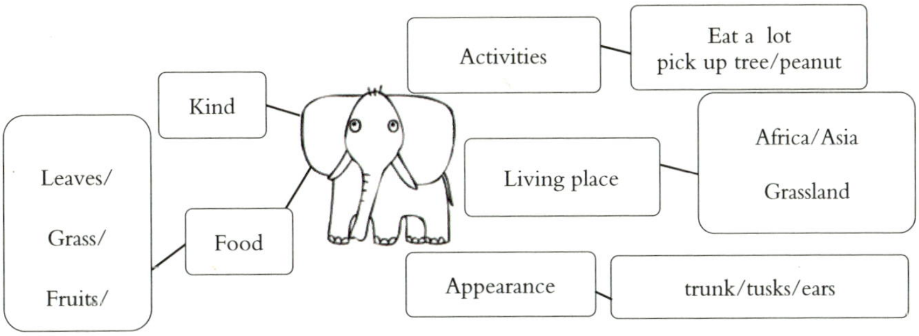

8. 作业与拓展学习设计

作业：熟读课本第30页A。

思考并查询自己喜欢的动物还可以介绍哪些内容。

9. 特色学习资源分析、技术手段应用说明

本节课通过思维导图的形式帮助学生梳理对于动物的介绍了解信息，让学生能更清晰的掌握如何从多种方面介绍动物。通过阅读绘本的补充，学生图文并茂的方式直观深刻的了解大象更多的相关习性，也为后面学生进行动物展示提供了思路。

10. 教学反思与改进

在本节课的学习中大多数学生都能够充分理解阅读短文的含义，并能够提取相应的信息完成任务。需要注意的是关注英语学习较为薄弱的学生，这部分学生普遍对于英语短文的阅读困难比较大。因此应在阅读中关注薄弱学生，请英语有优势的学生带领这些同学进行短文的阅读和信息的梳理。

课时教学设计	
课　题	Lesson 4 Animals and People
课　型	新授课□　章/单元复习课□　专题复习课□ 习题/试卷讲评课□　学科实践活动课☑　其他□

1. 教学内容分析

本课节选自人民教育出版社新起点英语六年级上册第三单元Animal World的Story time，是一节故事阅读实践课，主要通过阅读动物与人类之间发生的两个小故事，感悟人与动物之间的密切关系。

本课教材包括三大部分。A项通过阅读人与动物之间的两个故事感悟人与动物之间的关系。B项以问题的形式回顾故事当中的细节。C项在学生整体理解故事的基础上复述小故事。

通过本课的学习引发学生对于动物与人类之间关系的思考。

2. 学习者分析

从年龄特点上看，大多数学生对动物感兴趣，愿意了解人与动物之间发生的故事。从生活经验看部分学生曾对导盲犬以及动物帮助人类的事例有所了解，有自己的思考。

从已有知识上看学生在本单元的学习中已经掌握了部分关于动物的知识，在文章的阅读中生词比较少，文章当中的生词不会对学生的阅读产生较大的障碍，大多数学生都能够读懂故事，但是学生对于故事情节的概括提取并不擅长，应在课堂中给予练习。

3. 学习目标确定

（1）能够读懂人与动物之间的两个小故事。

（2）能够根据文章中的情节提取出相关的信息。

（3）能够根据文章的结构完成对于故事角色、背景、故事冲突、解决方法的梳理。

（4）能够客观地思考人与动物和谐持久相处的办法。

4. 学习重点难点

学习重点：

（1）阅读人与动物的故事提炼故事信息。

（2）提取故事情节回答问题。

（3）思考人与动物和谐持久相处的方式。

学习难点：

提炼故事角色、背景、故事冲突、解决方法完成worksheet。

5. 学习评价设计

序号	学习目标	形成性评价方式
1	根据文章的结构完成对于故事角色，背景，故事冲突，解决方法的梳理	组内互评
2	根据文章中的情节提取出相关的信息	组内互评
3	思考人与动物和谐持久相处的办法	自评

6. 学习活动设计

环节一、复习热身

教师活动1

教师播放动物歌曲。

T：Let’s listen to a song about animal.

学生活动1

学生听歌曲。

教师活动2

教师请学生看P35 C项了解活动方式。

读D项的人物对话。

仿照D项自己写一写动物的猜谜。

Let's make a riddle about animal.

学生活动2

学生写动物猜谜。

学生读给同伴听并猜一猜动物。

学生把自己的动物猜谜分享给全班同学猜。

活动意图说明

通过听动物歌曲，做动物猜谜的游戏帮助活跃课堂气氛，激活旧知复习。

环节二：新课导入

教师活动1

教师通过提问引入本课的故事

T：Are animals important to us? Why or why not?（高阶）

T：Animals around us are very important, and there is a group of animals. They will bring us lots of fun or help us do lots of things.

They are pets.

What can your pet do?（低阶）

Let’s read 2 stories about pets.

学生活动1

学生小组内讨论教师的问题。

Farm animal give us food.

Pet make us happy.

Environment chain.

学生分享自己的思考给全班的同学。

活动意图说明

通过复习上节课书中的故事情境，引入本节课的故事情境。

环节三：理解学习

教师活动 1

Pre–reading

教师请学生观察图片并回答老师的问题。

Pic 1

What can you see in the picture?

What's the girl doing? What unusual things can you see? (What's in her hand?)

Is this dog different from yours?

Pic 2（低阶）

What do you see in the picture?

What is Daniel doing?

What's the cat doing? Why?

What is the story about?

Let's read.

学生活动 1

学生观察图片回答老师的问题

Girl and dog.

Walking.

Girl with a stick .

It can guide people.

A boy and a cat on the bed.

Sleeping.

Bit or lick the boy.

教师活动 2

While reading

教师请学生读书中的两个故事，并完成关于故事的结构 worksheet。

学生活动 2

学生读故事找出故事中的 character/setting/problem/ solution。

学生小组内核对学生之间的填写内容。

教师活动 3

After reading

教师带领学生再次回顾故事，提炼并核对故事中的 character/setting/problem/ solution 信息。

教师对故事细节进一步提问：

学生活动 3

学生与老师再次读故事提炼关键信息。

	People	Animal
Story1		
Story2		

Pic 1

Why did Sharon want a guide dog?

What can the guide dog do?

What do you think of Bobo?

If you were Sharon, what do you want to say?（高阶）

Can you give a title for the story?

Pic 2

Why did the cat wake Daniel?

What did Precious do to save Daniel? (crying, licking, bit)

Why didn't Daniel wake up at first?

What do you think of Precious?（评价）

If you were Daniel, what do you want to say?（高阶）

Can you give a title for the story?

根据故事的内容细节回答老师的问题。

活动意图说明

通过worksheet的填写学生理清故事结构。教师的提问关注学生对于关键词汇和故事情节是否理解到位，延伸思考问题让学生进一步从自己的角度进行表达。

环节四：小结与拓展

教师活动1

教师播放导盲犬以及动物帮助人类的视频。

学生活动1

学生观看视频并复述视频中讲述的事情。

教师活动2

教师引导学生思考人与动物之间的关系，动物都能够给人类带来什么？

T: What can animals give us? What can we give to animals?（高阶）

人类的周边都有哪些动物？

What animals are around us?

人类应该如何对待身边的动物。

How should we treat them?

学生活动2

根据老师提出的问题学生小组内讨论并分享学生的感受。

Farm animal/pets/ animal in the city/zoo/wild animal

活动意图说明

给学生播放生活当中的真实视频让学生能够更加直观的看到人与动物之间相处的真实事例。通过讨论加深学生对于人与动物之间相处的思考。

7. 板书设计

Unit 3 Animal World

Lesson 4 Animal and people

Story time

	People	Animal	Where are they?	What happend?
Story1				
Story2				

8. 作业与拓展学习设计

作业：准备动物展示。

9. 特色学习资源分析、技术手段应用说明

在本节课的故事阅读中教师引用了阅读的故事元素学习单帮助学生梳理故事的情节。教师引用的动物帮助人类的故事视频能够更真切的帮助学生感受到动物与人类之间的关系以及动物的聪明智慧。

10. 教学反思与改进

在本节课的学习中学生能够较好的理解故事的内容，并深刻的感知动物与人类之间密不可分的关系。在阅读中部分学生填写学习单的过程出现困难，考虑学生没有理解学习单的含义，教师应进一步带领学生一起以一个故事作为范例带学生填写，之后再请学生自己独立完成一个。

课时教学设计	
课　题	Lesson 5 Let's share our favourite animals
课　型	新授课☐　章/单元复习课☐　专题复习课☐ 习题/试卷讲评课☐　学科实践活动课☑　其他☐

1. 教学内容分析

本课为学生的综合实践展示课程，主要内容为教师安排的课外活动练习以及学生展示两部分构成。学生展示自己通过本单元的学习以及课外资料的学习搜索的分享与汇报，小组间通过他人的展示复习本单元的内容同时扩充相关的动物知识。

2. 学习者分析

从年龄特点上看，大多数学生对动物感兴趣，愿意收集关于动物的知识。6年级的学生已经具备通过上网搜索，查资料等方式进行信息收集的能力。并具备较好的制作手抄报、制作PPT、表演等能力。

从已有知识上看学生在1—6年级的4个单元的渐进式学习中已经掌握很多对于动物的描述的语句，能够较好的对动物知识进行相关表述。

3. 学习目标确定

（1）能够通过课下的梳理及课上的学习梳理介绍动物的英文语句。
（2）能够通过自己喜欢的方式展示自己喜欢的动物。
（3）能够认真倾听他人的动物介绍，并回答出介绍者提出的问题。

4. 学习重点难点

学习重点：
（1）介绍自己喜欢的动物。
（2）倾听他人的介绍回答问题。
学习难点：
介绍语句的梳理准备，小组合作完成介绍任务。

5. 学习评价设计

（1）形成性评价，集体和小组内完成任务。
（2）学习记录单回忆这节课的收获。

6. 学习活动设计

环节一、复习热身

教师活动1

教师播放歌曲录音
Listen to songs about kinds of animals.

学生活动1

学生欣赏歌曲录音并尝试跟唱

教师活动2

教师出示animal fun fact猜谜。

学生活动2

学生根据出示的内容猜测相应的动物。They are…

活动意图说明

通过听歌曲和猜动物的游戏激活课堂气氛，帮助学生回顾学习的内容。

环节二：展示准备

教师活动1

教师请学生小组沟通交流展示流程Let’s prepare for your show。

学生活动1

学生小组最后沟通交流展示内容。

教师活动2

教师对展示小组和观众提出展示要求和纪律要求。

T：Before we show animals I have some rules for you.

Students on show please be loudly and say things clearly.

Audience please be quiet and listen carefully .

学生活动2

学生认真倾听纪律要求。

活动意图说明

展示前小组沟通帮助小组成员做好展示安排和准备，展示期间要求的提出训练学生的规则意识。

环节三：小组展示

教师活动1

教师请学生小组按顺序进行动物展示。

学生活动1

学生进行动物展示。

学生根据动物展示的内容进行提问，观众学生抢答。

活动意图说明

通过展示的形式帮助学生在真实的情境中使用英语进行表达。观众学生在过程中进行学习。小组提问帮助学生关注展示组的内容，提升听讲与表达的积极性。

环节四：小结与拓展

教师活动1

教师播放灭绝动物的视频。

学生活动1

学生观看视频。

教师活动2

教师请学生说一说自己的感受。

T: What do you feel after you watch it?

T: What can we do?（高阶）

学生活动2

学生表达自己的感受以及想法。

活动意图说明

给学生播放灭绝动物的视频让学生了解一些动物是我们再也看不到的，引发学生反思我们应如何保护动物。

7.板书设计

Unit 3 Animal World

Lesson 5 Introduce animals

Show Time

8.作业与拓展学习设计

作业：反思自己的动物展示过程

9.特色学习资源分析、技术手段应用说明

在本节展示课中学生与自己的组员一起共同完成动物的介绍给所有的学生展示和实践表达的机会。作为观众的学生也能够从中扩展更多关于动物的知识。教师播放灭绝动物的视频让学生了解动物灭绝了就再也不会有机会能看到，引发学生对于保护动物与环境的思考。

10.教学反思与改进

在本节课中学生都通过自己的方式进行了展示和表达，但是每个组的展示效果不尽相同。因此应引导学生反思自己的展示，有哪些可以提升的方面，为之后的展示积攒经验。

Fun Time

安梦妍

单元教学设计

单元学习主题 | Save Animals, Save the World

1. 单元教学设计说明

（1）单元育人素养价值。

从综合语言运用能力到英语学科核心素养有三个明显的转变：第一、教师为中心向以学生为中心的转变；第二、碎片化学习向整合化、情景化和结构化学习的转变；第三、学科知识为本向学科育人为本的转变。基于上述指导思想，我认为本单元的育人素养价值主要体现在：学生通过学习，不但能够运用本单元的英语知识、技能和策略理解并谈论动物，能够介绍自己喜欢的动物并说出原因。而且能够通过学习濒临灭绝的动物了解动物濒临灭绝的原因、体会人类日常行为对动物的造成的危害从而启发学生用语言制止伤害动物的行为，呼吁人们保护动物。从而启发学生对人与自然，人与动物之间关系的思考，树立保护动物，保护环境的观念。

（2）单元设计与实践的理论基础。

以主题意义为引领整体设计单元教学。修订后的2017版《普通高中课程标准》倡导，学生对主题意义的探究应是学生学习语言的最重要内容，直接影响学生语篇理解的程度、思维发展的水平和语言学习的成效。主题为语言学习提供主题范围或主题语境（中华人民共和国教育部，2018）。单元是承载主题意义的基本单位。围绕某一具体的主题语境，单元各个课时的设计以单元主题与价值为核心，每个课时目标的设定都要为达成单元整体目标服务。

为思维而教的单元整体教学。《义务教育英语课程标准（2011年版）》指出，英语课程具有工具性和人文性双重性质，英语课程既要发展学生的综合语言运用能力，又要发展学生的思维，从而全面提升学生的综合人文素养（教育部2012）。对英语学科而言，其核心素养中的思维品质主要是思考辨析的能力，包括分析、推理、判断等思维能力。在本单元的教学设计中我不断提出问题，Why are the zoo animals in danger? How can we protect them? Why are the forest animals in danger? How can we protect them? Why are the wild animals in danger? How can we protect them? 优秀的思维品质来源于优秀的逻辑思维能力，在单元教学设计中使用KWL Organizer不断培养学生自主反思，自主提问，通过学习自主解决问题的能力。重视思维的独立性和批判性。在形成观点的过程中，批判性思考者不是被动地接受他人的观点，而是自己积极主动地对环境和实践进行思考，做到思维的独立性和批判性。因此在单元教学中加入“Fact & Opinion”思维表格，教会孩子们“尊重事实基础，基于事实讨论，勇敢表达观点”。

（3）单元教材分析。

本单元选自人民教育出版社《新起点》英语五年级上册第三单元，话题是Animals。属于人与自然范畴。本单元涉及动物的名称、形态、生活习性词汇，交际用语是询问自己喜爱的动物 What's your favourite animal? My favourite animal is the elephant. It is big and smart. 单元教材内容和一上“Animals”，三上“My Pet”几个单元的语言知识相联系。并且在本册前两个单元“Classmates”和“Teachers”中学习过关于外貌和性格描述的词汇和功能句，为本单元的学习提供了语言基础。

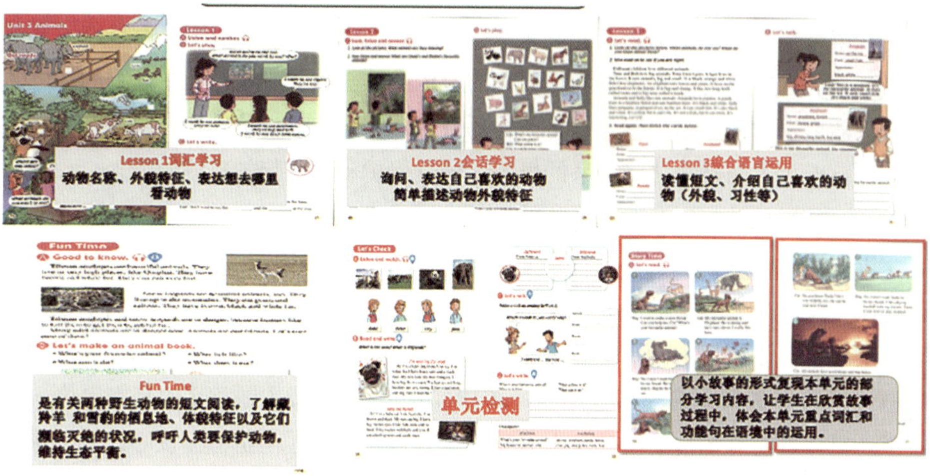

（4）单元学情分析。

生活经验：五年级的学生对于动物有相当程度的了解。大部分学生都曾通过各种渠道了解过一些动物，包括相对基本的动物的特点、饮食及习惯等。部分学生对于不太常见的动物也有一些了解。程度有限。

知识储备：

年级	单元	单词	相关句型
一年级（上）	Unit3 Animals	dog, bird, tiger, monkey, cat	- What's this? - It's a tiger.
三年级（上）	Unit4 Pets	duck, chicken, rabbit, pet, snake, turtle, small, long	- What does it look like? - It has long body.
五年级（上）	Unit1 Classmates	clever, careless, polite, quite, cute, friendly, helpful, active, popular	- What is Tom like? - He is clever and helpful. He is very popular, too.
五年级（上）	Unit3 Teachers	wear glasses, slim, curly, straight, nice, young, teach	- What does she teach? - She teaches us music.

认知特点：五年级的学生已经初步形成了一定的学习态度，并且随着主体意识的觉醒，逐步有自己的思考和判断。学生的有意注意逐步发展并占主导地位，注意集中性、稳定性、注意广度注意的分配、转移等方面都有不同程度的发展。学生的情感内容进一步扩大、丰富。他们能逐渐意识到自己的情感表现及随之可产生的后果，并且控制和调节自己情感的能力也逐步加强。

（5）问题解决对策。

教材中呈现的有关动物的目标词汇和功能句不能满足学生的实际对动物深入了解的需求，那如何使学习内容更加真实、丰富和具有现实意义？

教师将在新授课阶段补充丰富的动物介绍资源，通过视频、绘本等多种渠道为学生呈现不同栖息地的动物，完善学生对动物的了解，帮助学生从多视角、多维度展开对动物的学习和了解。

怎样设计既围绕主题又层层深入、增加学生参与度的活动呢？

在单元教学设计中使用KWL Organizer不断培养学生自主反思，自主提问，通过学习，自主解决问题的能力。重视思维的独立性和批判性。在形成观点的过程中，批判性思考者不是被动地接受他人的观点，而是自己积极主动地对环境和实践进行思考，做到思维的独立性和批判性。

本单元中围绕动物话题，主要涉及我最喜欢的动物，其中会话，记忆和理解的活动较多，缺乏分析，创新等高阶思维的活动。

在本单元的教学过程中使用"Fact & Opinion" Organizer，孩子们在阅读的过程中能够将语段的事实和观点，用 Fact & Opinion 来区分开。引导孩子在表达或者写作时，用事实去支撑自己的观点，并且用逻辑性的语言表达出来。教会孩子们"尊重事实基础，基于事实讨论，勇敢表达观点"。锻炼孩子的批判思维。

2.单元学习目标与重点难点

（1）单元学习目标。

知能目标：学生能够认读、书写有关动物话题相关的词汇、功能句；能够读懂有关动物话题相关的语段、语篇；能介绍自己喜欢的动物及其原因。

理解目标：依托语篇、绘本、视频等学习资源，通过创设情境、交流讨论、自主学习等方式，能够表达自己喜欢的动物及其原因，并能了解哪些动物濒临灭绝，并说出其濒临灭绝的原因。

迁移目标：能小组合作完成想要保护的野生动物海报（从外貌、食物、习性、本领、为什么要保护，如何保护）

（2）单元学习重点。

进一步学习有关动物的词汇。

通过信息卡中动物的名称、外貌、生活习性、食物四个方面简单介绍自己喜欢的动物，并说明原因。

阅读与话题相关的语篇，进一步了解其他野生动物的信息，通过“Fact &Opinion”的思维表格梳理信息。提取濒临灭绝动物的事实和作者观点。

通过小组合作，完成自己最想要保护的动物海报（从外貌、食物、习性、本领、为什么要保护、如何保护）。

（3）单元学习难点。

从名称、外貌、生活习性、食物四个方面简单介绍动物，进一步了解保护动物的原因，进而采取相应的行动保护动物。

3.单元整体教学思路（教学结构图）

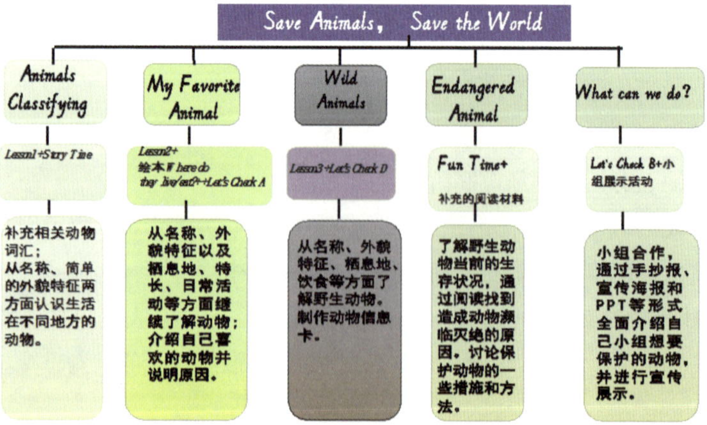

课时教学设计	
课　题	Endangered Animal
课　型	新授课☑

1. 教学内容分析

本课时为五年级上册第三单元Fun Time，第四课时的内容。本课时为读说结合新授课。本课教材内容是有关两种野生动物的短文阅读，了解藏羚羊和雪豹的栖息地、体貌特征以及它们濒临灭绝的状况。阅读教材之后我进行了以下思考，教材中呈现的两个野生动物不能满足学生的实际对野生动物深入了解的需求，进而增加一些有学生感兴趣的动物和目前生存状况的相关知识，培养学生的思维能力。使学习内容更加真实、丰富和具有现实意义。补充阅读的内容基于学情调研，最终确定了拓展polar bear，pangolin和sea turtle，这三种动物都为濒临灭绝的动物，但是造成它们濒临灭绝的原因却是不同的，补充材料通过全球变暖，人类食用，环境污染三个部分对课本上造成动物濒临灭绝的原因进行补充。

2. 学习者分析

（1）认知特点。

五年级的学生正处于具体运算阶段到形式运算阶段的过渡期，这个年龄段的学生初步具备了根据逻辑框架进行描述的能力。同时，五年级的学生自主意识不断增强，同时具有一定小组合作能力。并且具有收集信息、获取知识的能力。

（2）知识储备。

学生在过去学过的有关动物及与外貌特征有关的语言表达如下表。

年级	单元	单词	相关句型
一年级（上）	Unit3 Animals	dog, bird, tiger, monkey, cat	- What's this? - It's a tiger.
三年级（上）	Unit4 Pets	duck, chicken, rabbit, pet, snake, turtle, small, long	- What does it look like? - It has long body.
五年级（上）	Unit1 Classmates	clever, careless, polite, quite, cute, friendly, helpful, active, popular	- What is Tom like? - He is clever and helpful. He is very popular, too.
五年级（上）	Unit3 Teachers	wear glasses, slim, curly, straight, nice, young, teach	- What does she teach? - She teaches us music.

（3）生活经验

学生热爱动物，并且乐于帮助动物。五年级的学生已经初步具备了保护动物的意识，但是对于何种动物处于濒危，如何对濒危动物进行保护，需要进一步引导。

3. 学习目标确定

（1）能够阅读语段，根据文本信息提取Tibetan antelopes和Snow leopard的栖息地和它们的食物。

（2）能够梳理出它们濒临灭绝的原因。

（3）能够根据课堂上补充的语篇，通过Why are they in danger和How can we help?两个问题，结合生活实际，小组讨论身边伤害动物的行为，并在全班进行分享。

（4）能够用有事实和观点的语言制止伤害动物的行为，呼吁人们保护动物。

4. 学习重点难点

重点：（1）阅读语篇，概括出语篇中四个自然段的大意。

（2）阅读语篇，提取出语篇中的事实和观点。

难点：了解动物in danger的原因，从而用有结构的语言制止伤害动物的行为，呼吁人们保护动物。

5. 学习评价设计

（1）教师评价。

教师对学生课堂教学过程中表现的现场评价：教师根据学生课堂表现，通过语言、肢体等方式激励和和评价学生，促进教学。

（2）学生自评。

学习内容	评估标准	评估等级
Unit 3 Animals Fun Time	我能听文本录音并提取Tibetan antelopes和Snow leopard的栖息地和它们的食物。	☆☆☆
	能够梳理出它们濒临灭绝的原因	☆☆☆
	能够完成小组分享阅读，并在“Fact &Opinion”表格中梳理出polar bear，pangolin，sea turtle的事实和观点	☆☆☆
	我能用事实和观点的语言呼吁人们控制行为保护野生动物	☆☆☆

备注：非常好☆☆☆　一般☆☆　需努力☆

6.学习活动设计

环节一：Warming up

教师活动1

（1）Sing songs《Animals, animals》。

（2）玩游戏 Guessing Game 教师组织学生进行猜谜游戏（规则）。教师邀请一名学生来前面背对黑板通过问问题猜谜底。组织其余学生回答问题。

学生活动1

（1）学生们演唱歌曲。

（2）学生在班级内进行猜谜游戏。

预设学生：

What animal is on the board, can you guess?

What color is it?

It is not green.

Is it very big?

Yes, it is big.

Can it fly?

No, it can't fly. 并对猜图片的同学进行评价。

Ss: "Whoohoo"!

教师活动2

引导学生谈论 Wild animal。

教师提问：

What can you find from these four animals?

学生活动2

（1）学生观察图片并思考四个动物相同点并回答问题。

（2）学生回答四个动物分别住在哪。

预设学生：

The elephants live on the grassland and forest。

The penguins live on the ice.

（3）学习 Wild animal 的发音和含义。

教师追问：Where do they live?

教师呈现：You are right, they are live in the forest, grassland and on the ice.

教师引导：We can see the animals in the zoo, on the farm. We call them zoo animals and farm animals. So how do we call these animals who lives in these places?

根据学生回答呈现板书"Wild Animals"并解释和拼读wild。

活动意图说明

通过Guessing Game的游戏激发学生广泛参与，培养发散思维能力；根据线索描述，进行猜谜语活动，以激活学生关于动物外貌、栖息地和食物的语言及知识储备。

环节二：Pre- Reading

教师活动1

（1）引导学生写出关于Wild animal所了解的信息。

教师引导：What do you know about the wild animal?

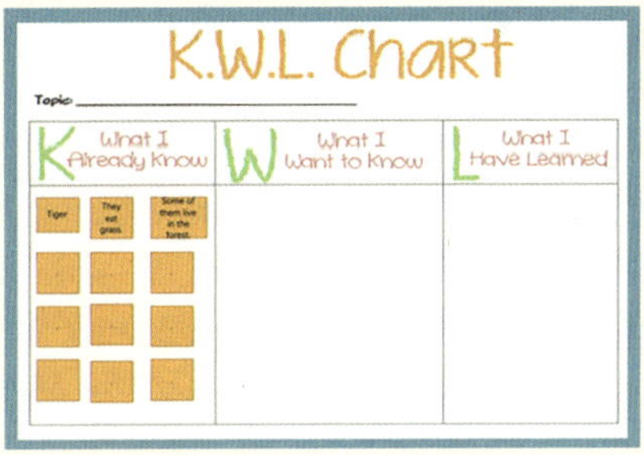

引导学生把已知的信息填写在便利贴上，让学生在黑板上展示。

（2）教师在投影下投出部分学生的便利贴

教师呈现：Wonderful! Let's read it. When you see your note under the projector, please read it.

（3）教师明确本课话题

教师导入：So, today we're going to learn about wild animals.

学生活动1

（1）学生写出已知的野生动物信息。

（2）学生进行班级分享。

预设学生：

They live very far away from us.

Tigers are wild animals.

活动意图说明

通过KWL的教学方法，通过K（What I know）梳理学生对野生动物的已知有助于学生对未知的思考与提问。激发阅读兴趣和动机，帮助学生建立阅读的自信，为后续阅读活动做好充足的铺垫和准备。

环节三：While- Reading

教师活动1

（1）引导学生就个人兴趣提出问题。

教师引导：What do you want to know about wild animal?

（2）教师组织学生将问题贴在黑板KWL表格中。

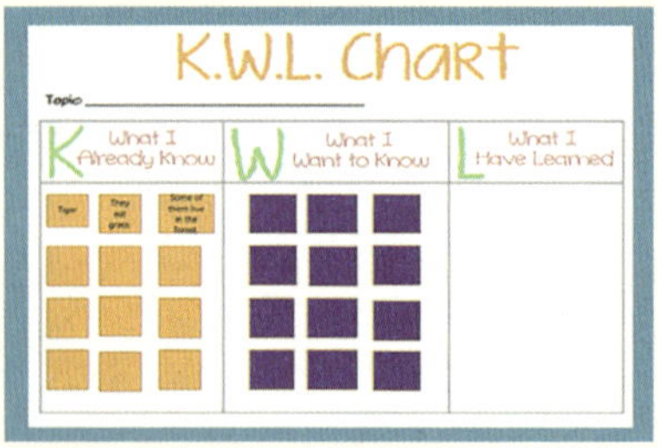

学生活动1

（1）学生阅读前提出问题，并贴在黑板KWL表格上。

（2）学生进行问题分享。

预设学生：

Where do they sleep?

What food do they eat?

How many wild animals in the world?

What do they look like?

教师活动2

（1）指导学生进行快速语篇阅读（Skimming）。并给每个自然段选择一个恰当的标题。

教师指导，任务引领：Please skimming read Page33，Part A. Read each paragraph and find a proper heading for each one.

教师呈现Skimming Rules 和 每个自然段的标题选项。

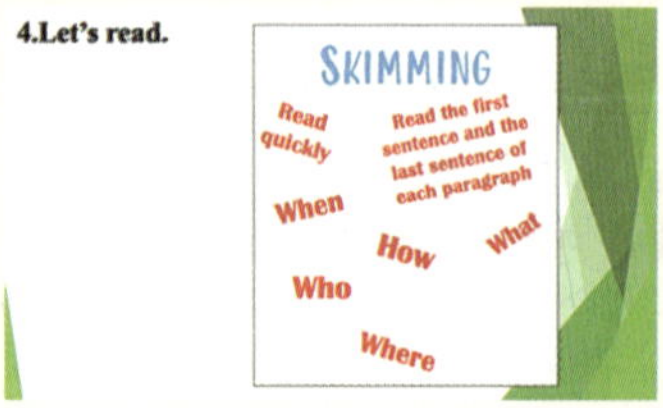

学生活动2

（1）阅读语篇，完成匹配自然段标题的任务。

（2）并在每个自然段旁标注标题。

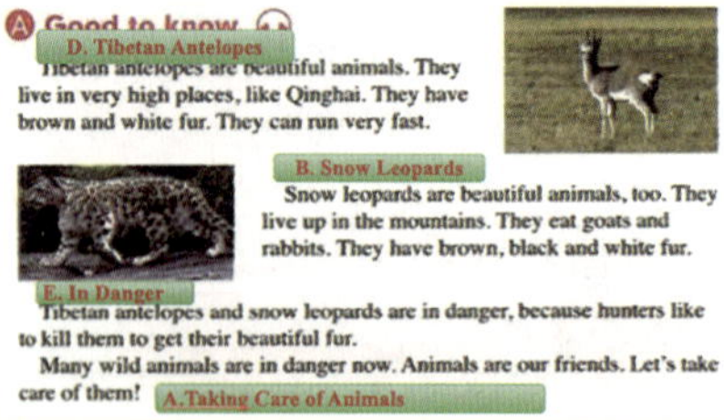

（3）拼读新词汇Tibetan antelope和Snow leopard。

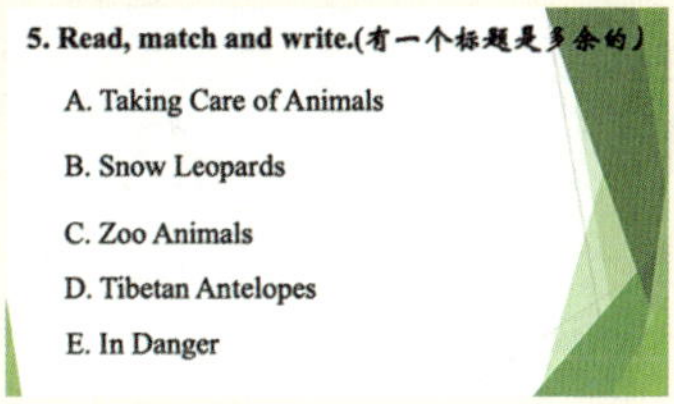

（2）指导学生读本课新出现的两个词汇 Tibetan antelope 和 Snow leopard。并展示词汇和动物图片，让学生观察他们的外貌和感受他们的美。

教师活动3

教师指导学生进行第二次阅读，并指导学生完成 Fact & Opinion 表格中 Tibetan antelope 和 Snow leopard 的信息。

教师指导，任务引领：: please read and fill the form.

学生活动3

阅读语篇，完成任务单（填写关键词）。

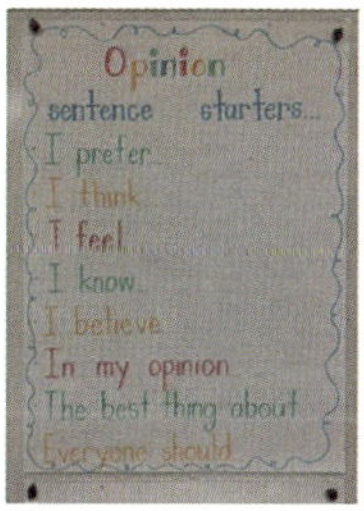

教师活动4

（1）带领学生复习小组规则。

（2）引导学生在小组进行交流分享。并提供语言支持。

教师指导，提出要求：Please talk and share in pairs. You can share with partner in this way.

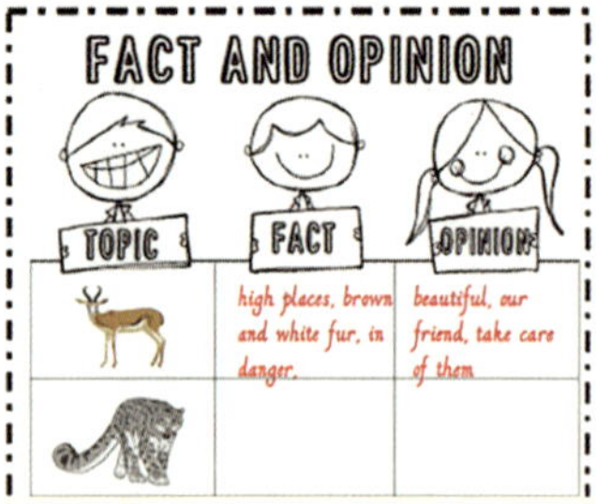

They live in very high places.

They have brown and white fur. They are in danger.

学生活动4

学生与同伴根据任务单以问答的形式进行分享、交流、互评。

预设学生：

What are the facts of snow leopards?

They have brown, black, and white fur. They live up in the mountains. They eat goats and rabbits.

What are the opinions ?

: …

教师活动5

引导学生进行班级分享。

教师引导：Now, let's share together.

学生活动5

几组学生根据任务单在班级内进行分享展示。

预设学生：

What are the facts of snow leopards?

They have brown, black, and white fur. They live up in the mountains. They eat goats and rabbits.

教师活动6

呈现阅读新任务的语篇图片，引导学生先进行动物猜测。

教师导入补充文本：That's what we learned about snow leopards and Tibetan antelopes. We are going to meet another three animals that are in danger. Can you guess what they are?

How do you know that?

Nice guess!

学生活动6

学生通过看三个动物的图片，进行猜测。

预设学生：

Is this the Rhino?

I can see the horn.

教师活动7

（1）教师引导学生拿出完整的语篇。

（2）教师引导学生组成三人一小组，分享阅读（Shared Reading）。

教师指导使用支持性学习材料：

Please work in your group and each of you should read one paragraph and finish your worksheet. And share your reading in " Fact &Opinion" way.

学生活动7

1. 组成小组，进行分工。

2. 每人阅读一个野生动物的语段，完成任务单后进行阅读分享。其他组员认真倾听，进行评价。

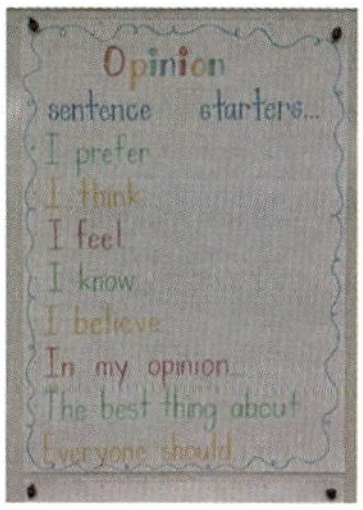

活动意图说明

鼓励学生对即将阅读的内容进行预测，激发学生的求知欲，培养学生的思考和提问的能力。并且教师关注学生需求，调动其阅读的主动性和积极性。引导学生能够通过不同方式阅读语篇，快速阅读，组内阅读。指导学生们在整体上理解语篇，并引导学生能够从语篇中提取、分析、和概括，并创造性的运用语言表达自己的观点。

环节四：Post- Reading

教师活动1

鼓励小组根据“ Fact &Opinion organizer”进行分享展示，介绍新语篇中所介绍的三个野生动物。

学生活动1

学生运用“ Fact &Opinion organizer”，用较丰富的语言介绍新语篇中所介绍的三个野生动物。

教师活动2

（1）鼓励学生畅所欲言，发表观点。

（2）提出问题：We met five wild animal friends today? They are all in danger, what can we do?

（3）鼓励学生课下完成KWL表格。

T：We learned many things about the wild animal, and we also used some reading methods today. Please finish our KWL organizer.

学生活动2

学生结合生活举例子说明我们应该如何保护野生动物。

预设学生：

We should not buy the gift that made of animals' horn.

I think we can walking and cycling more.

We need to plant more trees.

教师活动3

鼓励学生分享通过“ Fact & Opinion organizer”的方式分享我想要保护的野生动物。

布置家庭任务：Dear students, we have learned 5 wild animals today, they are in danger now, they need our help. Please choose one animal that you and your partner want to protect and talk in pairs in fact and opinion way. Don’t forget to add your opinion!

学生活动3

学生进行“最想要保护的野生动物”分享。

活动意图说明

通过梳理教材语篇材料，发现关于野生动物濒临灭绝的原因较单一，因此为学生补充了polar bear, pangolin, sea turtle这三个野生动物。通过分享阅读，小组内分享自己所读到的野生动物濒临灭绝的原因。能够降低学生理解的难度。引导学生们通过本节课所了解到的五个野生动物，从而关注其他的野生动物，并且思考自己的行为对动物带来的伤害，从而改进行为，保护动物。有利于培养学生的英语思维能力。通过Fact & Opinion Organizer梳理五个野生动物，锻炼孩子的独立思考能力，帮助孩子在表达时可以用fact去陈述事实，用opinion去总结观点。这样的思路会让我们的表达更加清晰且有逻辑。

7. 板书设计

8. 作业与拓展学习设计

Homework

- **Please make a poster about the wild animal, choose one, write in fact and opinion way.**

学生作业展示：

9. 特色学习资源分析、技术手段应用说明

（1）Fact &Opinion思维方法，培养学生优秀思维能力。

本节课的阅读活动中学生使用了“Fact & Opinion” Organizer，要求孩子们在阅读的过程中能够将语段的事实和观点，用 Fact & Opinion来区分开。引导孩子在表达或者写作时，用事实去支撑自己的观点，并且用逻辑性的语言表达出来。教会孩子们“尊重事实基础，基于事实讨论，勇敢表达观点”。

（2）激发并保持学生的阅读动机和学习兴趣。

本节课阅读任务是以KWL的形式呈现的，涉及的问题由浅入深，环环相扣，有层次。K环节可视化了学生们现在有的关于wild animal的知识和能力，唤醒认知，初步思考。W环节的问题可视化了全班同学针对wild animal即将要解决的问题，明确了我们要学习的方向，理解文本，主动思考。L环节可视化了我们本节课所学习的知识，实现了自我提升的肯定。学生在充分的阅读动机的驱使下，通过快速阅读，静默阅读，分享阅读，在阅读过程中借助阅读思维表 Fact & Opinion，帮助学生保持高昂的阅读热情，和持续思考的阅读习惯。

10. 教学反思与改进

反思：改变阅读方式，引导学生学会学习与思考

KWL表格是一种有效的学习策略，也是知识探究的思维模式，在本课的阅读活动中，我运用了KWL的策略，可以培养孩子成为积极的思考者，帮助学生在最初设立清晰的学习目标，建立相关背景知识，整理组织了已有的记忆信息，为学生学习新信息搭建了框架，为学习的坡度变缓。它还引导学生学会提问问题，自主参与，实践和探索，交流与合作，一起解决问题。对激发孩子主动学习的兴趣，成为主动的学习者，去探索未知领域都有着积极的作用。我在今后的教学过程中要继续推行和实施KWL学习策略。

改进：

在本节课的教学过程中，发现学生们能够提取出文章中的观点，但是在完成表格的过程中会混淆作者的观点和自己的观点。所以在接下来关于事实和观点的任务单设计中，应该在Opinion部分细分为作者的观点和我自己的观点，可以增加一栏My Opinion，可以让学生针对所学内容进行观点表达，更加能够锻炼学生的批判性思维，和独立思考的能力。

需要多少钱

王　晴

单元教学设计

单元学习主题 | 乘与除

1. 单元教学设计说明

《数学课程标准》(2011版)中，乘与除属于数与代数领域中数的运算，通过本单元的学习，体会乘除运算的意义，掌握一位数乘（除）两位数、三位数的运算技能，发展数感和推理能力。具体的课程内容要求学生能够结合具体情境，借助直观模型或线段图等，理解整十、整百、整千数乘（除以）一位数以及两位数乘（除以）一位数的口算算理，掌握计算方法，并能正确进行口算或计算。

（1）纵向梳理教材。

			教材内容安排	思维框架
第一学段	乘除法的意义及表内除法	二上	●乘法的初步认识	1.感受相同加数连加的现实背景 2.认识乘法算式，借助直观模型点子图理解乘法意义 3.乘法的解释与应用
			●乘法口诀	1.结合具体情境，填写对应的表格 2.根据表格写乘法算式，编乘法口诀 3.把握联系，找联系、找规律，记忆乘法口诀
			●除法的初步认识	1.经历平均分的操作，用图、表记录平均分的过程与结果 2.认识除法算式，理解除法意义 3.拓展除法意义，认识“倍”的关系
			●用乘法口诀求商	1.解决除法的实际问题 2.根据数学情境提出并解决乘法或除法的问题
		二下	●有余数的除法及其应用	1.丰富现实背景 2.积累分析、解决问题的经验 3.发展运算能力
	一位数乘（除）两三位数、两位数乘两位数	三上	●整十、整百、整千数及两位数乘（除以）一位数的口算乘除法及其应用	1.丰富现实背景 2.积累选择计算方法的经验 3.发展运算能力（使运算在正确、灵活的基础上，合理简洁）
			●两、三位数乘一位数的乘法及其应用	1.丰富现实背景 2.积累分析、解决问题的经验 3.发展运算能力（使运算在正确、灵活的基础上，合理简洁）
		三下	●两、三位数除以一位数的除法及其应用	1.依据问题列除法算式 2.结合分物过程理解算理 3.会进行计算
			●两位数乘两位数的乘法及其应用	1.现实问题抽象成数学问题 2.列乘法算式，解决问题
第二学段	两位数乘（除）三位数	四上	●两、三位数乘两位数的乘法及其应用	1.创设丰富的情境 2.积累分析、解决问题的经验 3.发展推理能力、运算能力和估计意识
			●两、三位数除以两位数的除法及其应用	1.创设丰富情境 2.经历“定位——试商——调商”的探索过程 3.积累解决简单实际问题的活动经验

纵向梳理北师大版《数学》小学阶段中有关整数乘除法的学习内容可以发现，整十、整百、整千数乘（除以）一位数以及两位数乘（除以）一位数这部分内容是安排在表内乘除法的内容之后进行学习的，这样安排不仅有助于学生尝试从已有的知识和技能出发，通过合情推理主动建构多位数乘、除以一位数与原有知识之间的联系，形成新的解决问题的方法和策略，还可以为学生后续整数乘除法的学习积累学习经验。

（2）聚焦本单元学习内容。

本单元主要学习口算乘除法，进一步运用乘除法的知识解决实际问题，同时为学习笔算乘除法打基础。本单元共四课时，乘除法各两课时，前两课时是整数乘法的学习，后两课时是整数除法的学习，两部分内容呈现的方式和思路基本一致，都是先呈现一般常见的计算方法，然后有意识地以介绍的方式呈现有利于学生理解算理的新的计算方法。鼓励学生借助直观模型表达自己的算法，以此逐步发展学生独立思考的能力和敢于创新的意识。

本单元教材编写有两个突出的特点：一是提倡算法多样化，引导学生从不同角度探究乘除法的口算方法，发展运算能力。鼓励学生独立探索和合作交流，重视计算方法和策略的多样化，以此培养学生思维的独立性和灵活性。二是重视新旧知识之间的联系，引导学生发现规律，理解算法。通过多次呈现“算一算，你发现了什么”，让学生经历计算、观察、交流、实践的活动过程，进一步理解和掌握乘除法口算的计算方法，锻炼数学观察能力，提高思维的条理性。

（3）单元学情分析。

在本单元内容的学习中，学生要借助直观模型表达自己的算法，小棒、数线图等模型在学生学习运算的过程中一直扮演着重要角色，对于学生来说十分熟悉，并且他们能够熟练运用。本单元教材呈现了借助点子图进行口算的方法，为了准确把握点子图在本单元内容中的作用，把点子图的三次出现进行了对比。

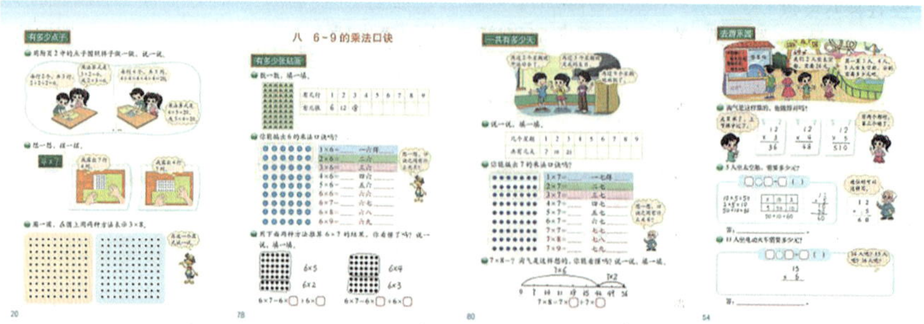

二上第二单元　　二上第八单元　　三上第四单元

点子图第一次出现在二年级上册第二单元《数一数与乘法》，是学生第一次认识乘法并借助加法感受乘法的意义。在《有多少点子》在这一课中，以点子图为中介，让学生进一步理解乘法算式表示几个几相加，得数也是通过加法算式得出。第八单元《6到9的乘法口诀》中第二次出现了点子图，帮助学生进一步理解乘法意义，根据已经学过的乘法口诀推算新的乘法口诀，初步渗透把整体“分块”求积，再求这些积的和的方法。三年级上册第四单元《需要多少钱》中第三次出现了点子图，这次出现不仅是帮助学生理解算理，探究算法，感受算法多深化，同时渗透位值思想，为后续乘法竖式的学习做铺垫。

本单元是学生第一次借助点子图进行计算。点子图对于学生来说虽然不陌生，但为了了解学生否具备借助点子图分析算理的能力，我对本班34名学生进行了调研。

调研对象：农科院附小三（21）班 34名学生

调研方式：问卷

调研目的：了解学生借助点子图圈一圈，画一画探究算式结果的能力水平

调研题目1：

圈一圈，算一算，用你学过的知识计算 12×4=?

	借助点子图解释计算方法		没有借助点子图解释计算方法
人数	21人		13人
百分率	61.8%		38.2%
	直接借助乘法意义，用加法计算	分块求积再求和	
人数	9人	12人	
百分率	42.9%	57.1%	

通过分析可以知道，61.8%的学生能够正确解读点子图中的信息，并借助点子图正确解释计算方法，求出算式的得数。在这21人中，有42.9%的学生通过乘法意义进行解释，在点子图中圈出4个12或12个4；有57.1%的学生有分块计算的意识，圈出4个10和4个2、4个8和4个4等。

由此可以看出，大部分学生具备借助点子图进行计算的能力，但具有分块求和意识的学生只占全班总数的35.3%。有13人没有借助点子图解释算法，其中有5人

不会计算。所以在教学中要充分利用学生对乘法意义的理解，引导学生借助点子图理解对分块求和的方法。

2. 单元学习目标与重点难点

单元学习目标：

（1）经历一位数乘除两位数口算方法的探索过程，通过与他人交流算法的活动，初步感受计算方法的多样性，提高计算的灵活性，逐步发展运算能力，初步养成善于倾听、勇于表达、反思质疑的良好习惯。

（2）掌握整十、整百、整千数乘一位数，两位数乘一位数（积在百以内），和整十、整百、整千数除以一位数，两位数除以一位数的口算方法，能正确进行计算。

（3）在解决实际问题的过程中，提高运用乘除法知识解决问题的能力，进一步感受乘除法知识在现实生活中的广泛应用。

重点、难点：

（1）掌握整十、整百、整千数乘一位数，两位数乘一位数（积在百以内），和整十、整百、整千数除以一位数，两位数除以一位数的口算方法.

（2）进一步运用乘除法的知识解决实际问题。

3. 单元整体教学思路（教学结构图）

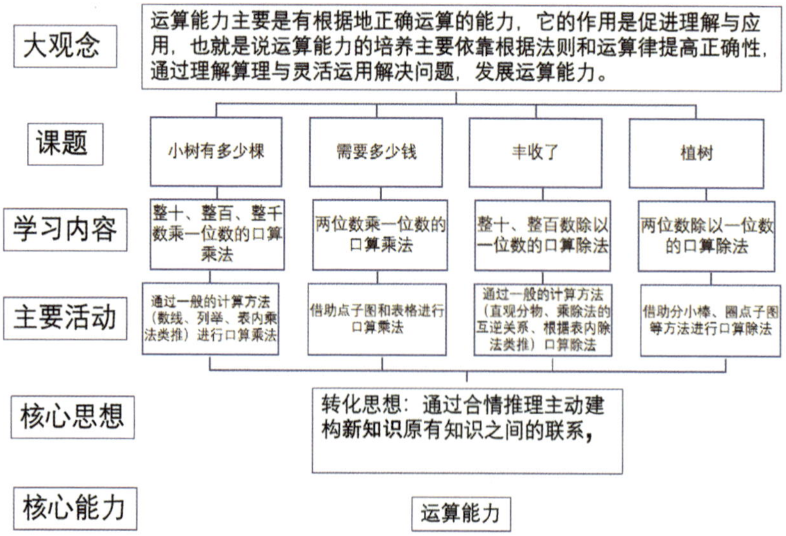

课时教学设计	
课　题	《需要多少钱》
课　型	新授课☑　章/单元复习课☐　专题复习课☐ 习题/试卷讲评课☐　学科实践活动课☐　其他☐

1.教学内容分析

本节学习内容是两位数乘一位数的口算，是在学生掌握整十、整百、整千数乘一位数口算方法的基础上进行学习的。为了使学生体验到数学与现实生活的密切联系，教材创设了买泳圈、买小皮艇的情境呈现教学内容，旨在通过学生熟悉的生活情境，让学生根据情境图中的信息提出数学问题，并独立解决问题，在解决问题的同时探索两位数乘一位数进位的计算方法，逐步培养学生提出问题、解决问题的意识和能力。

（1）聚焦本节内容。

本节内容教材创设了小朋友们到沙滩商店购物的情境，并设置了三个问题。第一个问题呈现了两种计算方法，引导学生体会乘法意义，进一步理解加法与乘法之间的关系；通过呈现买三个泳圈要付多少钱的问题带领学生初步感受乘法的算理，渗透了乘法运算中的位值思想。第二个问题呈现了利用点子图和表格进行乘法运算，使学生体会计算方法的多样化，再次渗透了乘法的算理和位值原则。同时，借助表格进行运算的方法是对点子图等直观模型较为抽象化的演变。第三个问题在让学生选择自己喜欢的计算方法进行计算的同时，通过借助点子图进行计算的多种算法，让学生体验算法的多样化和创造性。

通过对本节教材内容的分析，可以看出商店购物的情境为人民币模型的出现做了铺垫，是学生理解乘法算理的第一步。呈现淘气和笑笑的计算方法为学生提供了新的直观模型，让他们经历把整体“分块”求积，再求这些积的总和的过程，进一步理解算理。基于上述两个环节的活动经验积累，学生对乘法的算理有了一定的理解，可以自行选择自己喜欢的计算方法，通过与他人交流多种算法，加强对算理的理解和掌握。通过三个环节的学习，在让学生交流、学习多种算法的过程中，体会算法的多样化，感悟和理解乘法算理与位值思想。

（2）纵向梳理教材。

本节内容是学生第一次通过直观模型对乘法的算理进行学习，在二年级上册对乘法的初步认识以及乘法口诀的学习是通过乘法的意义借助加法实现的，如何借助直观模型引导学生理解并掌握乘法的算理呢？带着这个疑问，对教材进行了纵向梳理。

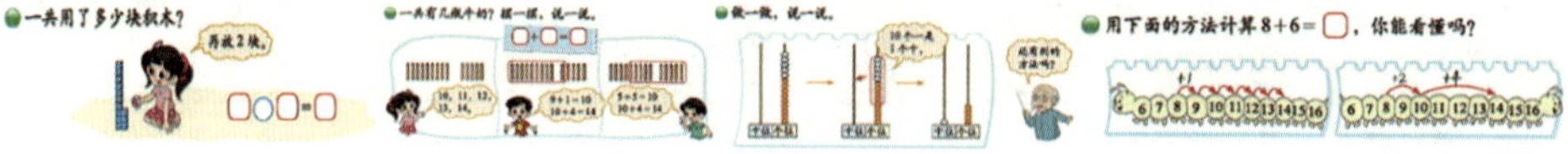

一年级上册20以内加法

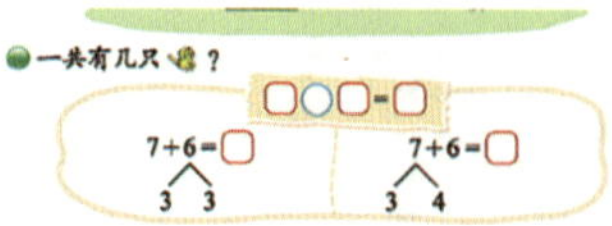

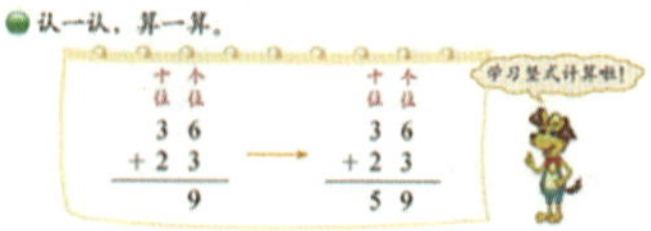

一上20以内加法　　一下两位数加法

通过纵向梳理学生学习加法运算算理的过程发现，学生学习20以内加法运算时，借助实物原型、小棒、积木块、计数器、数线这些直观模型理解加法算理，积累了一定的借助直观模型探究算法、理解算理的学习经验。教材在借助直观模型展示多种算法的同时，逐渐加入了算式、竖式等较为抽象的计算方法，在算理直观和算法抽象之间架设了一座桥梁，让学生经历了“动作思维—形象思维—抽象思维”的发展过程。

（3）横向对比教材。

为了进一步探索如何引导学生学习乘法运算的方法，我对北师大版、人教版和北京版三版教材进行了横向对比。

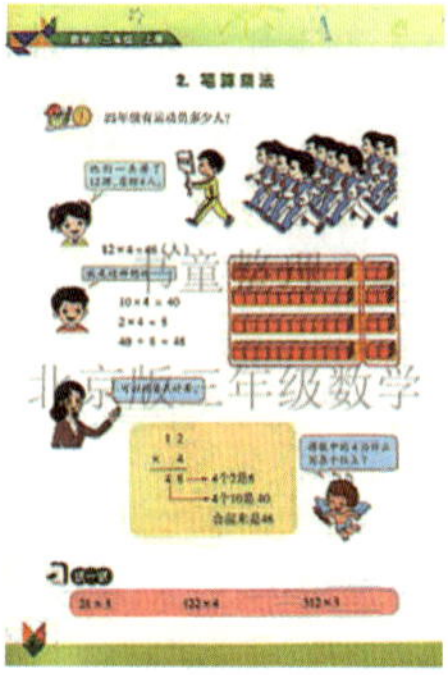

北京版

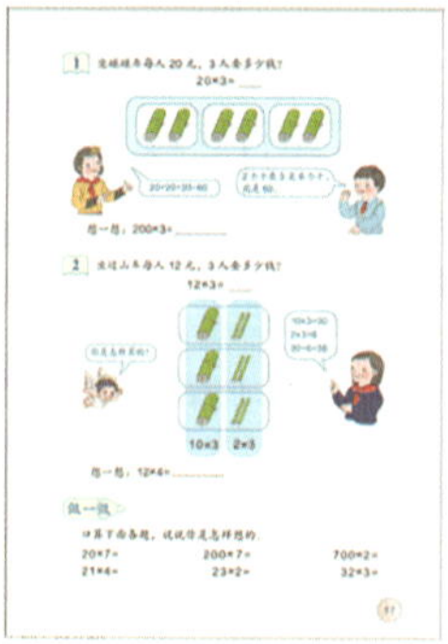

人教版

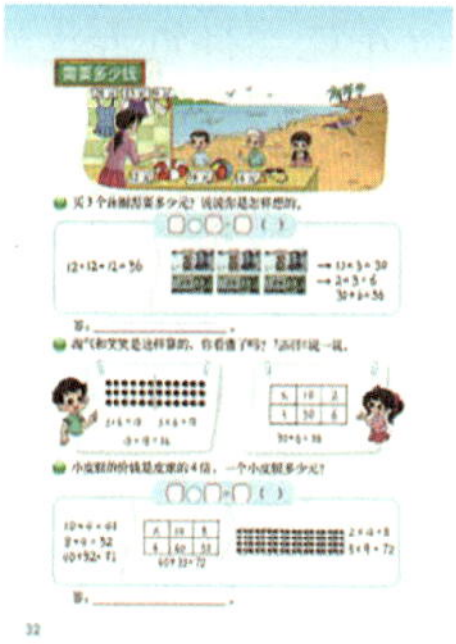

北师大版

通过横向对比三个版本的教材，可以发现三个版本的教材都创设了与生活紧密联系的真实情境引入两位数乘一位数的乘法运算，同时，三个版本的教材均借助了直观模型与算式相结合展示计算方法。

北师大版增加了口算乘法这一课，为学生提供了多种直观模型，展示多种计算方法，帮助学生理解算理，感受算法的多样性，为后续用竖式计算乘法做准备。在本课教学中，要鼓励学生借助多种直观模型探索算法，通过引导学生沟通各种算法之间的联系，凸显算理。同时，要让学生对常规的运算法则或者学生选择的方法进行充分的内化以形成技能。

2. 学习者分析

为了解学生基于之前的学习是否能够自主探究计算结果以及他们会出现哪些解决问题的方法策略，我对本班34名学生再次进行了调研。

调研对象：农科院附小三（21）班 34名学生

调研方式：问卷和访谈

调研目的：学生通过多种方法探究计算结果的能力水平

调研题目：

你还可以用其他的方法计算12×4=吗？

用小棒解释计算过程	用几个几的和解释计算过程	用算式表示拆分过程	竖式计算	无思路
4人次	14人次	5人次	16人次	5人次

通过调研发现，大部分学生能够用多种方法解释计算过程。班级中有一半的学生能够用乘法竖式进行计算，通过访谈发现，这些学生均并不能解释乘法竖式的计算过程和意义。没有思路的5人在第一次调研时也不能正确计算。

综上，在教学中要充分利用学生的学习经验，借助多种方法帮助学生理解算理，丰富算法。对于基础薄弱，缺少方法的学生，需要教师提供贴近学生生活实际的人民币模型帮助学生理解算理。

3. 学习目标确定

（1）结合具体情境，理解两位数乘一位数的乘法意义，探索并掌握口算方法。

（2）通过借助直观模型探索和交流多种计算方法，体会算法的多样性，初步理解、掌握乘法口算算理。

（3）能用乘法知识解决简单的实际问题，进一步加深对乘法口算算理的理解和掌握，感受数学与生活的密切联系。

4. 学习重点难点

学习重点：

结合具体情境，借助直观模型探索两位数乘一位数多种计算方法，理解乘法口算算理。

学习难点：

借助直观模型探索、交流多种计算方法，理解乘法口算算理。

5. 学习评价设计

诊断性评价：

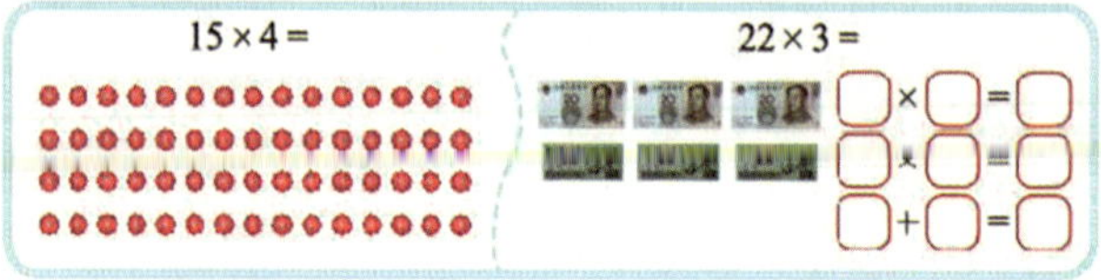

6. 学习活动设计

环节一：创设情境，产生任务驱动

教师活动1

（1）学校要为跳绳比赛获奖的同学准备奖品，你能发现那些数学信息？

（2）现在想给一个项目的前三名都买油画棒，买3盒油画棒需要多少钱呢？怎么列算式？和这位同学想法一样的举手（观察学生们的想法）

（3）大家都这么想的呀！那这个算式什么意思呢？

（4）你解释的很到位，能够用乘法算式解决实际问题了！那12×3等于多少呢？（观察学生举手情况）大家别着急，我们通过一个小活动来探究一下可以怎样计算12×3。谁来帮大家读一下在这个活动里我们要做什么么呢。

（5）可以帮助我们计算的学具都

学生活动1

我发现一盒油画棒12元、一盒彩铅18元、一箱超轻粘土25元。

12×3=

一盒油画棒12元，需要买三个，也就是3个12相加，所以是12×3

学生读活动内容

活动一：

（1）圈一圈、画一画。借助你喜欢得工具进行计算。

（2）记录。把你的每一步计算过程用算式记录下来。

（3）讨论。写完之后，想一想你怎么向大家讲解你的想法。

有哪些呢？（ppt出示）

现在大家明确要做什么了吗？那就拿出学习单开始吧！（教师巡视，让学生把不同的想法画在教具上）

小棒、数线图、人民币、点子图……等等

活动意图说明

引入贴近生活的情境，锻炼学生获取数学信息的能力。通过交流算式的意义，学生再次感受乘法的意义，体会数学与生活的密切联系。鼓励学生借助多种直观模型探究算法，为学生理解抽象的乘法算理做铺垫。

环节二：自主探究并交流算法，体会乘法算理

教师活动2

（1）老师发现同学们都用了很多方法计算12×3的结果，现在快和你的同桌说一说你是怎么计算的吧！

（2）有一位同学是这样算的，现在请这位同学讲解一下自己是怎么计算的。

①追问：用什么运算计算出得数的？

②引导学生说出加法算式与乘法算式之间的关系

评价：大家能够借助加法计算出乘法算式的得数，说明你们对乘法的意义理解得很透彻！

（3）这里还有三位同学的方法（把学生的三种方法贴到黑板上），你能看懂几种方法？快和你的同桌说一说你是怎么理解的吧！

学生活动2

学生同桌交流

学生方法1：

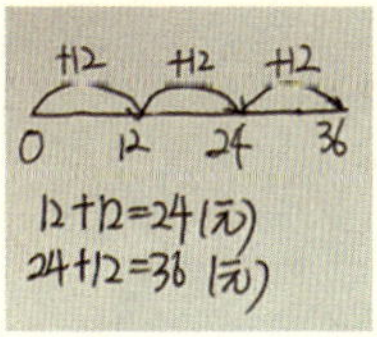

学生讨论

学生方法2：

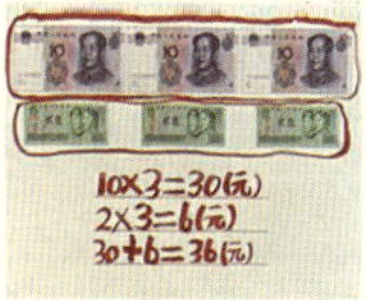

学生方法3：

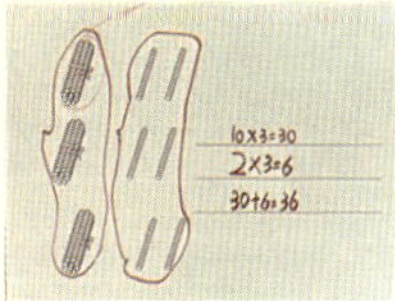

①追问：12×3中的12去哪儿了？

②引导学生说出通过把12拆成10和2，将两位数乘一位数转化为整十数乘一位数与表内乘法，通过旧知得出两个乘法算式的积，再求和就是12×3的得数

③追问：这三种方法有什么共同点？（板书：拆、合）

④追问：为什么把12拆成10和2？

（4）有一个表格可以记录这三种方法的计算过程，你能看懂吗？

引导学生结合三种直观模型解释表格中每个数的意义

（5）有这么多同学都把12拆成了10和2，很棒！还有一个同学特别有想法，一起来看看，你能看懂吗？

谁能把这种方法在表格上表示出来？

（6）我们可以把12拆成10和2，也可以拆成6和6，还有其他的拆分方法吗？

①追问：你们更喜欢哪种拆分方法？

②引导学生体会把12拆成整十数和一位数计算起来最方便

学生方法4：

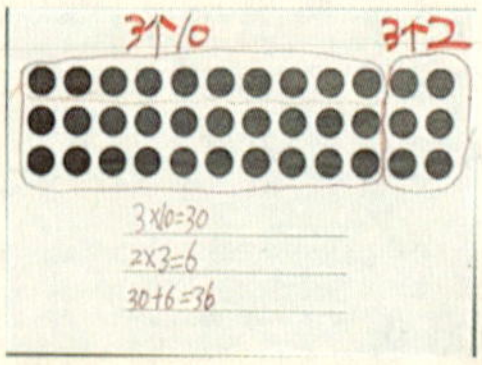

这三种方法都是把12拆成了10和2，计算10×3和2×3，再把两个算式的积合起来

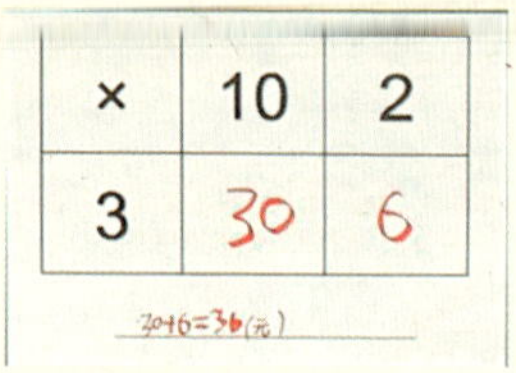

×	10	2
3	30	6

30+6=36(元)

学生方法5：

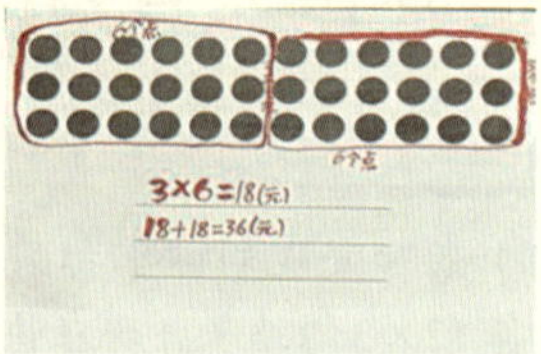

可以拆成3和9、4和8、5和7

活动意图说明

学生经历独立探究、讨论、展示、交流的过程，体会算理和算法的多样性。对比多种拆分方法，引导学生体会把12拆成整十数和一位数计算最方便，从而带领学生体会乘法运算中的位值思想。

环节三：回顾课堂，总结收获，引发思考

教师活动3

同学们，通过本节课的学习，我们学会了通过拆分的方法把两位数乘一位数的乘法转化为整十数乘一位数和表内乘法，你还想借助这个方法研究什么呢？

学生活动3

预设：

研究两位数乘两位数的计算方法

研究怎么用竖式计算两位数乘一位数的乘法

研究三位数乘一位数的计算方法

活动意图说明

借助学生谈收获的环节，带领全体学生总结两位数乘一位数乘法的计算方法。通过引发学生的思考，激发学生对学习乘法运算的好奇心和兴趣，从而为后续学习乘法运算做铺垫。

7.板书设计

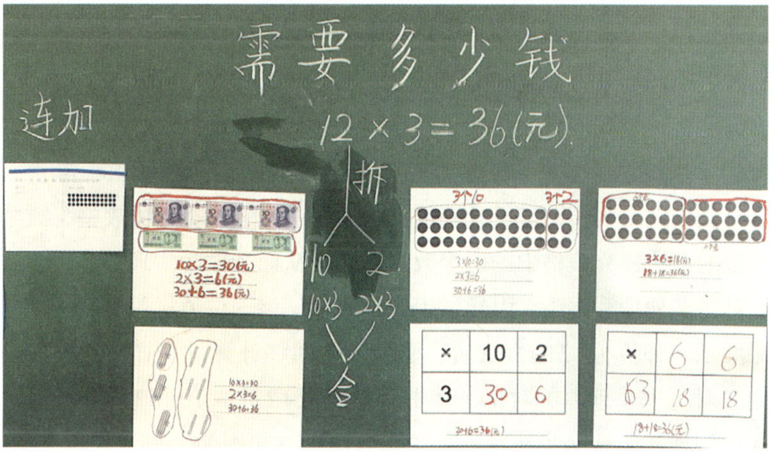

8. 作业与拓展学习设计

选择你喜欢的方法计算 18×4（下面两种学具选用）

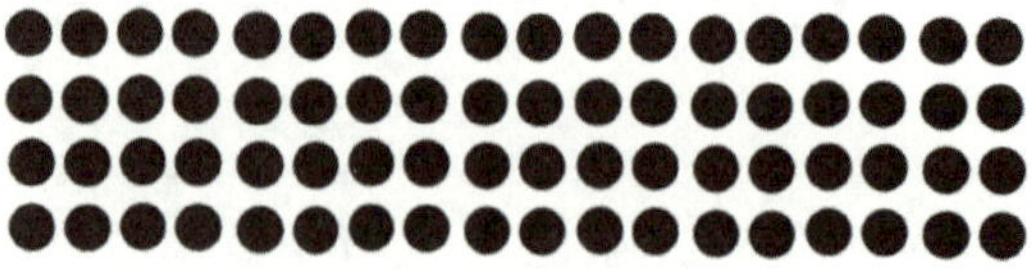

×		

9. 特色学习资源分析、技术手段应用说明

（1）创设真实情境，激发学生学习兴趣。

本课教材的情境是三个小朋友到海边的商店买东西，结合学生具体情况，去海边玩这个情境对于大部分学生来说会有距离感。学校秋季的跳绳比赛即将到来，抓住此次活动契机，创设为跳绳比赛获奖同学准备奖品的情境，拉近学生与数学之间的距离，激发他们的学习兴趣。

（2）借助多种直观模型，帮助学生逐步理解抽象算理。

本课为学生提供了多种直观模型，例如：数线图、人民币、小棒、点子图等等。展示交流借助直观模型进行计算的方法后，引入较为抽象的表格，鼓励学生结合直观模型的方法探究表格中的每个数的意义，从而帮助学生理解算理。

（3）对比多种计算方法，引导学生寻找通法，渗透位值思想。

本课展示多种拆分12的方法后，引导学生回顾计算过程寻找自己喜欢的拆分方法。通过对每一步计算的对比，让学生发现把12拆成10和2的方法中，把两个乘法算式的积加起来这一步比其他方法要方便好算，因为是整十数和一个数相加，进而引导学生体会口算乘法与位值之间的关系。

10.教学反思与改进

课后作业反馈的情况如下：

	计算正确		计算错误	
人数	30人		4人	
百分率	88.2%		11.8%	
	把18拆成10和8进行计算	拆分18的其他方法	有拆分意识	用加法计算
人数	20人	10人	2人	2人
百分率	66.7%	33.3%	50%	50%

通过本节课的三个活动：自主探究计算方法、交流算法、总结收获，学生能够理解两位数乘一位数的意义，明确算理，掌握计算方法。学生在正确计算的同时能够借助直观模型解释计算过程，运用分块求积再求和的方法的人数明显上升。计算错误的4人中有2人也采用了分块求积再求和的方法进行计算，但是对乘法口诀掌握的熟练度不够出现计算错误，仍有两人用加法进行计算，在后续的教学中还需要对这2名学生进一步关注。

回顾整个学习过程，学生只经历了一次动笔探究计算方法的过程，其余时间都是在理解他人的算法。要想让学生真正理解和归纳出计算通法，后续还需要学生经过多次练习，对比多种拆分的方法才能实现。

百分数的认识

崔晓航

单元教学设计

单元学习主题 | 百分数

1. 单元教学设计说明

百分数在生活中应用广泛，是一个动态的数学概念。百分数最早出现在商业实务中，人们选择100作为基础表示百个计量单位中的税或利息的数量，只是一个具体的数。随着统计学以及概率论的发展，百分数逐渐向作为一种抽象关系进行转变，成为一个数学概念，内涵也变得更加丰富，其本质描述的是两个量之间的倍比关系，根据比较的模型不同，分为两种，一种是分数模型，即部分和整体的关系，一种是比模型，也就是两个独立数量的关系。不论哪种模型，它表示的都是两个数的关系，是理解这一概念的关键。

《数学课程标准》（2011版）中，百分数的认识属于数的认识领域，通过本单元的学习，培养学生的数感，应用意识。具体的课程内容要求是结合具体情境，理解百分数的意义。会进行小数、分数和百分数的转化。

	一年级	二年级	三年级	四年级	五年级	六年级
上册	● 10以内数的认识 ● 理解符号大于。等于，小于的含义，10以内数的大小的比较 ● 20以内数的认识以及比较大小		● 元角分与与小数的初步认识 ● 元角分背景下一位小数的比较	● 万以内数的认识及比较大小 ● 自然数，整数，正数，负数	● 倍数，因数，质数，合数 ● 分数的再认识以及比较大小 ● 分数与除法的关系	● **百分数的认识** ● **百分数的应用**
下册	● 100以内数的大小以及比较大小	● 万以内数的认识以及比较	● 分数的初步认识 ● 同分母分数的比较大小	● 小数的再认识以及比较大小		

北师大版《数学》“数的认识”模块内容的教材安排

为了落实课程标准的要求，纵向梳理北师大版《数学》“数的认识”相关内容后可以发现，百分数的学习是在学生学过整数、小数，特别是分数的意义和应用后进行学习的。在生活应用层面，整数和小数侧重认识数，而分数和百分数认识侧重数量间的关系，由分数迁移到对百分数的理解，如此安排，不仅能够为学生搭设脚手架，在分析解决有关的实际问题提供支持，还可以帮助学生进一步体会百分数、分数、比等数学知识的内在联系，完善认知结构。

本册教材百分数的学习分为两个单元，分别位于分数单元和比的认识单元之后，主要包含两方面内容，一是关于百分数的基础知识，二是百分数的实际应用。两个单元结构清晰系统完整，有助于优化学生的认知结构和经验系统，让学生经历了从感性认识，到理性认识再到实践，在实践中，加深理性认识，丰富感性认识的互逆的学习过程。在理解百分数意义的基础上应用，在应用中深化对百分数意义的理解。所以本单元重点是理解百分数的意义，掌握百分数的基础知识，扫清后续应用百分数解决问题中的障碍。

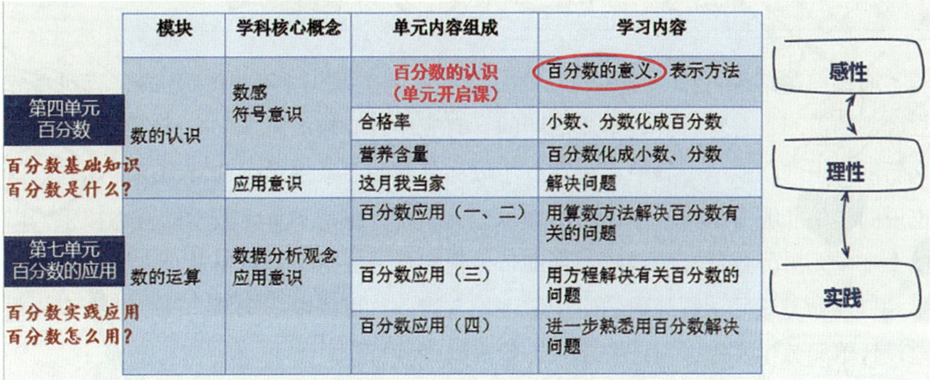

	模块	学科核心概念	单元内容组成	学习内容
第四单元 百分数 百分数基础知识 百分数是什么?	数的认识	数感 符号意识	百分数的认识（单元开启课）	百分数的意义，表示方法
			合格率	小数、分数化成百分数
			营养含量	百分数化成小数、分数
		应用意识	这月我当家	解决问题
第七单元 百分数的应用 百分数实践应用 百分数怎么用?	数的运算	数据分析观念 应用意识	百分数应用（一、二）	用算数方法解决百分数有关的问题
			百分数应用（三）	用方程解决有关百分数的问题
			百分数应用（四）	进一步熟悉用百分数解决问题

北师大版《数学》六年级上册百分数内容教材分析

为了让单元教学设计能够契合学生的认知情况和学习需求，在本单元教学前对六年级 11 班同学进行调研，了解他们对于百分数想要研究的内容，调研结果如下：

《百分数》单元学生前测调研表

研究问题	占比
百分数与小数分数的关系	17.3%
百分数用来表示什么	14.8%
百分数的应用（解决什么问题）	13.9%
百分数的由来	11.9%

续表

研究问题	占比
怎么表示百分数	8.4%
如何计算百分数	6.9%
百分数的转化	6.9%
百分号的由来	5.9%
有了分数为什么还需要百分数	4%
百分数能参与运算吗?	2.47%
百分数表示具体的数量吗	2.4%
有没有千分数和万分数	2%
其他	3.13%

通过前测结果可知，学生对于百分数的疑问主要集中在12个方面，有对百分数源头的追问，有对百分数本质的叩问，有应用百分数的需求，有从百分数发散建立新旧知识的联系……其中百分数、小数和分数的关系是学生非常关注的问题，这也说明学生能够主动将新知识与旧知识建立联系，也是本单元教学的有力抓手，借助上一单元对分数意义的理解，帮助学生理解百分数概念。其他几个主要问题在本单元以及第七单元《百分数的应用》中均有渗透。可以根据学情，调整或者有侧重地设计单元教学安排，设计表现性评价表的各级目标。

2. 单元学习目标与重点难点

（1）经历从实际情境中抽象出百分数的过程，体会引入百分数的必要性，理解百分数的意义。

（2）在解决实际问题的过程中，会正确读、写百分数，能运用百分数表示生活中的一些事物，会进行百分数与小数、分数之间的转化。

（3）结合现实情境会解决百分数的简单实际问题，发展应用意识，感受数学在现实生活中的价值。

单元重点：对百分数意义的深入理解。

单元难点：在理解百分数意义的基础上，结合具体情景解决问题。

3. 单元整体教学思路

大观念	单元具体观念	关键问题	学习任务
•数感（对数量关系的感悟） •应用意识	•经历在实际情境中抽象百分数的过程，体会引入百分数的必要性 •理解百分数的意义 •在解决问题的过程中正确读写百分数，运用百分数表示生活中的“率” •会进行百分数与分数小数的互化 •在具体情境中解决有关百分数的实际问题，发展应用意识。	•百分数是怎么产生的？ •百分数是什么意思？ •百分数的表达方式是怎样的？ •百分数与分数有什么区别联系？ •百分数在生活中能发挥哪些作用？什么时候用百分数？ •百分数与分数、小数有什么联系？ •百分数如何参与运算？是否具有加和性？ •为什么用百分数？	•任务一：百分数的认识 •任务二：百分数和小数、分数的互化 •任务三：百分数的简单应用

课时教学设计	
课　题	《百分数的认识》
课　型	新授课☑　章/单元复习课☐　专题复习课☐ 习题/试卷讲评课☐　学科实践活动课☐　其他☐

1. 教学内容分析

（1）教材横向对比。

版本	情景活动	概念定义	设计意图	
			相同	不同
北师大版	(1) 求三位同学罚球命中率 (2) 出示概念 (3) 说说生活中百分数的含义 (4) 寻找生活中的百分数说含义	像84%、28%，90、117.5%…这样的数叫做百分数，表示一个数是另个数的百分之几。百分数也叫百分比、百分率	呈现联系生活的数学情境，让学生初步感受生活中的百分数。注重百分数与统计内容渗透融合，帮助学生从更广阔的知识背景和生活背景	北师版采用间接的形式引入，呈现罚点球的情境以及收集的统计数据。蕴含了命中率计算这一内容的统计过程性，学生在解决问题中感受百分数的价值和意义，沟通百分数与分数之间的联系，让学生体会到百分数的分母都是100，优点就是便于比较；教科书还呈现了多个不同百分数的形式，数据都比较有代表性，包含部分与整体和两个独立量之间的关系，并用分母是100的分数来理解百分数的含义

续表

版本	情景活动	概念定义	设计意图	
			相同	不同
人教版	(1) 程序下载的进度条 (2) 衣服成分的含量 (3) 某品牌汽车的销量同去年同期的对比	像上面这样的数，如14%、65.5%、120%…叫做百分数。百分数表示一个数是另一个数的百分之几。如14%表示一个数是另一个数的14/100。百分数也叫做百分率和百分比	来深入理解百分数的意义	人教版利用主题图，让学生初步感受百分数在日常生活中的广泛应用。呈现报纸新闻信息，渗透了统计思想。教材呈现的百分数A有一定的代表性，百分数意义包含部分与整体和两个独立量之间的关系，教科书选取的是用分母是100的分数来理解百分数的含义，沟通百分数与分数之间的联系。在练习中以问题的形式让学生分析百分数和分数在意义上有什么相同和不同

（2）教材纵向梳理。

《百分数的认识》单元作为单元开启课，承担了对百分数意义的基础性理解。对于百分数意义的深入理解还可以通过后面与分数、小数的相互改写，在沟通了不同形式的数的内在联系，进一步突出百分数的意义。百分数应用安排了生活中能够经常遇到的实际问题。解决这些实际问题，学生之间能够进一步丰富对百分数含义的理解，获得有关的生活经验。这样的安排凸显了百分数意义的重要性，只有理解了百分数的意义，才能正确应用百分数解决实际问题。百分数意义的理解是本节课的重点，更是本单元的重点。

（3）本课内容分析。

教材内容十分重视对百分数意义的理解，关注其与现实世界的联系，创设了“派谁去罚点球”主题情境，努力揭示从现实情境中抽象出百分数的过程。其主要目标是让学生理解百分数的意义，感知百分数产生的必要性。第二个环节，呈现百分数的定义，并介绍百分数的读写方法。最后两个环节给出情境，让学生在具体情境中解释百分数的意义。同时将百分数的学习延伸到生活中去，通过举例加深对百分数的理解。所有问题都在引导学生理解百分数的意义。

可见，百分数的认识这节课扮演了四个角色：它是一节概念课，分属“数的认识”领域，是单元的开启课，起到了种子课的作用。要能够演好这些角色，就要理解百分数的意义，而要能理解百分数意义重点要理解百分数表示两个数的“关系”。

2.学习者分析

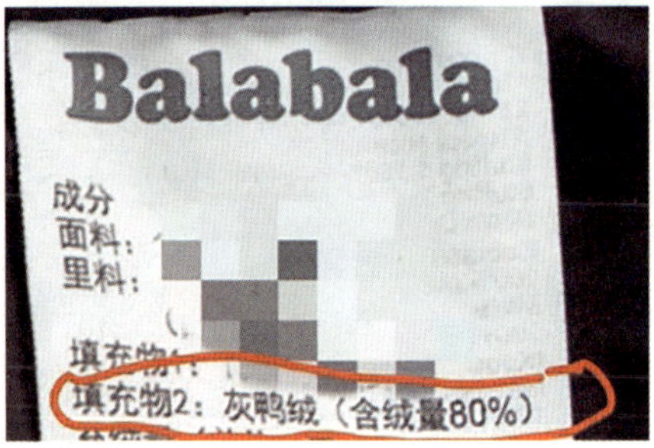

为了了解学生学习百分数的学习基础和学习难点，我对六年级11班40名学生进行调研。前测分为两个部分，调研题目如下：

第一部分：一次射击比赛，甲共射击了50次，44次命中，乙射击了30次，26次命中，他们俩谁的射击水平更高呢？

第二部分：（1）你见过如图红圈相类似的数字吗？请举例说明。

（2）你能结合图片信息解释80%的含义吗？

第一个部分给定情境解决问题，主要了解学生应用比较数量关系即倍比方法解决问题情况，以及是否具有自主运用百分数解决问题的意识，间接了解学生对百分数的需求。第二部分出示一张带有百分数的羽绒服水洗标，直接给出百分数，先让学生列举生活中在哪里见过百分数，在此情境下解释百分数的含义，重点了解学生对百分数意义的理解程度。

通过第一部分前测发现有90%的同学能从2个量关系的角度综合考虑问题进行比较，这反映出学生具备学习百分数的思维基础。其中77.5%的同学能够借助分数得出正确结论，仅有12.5%的同学用到百分数，可见学生对百分数的需求不足，自主应用百分数的意愿不强烈。

类别	方法		人数	百分率
正确	分数	分母是75/375	12	30%
		分母是150	19	47.5%
	百分数		5	12.5%
错误	比较投失球的个数		5	12.5%
	通过加减统一次数进行比较		2	5%
	有统一次数的意识但是方法不对		2	5%
	没有思路		2	5%

前测第一部分结果统计表

示例	示例	人数	百分率
从分数角度解释百分数含义	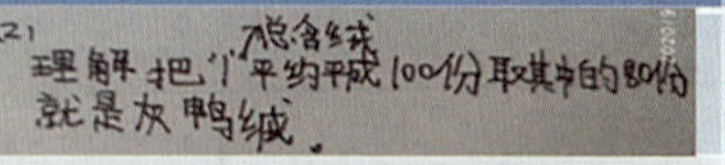	14	35%
结合情景实际进行解释	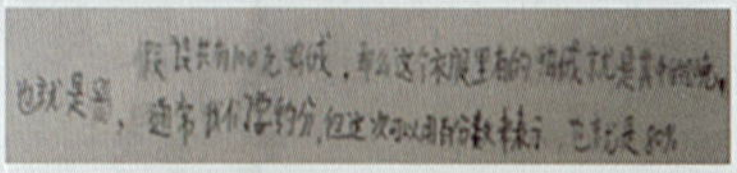	1	2.5%
运用比例解释	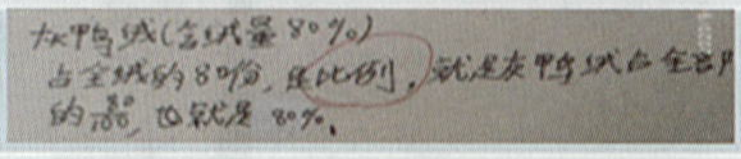	1	2.5%
有倍比意识，但是无能找准对应的两个量	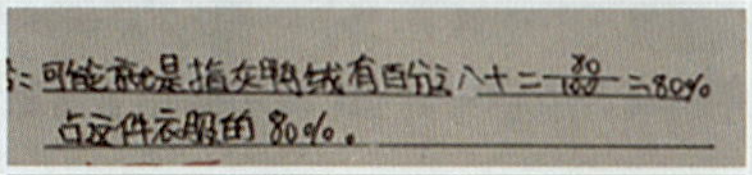	5	12.5%
不能清楚解释	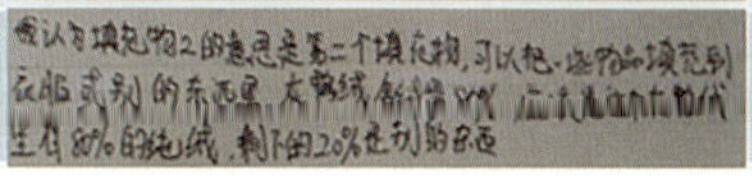	19	47.5%

前测第二部分结果统计表

第二部分调研结果显示，所有同学都见过百分数，其中27.5%的学生在服装、布料、毛绒玩具的成分说明上见过，60%的同学在食品以及生活用品的外包装上见过百分数，还有12.5%的同学在比赛规则、超市打折信息、手机充电提示等情境中发现了百分数，示例背景很单一，不够丰富。只有40%的同学能够借助分数学习经验，寻找单位“1”，用平均分、分数以及分数与除法的关系正确解析百分数的含义，12.5%的同学有比较意识，但是不能够准确找到对应的两个量，47.5%的同学不能解释。

虽然有90%的同学具备比较两个量的关系解决问题的意识，且所有同学在生活中都见过百分数，但是仅有40%的同学能够正确解释，可见大多数同学对百分数的认识是浅层的。这些同学都采用文字描述，没有采用画图、举例子等多样方式解释，表征方式很单一，这也从侧面反映出，学生对百分数意义理解不够深入。

结合对百分数的认识以及学生前测情况，我认识到百分数表示“关系”是概念的本质和核心，绝大多数学生具备这样的学习百分数的思维基础，对百分数意义的深刻理解是本节课重点，也是需要帮助学生克服的学习难点。运用多元表征理论设计教学环节，丰富加深对意义的理解。

3. 学习目标确定

（1）让学生经历百分数产生的过程，深入理解百分数的意义，会正确读写百分数。

（2）通过观察、比较、分析知道分数与百分数的联系与区别，沟通知识间的内在联系，培养学生提出问题、解决问题的能力。

（3）在具体情境中，解释百分数的意义，体会百分数与日常生活的密切联系。

4. 学习重点难点

教学重点：结合具体情境理解百分数的意义。

教学难点：百分数的意义以及百分数与分数的联系与区别。

5. 学习评价设计

一级指标：概念理解。

评价指标	评价要求			评分
	优秀（9-10分）	良好（7-8分）	需努力（6分及以下）	
百分数概念理解	结合具体情境，深刻理解百分数的意义：表示一个数是另一个数的百分之几，也就是表示两个数的关系；沟通分数和百分数的联系。运用多种方式正确表示百分数的含义并解释含义	结合具体情景，能够理解百分数表示一个数是另一个数的百分之几；初步感知百分数和分数的联系 能够用语言正确描述百分数的意思	结合情境，知道百分数表示一个数是另一个数的百分之几 在有清晰明显的文字表示下能够描述百分数的含义	
百分数应用	能够举出生活中和百分数有关的例子，在图标、文字中找准两个比较量准确解释；生活中，能够应用百分数表示相应的关系	能够举出生活中和百分数有关的例子，找到比较的两个数	能够举出生活中有百分数的情境和例子，模糊感知百分数表示的两个比较量	

一级指标：表达与交流能力。

	能力有限（5分）	有待提高（4分）	合格（3分）	好（2分）	非常好（1分）
清晰表达并强调主要观点					
身体语言体现出自信、有说服力					
保持与听众的目光交流					
声音清晰，音量适中					
停顿不多，避免使用口头禅					

6. 学习活动设计

环节一："谁的投篮水平高？"初步感知百分数意义

教师活动1

（1）创设情境，出示问题

播放视频，出示老师和两位同学的投球统计表（部分的）

姓名	投篮数/个	投中数/个
张津硕	20	18
崔老师	10	8
刘子陶	25	21

师：谁的投篮水平高啊？说明理由。

师总结：看来单单比较投中数量是不行的，要想比出结果还需要知道什么条件？

（2）多种方法比较，引出百分数

师：有了这2个条件，这回你能比较出谁的水平高了吗？把你的思考过程清晰详细记录在学习单上（时间4分钟）。

组织学生汇报，全班讨论方法。

预设1追问：如果是这样，假设投了2次，但是中了0次，我的失球个数是2个，是不是说明他的水平高？

预设3追问：这些算式什么意思？

预设4追问：他使用的这个数就是我们今天要重点学习的百分数。

介绍百分数的读写方法。

学生活动1

S1：我选择刘子陶，因为他投中的最多。

S2：判断不出来，不知道投球总数，比如说崔老师就投8个，8个都中，老师的水平很高。

学生活动，教师巡视。

预设1：求每个人的投球总数与投中次数的差，比较失误次数，失误次数少水平高。

预设2：用倍比方法把投球个数统一成都是100个，比投中球的次数。都变成100个，看投中几个。

预设3：求投进的个数占投球总数的几分之几，比较三个分数的大小。

预设4：求投球个数占投球总数的百分之几，比较三个百分数的大小。

预设：

S1：投一百个可以中80个。

（3）结合情境，理解百分数的含义

师：你能结合情境和算式说一说80%什么意思吗？

S2：投1000个可以中800个。

S3：投50个中40个。

S4：投200个中160。

S5：老师的投中个数占投篮总数的80%。

师：你们举了这么多例子，假如投多少个，可以中多少个，可是实际情况老师只投了10个啊。怎么都可以用80%表示啊？80%表示什么意思啊？

S：刘子陶投中个数占投篮总数的84%。

师：互相说说84%和90%表示什么意思？

S：张津硕投中个数占投篮总数的90%。

师：比较三个百分数，我们得出津硕的投篮水平是最高的。掌声送给他。

活动意图说明

创设投篮比赛情景，用老师和同学投篮视频激发学生的学习兴趣。仅仅给出一组数据，引发学生认知冲突，发现光凭一组数据不能解决这个问题，产生补充条件的需要。让学生感受到要比出谁的水平高，仅仅知道投中次数是不行的，还要知道投篮总数，这样就自然而然的从1个量的比较过度到2个量，进而为理解百分数是表示两个量之间的关系埋下伏笔。学生尝试用自己的办法解决，让学生自主探索、实践、培养学生多种策略解决问题的能力。随后的讨论环节，放手让孩子表达观点，在比较争论的过程中，明晰了“倍比”方法最合理，引出百分数，初步了解百分数的意义。

环节二："我心中的90%"，多元表征百分数

教师活动2

师：以张津硕的90%为例，其实我们不仅可以用语言来描述它，还可以有多种方式刻画你心中的90%。接下来我们一起完成第二个任务，请大家先阅读任务要求，打开学习单行动起来吧。

教师搜集面积，线段，百格图，以及自己的图，指导学生画图。

组织学生展示交流

师：XXX敢于突破，用自己特有的方式刻画90%，我们欣赏一下，你能看懂吗？谁来说说它表示什么意思。

师：你们看，你们的表示形式不一样，为什么表示的都是90%啊？

学生活动2

学生独立完成学习单上的任务。

S1：大圆代表投篮总数，涂色部分代表投中个数，投中个数占投篮总数的90%。

S2：百格图代表投篮总数，涂色部分代表投中个数，投中个数占投篮总数的90%。

S3：整条线段代表投篮总数，涂色部分代表投中个数，投中个数占投篮总数的90%。

学生自己介绍。

S：涂色部分都是整体的90%。

S：因为都表示投中个数占投篮总数的90%。

活动意图说明

概念的深刻理解需要经历"有过程的学习"，表征数也是理解数的意义的一种途径。在前测调研中可以发现，学生表征百分数的方式很单一，此任务旨在引导学生结合具体情境和已有经验，用多元表征方式表达对百分数的理解，在前一个环节语言描述、假设举例说明的基础上，还可以画图，可以有效促进学生百分数意义的概念性理解。

环节三：关注学生问题，了解百分数发展历史

教师活动3

师：刚刚我们认识了百分数，还用多种方式刻画了百分数，关于百分数大家想研究点什么？

师：大家提的问题都很有思考价值。课前老师抽样调查了咱们年级部分同学想要研究的问题，这是调查结果。

研究问题	占问题总数的百分之几
百分数和百分号的由来	17%
百分数和分数小数的关系	16%
百分数用来表示什么	14%
百分数解决什么问题	13%
其他	40%

注：结果保留整数

师：读完这个表格，由这个表你能获得什么信息？

师：这个13%是什么意思啊？

师：既然关注百分数和百分号由来的问题最多，那我们通过一段视频来了解一下百分数的发展历史。

【播放视频】

师：关于百分数的历史以及百分

学生活动3

S1：学习分数为什么还要用百分数？

S2：在什么情况下可以用表分数？

学生读表。

S：想知道百分数和百分号由来这个问题的人最多。

S：百分数和百分号由来的问题数量占问题总数的17%。

S：百分数解决什么问题数量占问题总数的13%。

学生观看视频。

号的演变过程大家可以利用课下时间查找资料继续研究，小组继续交流。其他问题我们可以在本单元继续研究。

活动意图说明

利用学生前测结果设计情境，既能体现了问题的真实性，又能拓宽本单元的学习视野。前测调研中发现，学生对于百分数和百分号的由来很关注，对概念的溯源也是对概念本质的回顾性理解，进而了解百分数的产生源自于人们的需要，是一个动态的数学概念。

环节四："生活中的百分数"，联系实际，辨析延伸

教师活动3

师：通过刚刚的视频，看来百分数的产生由来已久，而且在生活中应用非常广泛，我们经常能看到百分数的身影，你在哪里见过百分数？

师：大家能够用数学的眼光体味生活，这一点很值得肯定。老师也搜集了一些，同桌两个人互相说说这些百分数表示什么意思？

电量图：

师追问：那么用去电量是总电量百分之几？

师：充满电后用百分之几表示啊？

师：100%表示什么意思？

果园图：

学生活动3

S：在衣服的水洗标上，在食品的营养成分表上，安装软件的进度条上，手机电量显示上。

S：目前电量是全部电量的69%。

S：31%。

S：100%。

S：目前电量占总电量的一百分之一百，也就是充满电了。

S：果园九月的产量是八月产量的110%。

师小结：看来不仅有比100%小的百分数还有比100%大的百分数。

师：由此你能知道什么？110%说明什么？

S：九月的产量多。

出勤率图：

S：出勤的人数占年级总人数的97.5%。

师：原来百分号前面还可以有小数的形式。

活动意图说明

借助具体的生活情境，解释百分数的意义，体会百分数与日常生活的密切联系，体会百分数有利于进行分析的数学价值。提供更多的百分数，让孩子体会100%，大于100%的百分数，以及小数形式的百分数，丰富学生的认知，感知百分数的本质属性是两个数量之间的比率。学生在具体的情境中完成概念形成之初的量的积累，到质的转变。

环节五：提炼概念，总结提升

教师活动3

师：我们刚刚说了这么多的百分数，你觉得百分数表示什么啊？

师总结：表示一个数是另一个数的百分之几，就是百分数【板书】。它表示的是两个数的关系，也叫百分率或者百分比。这个单元我们会一直研究和百分数有关的问题。

师：这节课最后几分钟，谁来说说你有什么收获？

学生活动3

S：两个数的关系。

学生总结本节课学习内容。

活动意图说明

有了前期对概念的充分感知，借助丰富的例子，此环节引导学生进行归纳概括出百分数的定义，为单元后续学习做铺垫。

7. 板书设计

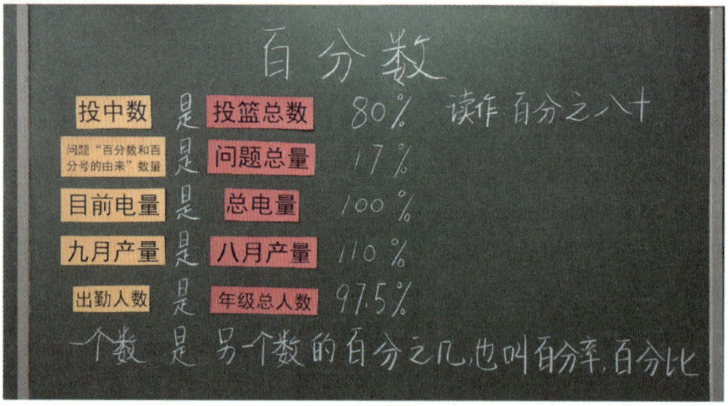

8. 作业与拓展学习设计

课后作业：

（1）六（1）班准备派下面队员中的一名参加学校的套圈比赛。下面是他们近期套圈情况统计。

姓名	套圈总数/个	套中数/个
笑笑	20	17
淘气	10	9
奇思	25	20
妙想	50	46

你认为该派哪名队员？说说你的理由。

（2）读出下面的百分数，并说一说这些百分数所表示的意思。

（1）姚明加盟 NBA 联赛的第一年，投篮命中率为 49.8%。

（2）食物中蛋白质含量如下表。

牛奶	鸡蛋	豌豆
2.9%	12.3%	24.6%

（3）果园九月的产量是八月的 120%。

(3)估计每幅图的阴影部分占整幅图的百分之几，然后与对应的百分数连起来。

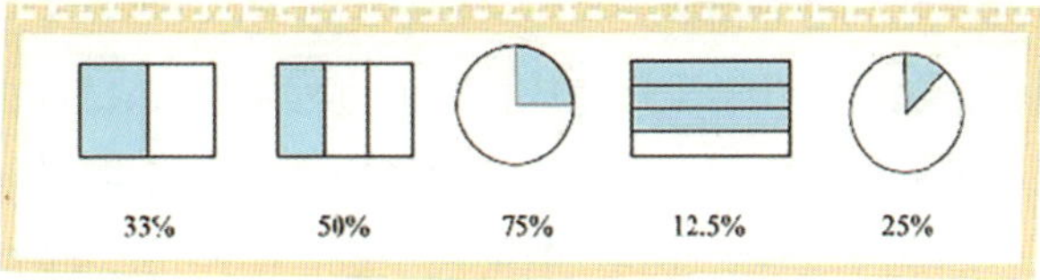

拓展学习设计：

六（1）班和六（2）班的数学时间活动作业的合格率都是85%，说明两个班作业合格的人数相等，这种说法正确吗？说说你的理由。

9. 特色学习资源分析、技术手段应用说明

（1）真实任务驱动，让数学学习真实发生。

任务驱动的教与学的方式，能为学生提供体验实践的情境和感悟问题的情境，围绕任务展开学习。本节课共设计四个任务，“谁的投篮水平高？”、“关于百分数我想研究什么？”和“生活中的百分数”都是源于真实情境和真问题，这不仅能使学生的处于积极学习状态，更能在完成任务的过程中，使学生主动建构探究、实践、思考、运用、解决高智慧的学习体系，让数学学习真实发生。

（2）多元表征促进百分数意义的理解。

承接第一个任务中学生已经可以结合情境用语言描述百分数的含义，达成概念的操作性理解（描述性理解），第二个任务重点让学生结合具体情境和已有经验，用画图的方式进行表达，两个任务中通过多种表征方式表达对百分数的理解，特别是能对两个数的关系用语言描述、假设举例说明、画图表征等多个维度进行解释，能有效促进百分数意义的概念性理解。

（3）借助多媒体技术，回顾百分数的发展历程，感受数学文化。

《百分数的认识》是一节概念课，对概念意义和本质的理解是本节课的教学重难点。对概念本身溯源，不仅可以深刻理解概念本身，还能感受数学文化，体会百分数是在实际应用中逐渐形成的一种特殊性质的数。由于课上时间有限，教师在课前搜集相关资料，梳理百分数的发展历程，借助幻灯片、视频编辑软件制作短视频，虽然时间不长，但是为本节课增添了人文色彩与文化情怀，有助于学生理解百分数概念的本质。

10.教学反思与改进

本节课通过任务驱动，让学生在完成任务的过程中感知百分数的意义，理解百分数的意义，能够解释生活中的百分数，从而经历了概念初步感知——概念深入理解——应用个概念的学习过程。在我任教的两个班，能够在规定时间完成预期教学任务，都收到了良好的效果，尤其是上午上课的班级现场气氛十分活跃，下午录课班级可能场地变化等原因稍有拘谨，但是总体来说都能够在任务与活动中表达自己观点，内化自己的理解，感悟进而深入理解百分数的意义。

由于课上时间有限，对于百分数的必要性的感知还不够深刻，我在随后的练习课增加了仍然以任务一“谁的投篮水平高？”增加比较的人数，请问大家选择用分数比较还是百分数比较，以此展开讨论，在争论中，学生能够很好解释“为什么学习分数还要学习百分数”。同时，以后测题目为情境，开展分数和百分数比较的活动，在辨析分数和百分数区别联系的过程中进一步深化对百分数意义的理解，为后面的百分数应用打下基础。

从学生的课后作业以及拓展性任务完成情况来看，绝大多数同学能够理解百分数的含义，运用百分数表示两个数的关系解决实际问题，在具体情境中理解百分数的意义，不仅能够顺向还可以逆向思考，实现对概念的灵活应用。针对个别出现错误的同学，通过谈话了解学生学习的困难点，有针对性进行指导。

小篮球——行进间双手胸前传、接球

刘 谱

单元教学设计

单元学习主题 | 行进间双手胸前传、接球

1. 单元教学设计说明

小篮球是深受学生喜爱的体育活动内容之一。课标要求水平三阶段小篮球的教学应使学生多感受比赛的乐趣，初步具有合作学习和探究学习的能力。教材要求本阶段应多采用小场地和简化规则进行活动，运用球类活动形式多样，趣味性强等特点来培养学生团结友爱、互帮互助和顽强拼搏的精神，同时发展学生身体素质和运动能力，改善神经系统的灵活性。

行进间双手胸前传接球是篮球运动的重要技术动作之一，是在水平二所学原地双手胸前传接球基础之上进一步学习的内容。本单元内容以学习行进间双手胸前传接球的方法，掌握传球时，结合接球人的位置、速度和时机，准确将球传出，做到人到球到；接球时，能迎球跨步接球；以及基本的篮球规则和知识。通过练习与游戏发展学生速度、力量、协调、灵敏等身体素质，培养球感。过程中同时培养学生团结协作、沟通表达、探究思考的能力，充分发挥体育学科全面育人作用，体现体育学科核心素养。

五年级学生已经学习了基本的运、传、投动作，非常渴望参与篮球比赛，有较强的竞争意识和配合意识，但在有对抗的条件下，会出现动作变形、传接不到位、走步等问题，因此本单元将引导学生在多种比赛情境下进行学练，初步培养篮球意识，以及比赛中的传接球配合能力，做到学以致用。

2. 单元学习目标与重点难点

（1）通过本单元的学习，使100%的学生了解行进间双手胸前传、接球的动作要领，80%以上的学生掌握行进间双手胸前传、接球的动作方法；在游戏及比赛中使学生知道基本的篮球竞赛规则。

（2）提高速度、力量、灵敏等身体素质和身体协调能力，以及观察和快速判断能力。

（3）培养学生积极主动参与练习、游戏及比赛，做到遵守规则、尊重他人、团结协作，体验小篮球活动的乐趣。

单元教学重点：传球时，结合接球人的位置、速度和时机，准确的将球传出，做到人到球到；接球时，能迎球跨步接球。

单元教学难点：传、接球动作与脚步动作协调配合，接球时跨步迎球。

3. 单元整体教学思路

课次	技能目标	教学重难点	主要教法步骤
1	初步学习篮球行进间双手胸前传、接球技术，使学生基本掌握移动中跨步接球、迈步传球的技术动作	教学重点：跨步接球、迈步传球 教学难点：行进间传、接球准确	1. 学生复习原地双手胸前传、接球 2. 教师示范并讲解 3. 学生沿菱形徒手练习侧身慢跑要球和接球跨步急停动作 4. 学生两人一组练习走动中的跨步接球、迈步传球 动作 5. 学生展示，师生共同评价 6. 学生两人一组练习慢跑中的跨步接球、迈步传球 动作，相互评价 7. 小结
2	进一步学习篮球行进间双手胸前传、接球技术，使学生做到传、接球准确。	重点：行进间传、接球准确 难点：传、接球步伐正确、清晰	1. 学生复习原地双手胸前传、接球 2. 观看视频，教师示范并讲解 3. 四人一组纵队排列，进行直线慢跑传、接球，交叉换位练习 4. 沿菱形一侧斜边运球后传球，交叉练习 5. 观看解析视频动画，思考、讨论，教师讲解 6. 沿菱形一侧斜边慢跑后接、传球，交叉练习 7. 两人一组练习跑动中连续传、接球动作。教师巡视，个别指导 8. 请优秀组展示，师生共同评价 9. 继续练习，并组织行进间传接球准确性比赛 10. 组织进行投移动篮筐对抗比赛。要求每次投篮前至少有一次行进间传、接球配合 11. 小结

（续表）

课次	技能目标	教学重难点	主要教法步骤
3	巩固学生行进间双手胸前传、接球技术，使学生传接球步伐正确，清晰	重点：传、接球步伐正确、清晰 难点：上、下肢协调配合	1. 学生复习原地双手胸前传、接球 2. 教师讲解动作要点 3. 两人一组练习走动中的传、接球动作 4. 两人一组运用“三步法”练习跑动中的传、接球动作 5. 教师讲解“行进间传球比准”的游戏方法 6. 学生分组练习 7. 教师介绍“行进间接球后投篮”的动作方法 8. 学生体验练习 9. 小结
4	通过形式多样的行进间传、接球练习，进一步提高行进间传、接球的技术动作	重点：传、接球步伐正确、清晰 难点：配合默契，传、接球准确	1. 学生两人一组复习跑动中双手胸前传、接球 2. 教师讲解三人一组行进间传、接球的练习方法 3. 教师引导下，学生按能力分组练习 4. 教师巡回指导 5. 教师与学生示范、讲解三人围绕的传、接球的练习方法 6. 学生徒手体验三人围绕的传、接球练习 7. 学生持球做近距离三人围绕的传、接球练习 8. 学生持球做拉大距离三人围绕的传、接球练习 9. 教师小结
5	通过行进间双手胸前传、接球的技评考核，检查学生学习效果，进一步巩固行进间双手胸前传、接球技术动作	重点：传、接球步伐正确，清晰 难点：上、下肢动作协调	1. 学生两人一组复习行进间双手胸前传、接球 2. 教师宣布考核方法和评价标准 3. 学生示范，教师结合动作进行讲评 4. 学生分组进行考核 5. 教师小结

第三部分：课时教学设计

课　题	行进间双手胸前传、接球
课　型	新授课☑　章/单元复习课□　专题复习课□ 习题/试卷讲评课□　学科实践活动课□　其他□

1. 教学内容分析

本节课以“健康第一”为指导思想，以体育与健康课程标准为依据，作为单元学习的第二次课，在第一次课学习了跨步接球，迈步传球的基础之上重点学习行进间双手胸前传、接球准确性，准确性提高的同时为第三次课做到传、接球步伐正确、清晰奠定学习基础。本环节是能顺利完成行进间双手胸前传、接球的重要组成部分，需要在行进中完成侧身接球、传球的连贯动作，对于双人配合，需要具有适宜的提前量来确保传球准确，因此教师通过设疑、变换不同的练习方法和手段，不断激发学生的练习兴趣，让学生“带题学习”，自主体验，合作学习，使学生逐步掌握行进间胸前传接球准确性的技术动作，同时培养了学生探索精神和团结协作的能力。

2. 学习者分析

小学五年级学生的身体发育，正处于两个生长发育高峰之间的相对平稳阶段。他们已经有了独立思考的能力，希望获得老师和同伴的认可，有团队意识和与他人合作的愿望；另外，学生的评价能力有所提高，能够理解规则和标准，并通过对照、反思，比较客观地对自己和他人进行评价。

本课教学对象是五年级（12）班学生，共有32人，学生在四年级已经掌握了行进间运球和原地双手胸前传球的技术动作，拥有一定的篮球基础。前测发现大部分学生对篮球运动表现出浓厚的兴趣，部分男生有平时业余时间打篮球甚至参加校

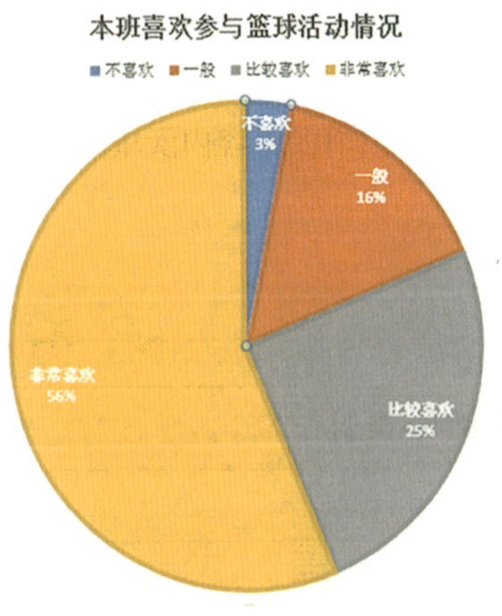

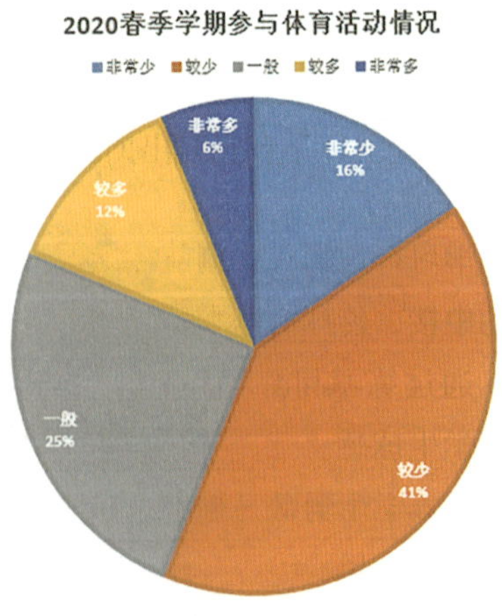

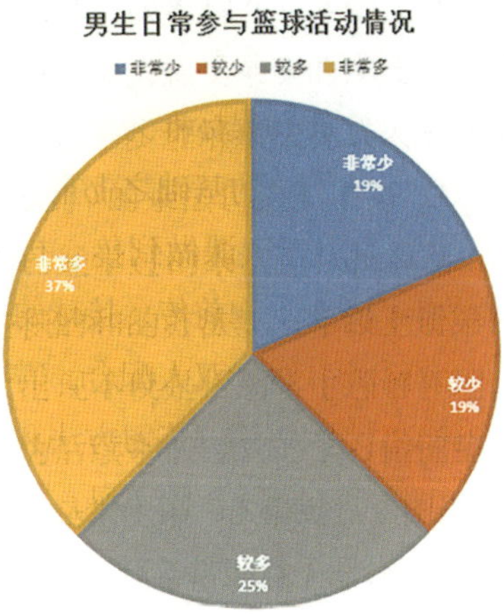

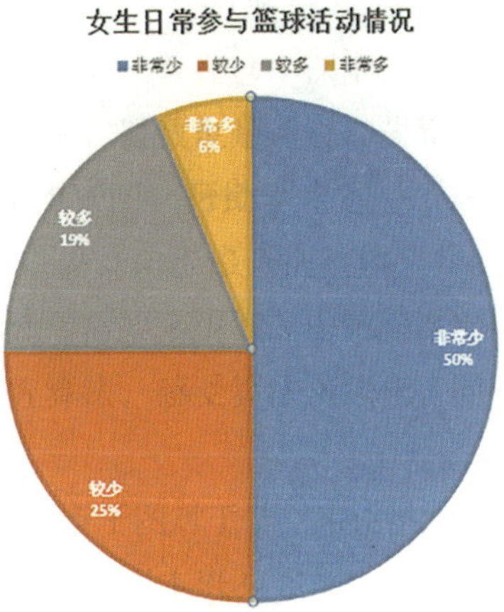

外篮球培训班的经历，因此技术和球感明显较好，但女生普遍接触篮球的机会较少，技术和球感相对较差，个别学生存在动作不连贯，上下肢配合不协调等问题；受疫情影响，学生的体能和篮球技术水平状况仍然处在恢复的阶段。因此，在本节课学习行进间双手胸前传球的技术时，预计学生会出现以下问题：①传球不到位②接球不稳③体能跟不上④动作不能做到连贯协调。教师将通过以下方法进行纠正：

（1）进行原地传接球复习，循序渐进的安排学习内容，以适应正在技术和体能恢复期的学生。

（2）从直线迎面传接球、斜线侧身传固定点球、斜线传接固定点球、两人移动传接球逐步过渡到学习影响双手胸前传接球准确性的技术。

（3）通过伸手要球，来提示传球提前量，提高传、接球两人之间的默契。

（4）通过练习时呼喊“一、二、传”的练习方式来让学生协调技术动作。

3. 学习目标确定

（1）学习行进间双手胸前接、传球动作，了解动作过程，使70%～80%的学生掌握跑动中接、传球的基本动作技能，做到传、接球准确。

（2）通过练习和游戏，发展学生身体的速度、力量、灵敏素质和身体协调能力，提高学生球感。

（3）培养学生勇敢、果断和勇于展示自我的精神，以及同学之间友好交往、团结协作的优良作风。

4. 学习重点难点

重点：行进间传、接球准确。

难点：传、接球步伐正确，清晰。

5. 学习评价设计

（1）在练习、游戏比赛过程中，表现出积极主动参与的行为。

能对小篮球活动的学习表现出较高的学习兴趣和愿望；主动关注自己小篮球的学习效果，了解自己存在的问题。

（2）学习知识、掌握技能。

基本掌握所学行进间双手胸前传接球的基本技术，能够在游戏和比赛中运用所学技术和规则；能够说出一些小篮球运动的动作名称和术语。

（3）团结协作、展示自我。

能够与不同运动能力的同学共同参与练习、游戏以及比赛；与同伴友好相处，团结协作；尊重竞争对手，遵守规则，服从判罚。

学生自评、互评量表　第_组 姓名______

目标	内容	自评			互评		
		非常好	一般	再努力	非常好	一般	再努力
技能	传接球技术正确						
	提前量、力度适宜						
	传球准确						
认知	知识掌握						
	探究思考						
情感	团结协作						
	沟通交流						

本课练习密度预计：30%～35%；平均心率：128～138次/分。

运动负荷预计曲线图。

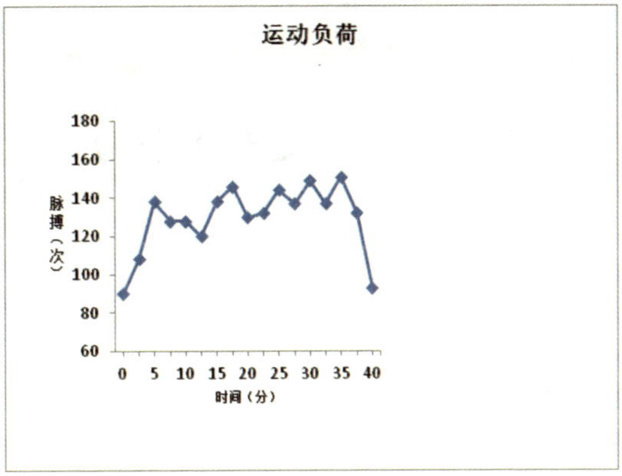

6. 学习活动设计

环节一：开始部分（1分）

教师活动

（1）教师提前到场，检查场地器材。

（2）师生问好，检查服装（重点鞋带），询问学生健康情况，安排见习生。

（3）介绍本节课将要学习的行进间双手胸前传接球准确性的内容。

（4）语言激励学生认真学习，提出要求。

要求：主动思考，认真练习，团结协作。

学生活动

（1）学生做好课前准备。

（2）体委整队，报告人数。师生问好，见习生到指定位置见习。（40秒）

（3）认真听讲。（20秒）

（4）认真听取教师要求。

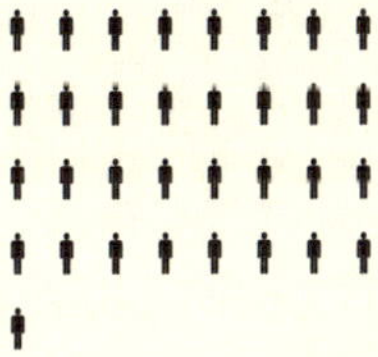

活动意图说明

通过介绍内容并鼓励调动学生的学习兴趣，使学生快速进入学习状态。

环节二：准备部分（7分）

教师活动1

教师提出要求，并带领学生沿篮球场的边线、底线、中场线依次进行慢跑、侧身跑、变速跑。侧身跑时教师要在两个半场区域中间给出数字手势。

要求：慢跑逐渐热身，注意力集中；侧身跑时脚尖朝前，上体朝向场内快速报出老师所给出的数字；变速跑时前三步小而快速有力，减速时前脚掌顶地重心下降完成减速。

学生活动1

队形：学生变一路纵队跟随老师依次跑出。

先跟随老师绕场地进行“8”字慢跑1圈；然后根据老师要求脚尖朝前上体侧身朝向场内观察老师手势并报出手势所代表的数字1圈，最后在老师的带领进行变速跑练习1圈。（3分30秒）

活动意图说明

①通过慢跑热身。②通过侧身跑、变速跑这样与主教材相关的跑动形式来为主教材做好准备。③侧身跑在两个半场都做，来让学生熟悉左右两侧的侧身跑。

教师活动2

教师提出要求，结合音乐带领学生共同练习篮球操。

要求：

精神饱满，动作到位；

团结协作，配合默契。

学生活动2

队形：四列横队体操队形。跟随教师进行篮球操练习，每节各4X8拍。（3分30秒）

（1）原地踏步。

（2）伸展运动。

（3）双人背对背结合球体转运动。
（4）双人背对背结合球腹背运动。
（5）“8”字胯下绕球。
（6）地面手指拨球。
（7）空中手指拨球。
（8）对地传接球。

活动意图说明

①结合球准备活动让学生熟悉球感为本课学习内容做准备。②侧身转体；地面、空中手指拨球；对地传接球的形式也与主教材的活动形式相关，为主教材的学习做好准备。③适当进行双人操练习培养学生团结协作的精神。④跟随音乐练习培养学生的节奏感，激发练习兴趣。

环节三：基本部分 32分钟

教师活动1

（1）讲解原地双手胸前传接球对于行进间双手胸前传接球的重要基础作用，并引导学生进行练习。

（2）提示学生。两脚前后开立；传球时，肘自然下垂，伸手，翻完，拨指；接球时，伸手迎球，拇指成“八”字，五指自然放松；接球后顺势缓冲至胸腹前。教师巡回指导。

（3）引导学生练习中相互评价指导。

要求：认真练习，动作正确，传接球准确。

学生活动1

（1）学生根据老师的要求复习原地双手胸前传、接球。（1分30秒）

（2）学生认真练习。

活动意图说明

复习原地双手胸前传接球为后面进一步学习行进间双手胸前传接球打好基础。

教师活动 2

（1）教师组织学生观看行进间双手胸前传接球练习以及实战比赛运用视频。

（2）教师示范并讲解行进间双手胸前传、接球动作。

要求：认真观察，主动思考。

学生活动 2

（1）学生教师面前自然靠拢，前蹲后站观看视频。（30秒）

（2）认真观察示范与听讲，积极思考。（1分30秒）

活动意图说明

①通过观看视频引出本课的主要学习内容。②视频内容从日常基本功练习逐步过渡到精彩的实战运用，激发学生的练习兴趣。③通过示范与讲解给学生更直观的感受。

教师活动3

（1）教师组织学生分组在菱形场地两侧横线后站队。

（2）教师讲解并示范“一、二、传”练习方法，组织学生进行迎面直线慢跑接固定点传球的行进间双手胸前传接球练习。

要求：认真观察，手脚配合连贯，有序练习。

学生活动3

（1）学生四人一组纵队排列，每两组之间相对而站于边长约3.6米的菱形场地对角两侧的横线后，相距约6米。（30秒）

（2）根据老师提出的要求，采用“一、二、传”练习方法进行迎面直线慢跑接固定点传球的行进间双手胸前传接球练习。每位学生完成一次传球或传接球都继续沿右侧向前慢跑至对面队尾，继续排队，交叉循环进行练习。如图1所示。（3分钟）

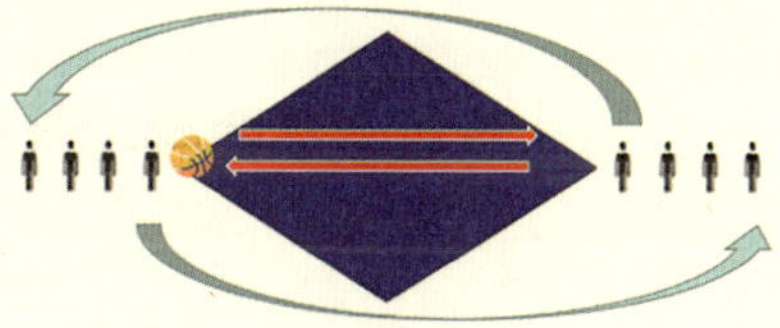

图1

活动意图说明

①接固定点的传球进行慢跑行进间双手胸前传接球，降低练习难度，适宜学生掌握。②采用呼喊“一、二、传”的练习方式有利于学生手脚配合完成，为后面的学习奠定基础。③分小组练习，创设竞争环境，激发学生练习兴趣。

教师活动4

教师引导学生在菱形场地对角处站立，讲解并示范沿逆时针边线方向慢跑运球后侧身传球至对面。

要求：动作连贯，侧身传球准确。

学生活动4

继续四人一组在菱形对角处站立，学生沿菱形边线慢跑运球后侧身传球至对面固定点站位的同学，两组交叉循环练习。如图2所示。（2分30秒）

图2

活动意图说明

让学生初步接触行进间侧身传固定点球，为后面学习内容打下基础。

教师活动5

（1）教师设疑，并组织学生观看行进间双手胸前传接球的动画视频。

（2）让学生思考并讨论行进间双手胸前传接球要注意的动作要点。

（3）组织学生举手回答讨论结果，并进行点评，总结。讲解行进间双手胸前传接球的技术要点。

要求：学生认真观察，积极探究并交流，敢于表达。

学生活动5

（1）学生认真听讲并观看视频。（30秒）

（2）学生积极思考并探究，同学间积极交流。（20秒）

（3）积极回答问题，敢于表达讨论的结果。（40秒）

活动意图说明

①通过制作的动画视频让学生更直观的认识到影响行进间传接球的技巧。②通过探究思考与讨论，加深学生对于进间双手胸前传接球准确性的技术动作的理解。③通过自由发言，民主的探讨和相互补充，培养学生探究思考、沟通表达等的核心素养。

教师活动6

（1）教师组织学生沿菱形场地边线进行接、传来自固定位置同学的行进间双手胸前传接球，示范并讲解。

（2）指导学生在练习时向斜前方伸手要球。

（3）教师巡回指导。

要求：提前量适宜，传、接球准确。

学生活动6

（1）学生尝试沿菱形场地边线慢跑后接、传球，交叉循环练习。如图3所示。（1分30秒）

（2）学生进行向斜前方伸手要球后继续沿菱形场地边线完成行进间双手胸前传接球的练习。（3分钟）

（3）学生认真练习。

图3

活动意图说明

让学生接、传来自固定位置同学的球并进一步进行沿斜线的行进间双手胸前传、接球练习，逐步提高学生的技术动作进而提高传、接球的准确性。

教师活动7

（1）教师组织学生两人一组跑动中进行连续行进间双手胸前传、接球练习。

（2）教师巡回指导。

要求：传接球准确。

学生活动7

（1）学生根据教师要求，两人一组跑动中进行连续行进间双手胸前传、接球练习。并相互评价、纠正。（2分30秒）

（2）学生认真练习。

活动意图说明

让无论是传球还是接球，同学都在移动中完成连续行进间双手胸前传、接球练习，逐步提高学生传接球的技术、难度以及准确性。

教师活动8

（1）组织优秀生进行展示并评价。学生评，教师评。

（2）组织学生继续练习

要求：认真观察并思考。

学生活动8

（1）优秀生展示行进间双手胸前传接球，其他学生认真观察并在老师的组织下进行评价。（1分钟）

（2）学生继续练习。（1分钟）

活动意图说明

加强有意注意，做自己与他人对比，进一步明确动作重点。

教师活动9

（1）组织学生在底线后四路纵队站好就位，分两大组进行比赛。

（2）讲解比赛的方法和规则。

方法：男、女生分为两大组，每组两两结合，进行行进间双手胸前传接球。比哪一组所有人先从篮球场一侧底线先通过另一侧底线。

规则：

①比赛过程中不能掉球或走步违例。

②如有失误或违例则从失误或违例的点重新开始。

③前面一组通过7米黄线后，后面一组才可以出发。

（3）教师发令，学生进行比赛。

（4）宣布胜利。

要求：传接球准确，遵守规则。

学生活动9

（1）学生在底线外四路纵队站好。（10秒）

（2）学生认真听教师讲解方法和规则。（20秒）

（3）学生进行比赛。（2分钟）

活动意图说明

通过比赛的形式激发学生的练习兴趣，培养学生勇于表现、敢于挑战的精神；通过规则约束提高学生行进间双手胸前传球、接球的准确性。

教师活动10

教师引导学生评价并小结。

学生活动10

学生认真听讲并主动思考。(30秒)

活动意图说明

对练习情况、团结协作、动作技术掌握等情况进行评价，关注学习效果。

教师活动11

（1）教师宣布进行“投活动篮筐小组对抗赛”，并简明方法规则。

方法：

篮球场共分为四块场地，每两个组利用四分之一篮球场进行比赛，每四人一组，在场地内进行三对一的攻防比赛。

进攻方出三位同学进攻，另一位同学去对方场地底线处规定区域里手持活动篮筐；防守方出一位同学进行防守，一位同学去对方场地底线处规定区域里手持活动篮筐，另两位同学在己方底线处为队友加油并等待轮转。

规则：

①投篮得分前进行一次行进间双手胸前传接球得1分，投进活动篮筐得

学生活动11

（1）学生认真听讲，了解方法和规则。如图4所示。(1分钟)

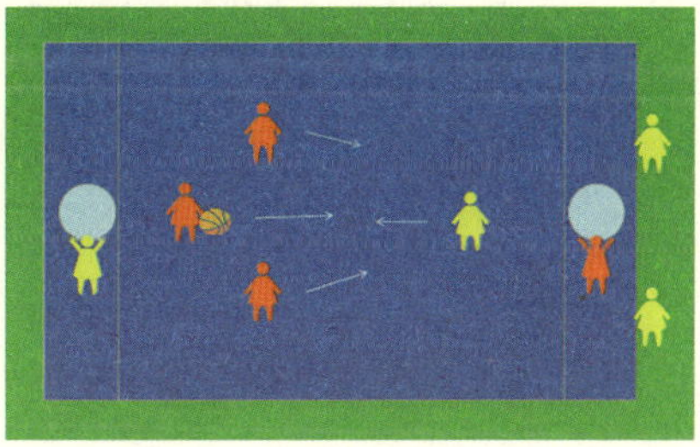

图4

1分。

②当投篮得分、球出界、犯规、违例、防守方抢断成功后均视为一次进攻结束，双方交换攻防。

③每个攻防回合结束后，防守队员和手持活动篮筐的队员都要与本队队员进行轮转。

（2）教师男生与女生分开进行分组对抗。

（3）尝试进行比赛，指导学生了解比赛规则。

（4）指导比赛中使用行进间双手胸前传接球的方法。

（5）进行正式的投“活动篮筐”比赛，并组织各队围在一起为自己队加油后开始。

（6）对于较强的组可以提高在投篮前完成行进间传接球的次数，或增加防守人数来提高难度，区别对待。

（7）小结。

（2）学生根据要求进行分组。（20秒）

（3）学生进行尝试，逐步了解方法和规则。（1分40秒）

（4）学生在对抗比赛中尝试实践运用进间双手胸前传接球技术。（2分30秒）

（5）学生进行正式的投“活动篮筐”比赛。（3分钟）

（6）学生根据要求继续练习。

（7）学生认真听讲。（30秒）

活动意图说明

①通过比赛的形式激发学生对于小篮球的练习兴趣。②通过合理的制定规则，鼓励学生把本课所学内容在实践当中运用，拓展学生实践能力。③通过比赛的形式培养学生沟通表达、勇敢顽强以及团结协作等体育核心素养。

环节四：结束部分3分钟

教师活动

（1）播放音乐，带领学生听音乐放松练习。

（2）集合整队，简评。

（3）宣布下课。

（4）布置收还器材。

学生活动

（1）听音乐跟随教师放松身心。1分30秒。

（2）四列横队密集，认真倾听。1分钟。

（3）师生再见。30秒。

（4）一组留下同教师收拾器材。

7. 板书设计

8. 作业与拓展学习设计

（1）上肢力量：俯卧撑，每周3–4次，每次3组，每组15–20个。

（2）下肢力量：提踵、蹲起，每周3–4次，每次3组，每组30–50个。

（3）进行对地传接球练习，每周3–4次，每次3组，每组50–80个。要求做到传球时伸手、翻腕、拨指，接球时双手拇指成“八”字型，五指自然张开，接球缓冲。或参与课余篮球活动时尝试比赛中运用所学技术。

9. 特色学习资源分析、技术手段应用说明

（1）场地：28×14米标准篮球场一块。

（2）器材：显示屏一块、小篮球33个、球托33个、移动篮筐8个、呼啦圈8个、音响1台、分队服橙色和荧光绿色各16件。

10. 教学反思与改进

（1）考虑疫情期间对于学生的体能以及技术的影响，本课所设计的各个环节内容逐步向前推进，环环相扣，让学生无论是技术上还是身体上都能逐步接受所学内容。

（2）培养团队协作精神：结合教材要求本课从准备活动的双人操练习到主教材的分组练习，再到辅教材的拓展比赛都贯穿了团队协作精神，同时培养了学生沟通表达能力以及敢于展示自己的可贵品质。

（3）改变学习方式：教师设疑，引导学生通过探究思考、相互交流、对比，师生共同归纳总结，再结合实践进行练习，提高行进间双手胸前传接球的学习效果。

（4）尊重个体差异：本课根据前测将篮球基础与力量较好的男生与相对较弱的女生分开进行练习，在分组比赛时对于能力较弱的女生多进行鼓励，对能力较强的男生设置更高的标准，使得不同能力的学生在本课均有明显提高，也提升了学生的学习兴趣。

（5）由于疫情和场地影响学生的篮球基础相对较弱，因此本课学生学习过程中仍然出现一些错误的双手胸前传、接球动作或步伐不清晰的情况，因此应在后面的课程中进一步改善。

教 案

班级人数：32 人

教材内容	1. 小篮球-行进间双手胸前传、接球（第二次课） 2. 拓展游戏：投活动篮筐	教学目标		1. 学习行进间双手胸前接、传球动作，了解动作过程，使70%~80%的学生掌握跑动中接、传球的基本动作技能，做到传、接球准确 2. 通过练习和游戏，发展学生身体的速度、力量、灵敏素质和身体协调能力，提高学生球感 3. 培养学生勇敢、果断和勇于展示自我的精神，以及同学之间友好交往、团结协作的优良作风
课的结构	课的内容	运动负荷		教学组织、教法和学法
		次数	时间	
开始部分 1~2分钟	1. 集合整队 2. 师生问好 3. 宣布内容、目标，提出要求 4. 检查服装，安排见习生		1 '	1. 组　织：四列横队 ×××××××× ×××××××× ×××××××× ×××××××× △ 2. 教学方法：老师发令，学生集体练习 3. 要　求：精神饱满，注意力集中

（续表）

准备部分 6～7分钟	1.结合步伐跑：慢跑、侧身跑、变速跑 2.自编篮球操 （1）原地踏步 （2）伸展运动 （3）双人背对背结合球体转运动 （4）双人背对背结合球腹背运动。 （5）“8”字胯下绕球 （6）地面手指拨球 （7）空中手指拨球 （8）对地传接球	4×8拍	3'30 3'30	1.组　　织：一路纵队沿篮球场边线以及中场线进行“8”字绕场跑 2.教学方法：伴随音乐，教师示范带做 3.要　　求：动作规范自然，活动充分到位
基本部分 20～21分钟	1.行进间双手胸前接、传球 动作方法： 跑动中双手胸前传、接球，手臂与脚步动作配合，在中枢脚离地后又未落地前根据接球人的位置迅速、及时、准确地将球传出 重点：行进间传、接球准确 难点：传、接球步伐正确、清晰	20 6-8 5-6 1 8-10 6-8 8-12	1'30 2' 3'30 2'30 1'30 4'30 2'30 1' 3'30 30”	1.组　　织：四列横队。 ×××××××× ×××××××× ×××××××× ×××××××× △ （1）学生复习原地双手胸前传、接球 （2）观看视频，教师示范并讲解 （3）四人一组纵队排列，进行直线慢跑传、接球，交叉换位练习 （4）沿菱形一侧斜边运球后传球，交叉练习 （5）观看解析视频动画，思考、讨论，教师讲解 （6）沿菱形一侧斜边慢跑后接、传球，交叉练习，如图所示 （7）两人一组练习跑动中连续传、接球动作。教师巡视，个别指导 （8）请优秀组展示，师生共同评价 （9）继续练习，并组织行进间传接球准确性比赛 （10）小结 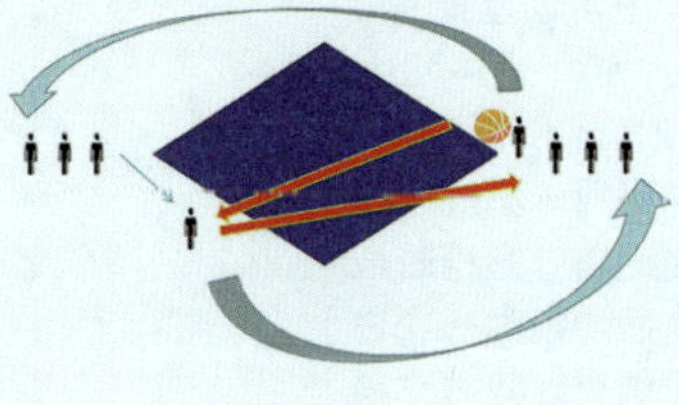 图1

（续表）

	2. 游戏：投移动篮筐对抗比赛 游戏方法： 篮球场共分为四块场地，每两个组利用四分之一篮球场进行比赛，每四人一组，在场地内进行三对一的攻防比赛		1′ 2′ 3 ′ 30 3′ 30”	2. 教学过程： （1）教师示范并讲述游戏方法和规则，如图所示 （2）学生尝试练习 （3）教师指导学生比赛中结合行进间双手胸前传接球进行练习 （4）组织学生进行比赛 （5）小结
基本部分 10～11分钟	进攻方出三位同学进攻，另一位同学去对方场地底线处规定区域里手持活动篮筐；防守方出一位同学进行防守，一位同学去对方场地底线处规定区域里手持活动篮筐，另两位同学在己方底线处为队友加油并等待轮转 规则： （1）投篮得分前进行一次行进间双手胸前传接球得1分，投进活动篮筐得1分 （2）当投篮得分、球出界、犯规、违例、防守方抢断成功后均视为一次进攻结束，双方交换攻防。			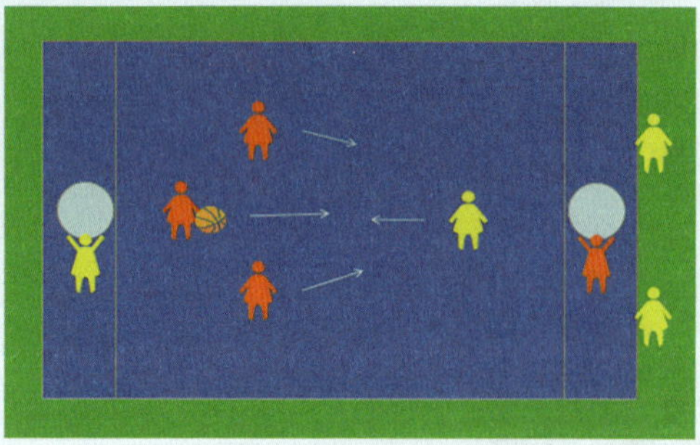 图2

（续表）

	（3）每个攻防回合结束后，防守队员和手持活动篮筐的队员都要与本队队员进行轮转 要点： 注意观察队友和目标的位置，灵活跑动，传、接球默契配合			
结束部分 2 分钟	1.结合音乐拉伸放松。 2.教师小结。 3.宣布下课。 4.布置收拾器材。		1 ' 20 30” 10”	1.组织队形：四列横队 教学方法：教师带领学生听音乐做舒缓的放松练习 2.对本课学生学习情况做简单点评 3.师生再见 4.带领部分学生收还器材
场地器材	场地：28×14米标准篮球场一块 器材：显示屏一块、小篮球33个、球托33个、移动篮筐8个、呼啦圈8个、音响1台、分队服橙色和荧光绿色各16件			
练习密度	30%～35%		平均心率	128～138次/分
运动曲线负荷预计	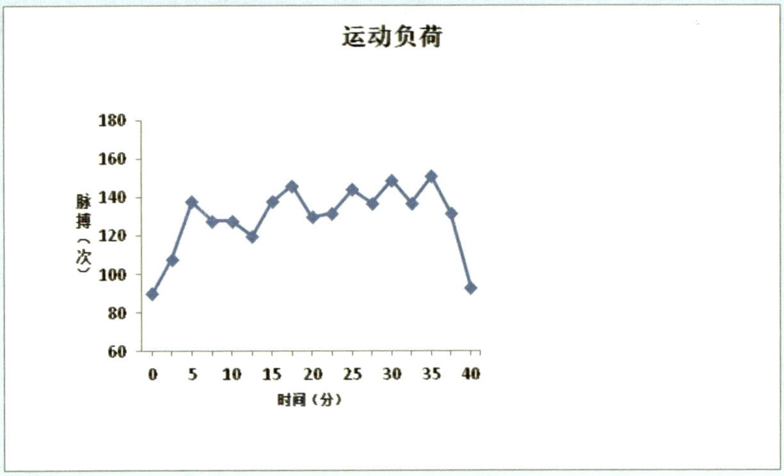 			

晚风

刘满新

单元教学设计

单元学习主题 | 多彩的和声

1. 单元教学设计说明

（1）内容组织。

本单元的学习内容，选取了具有不同演唱形式的三首合唱作品。第一首是欣赏演唱形式为领唱、合唱的《飞来的花瓣》；第二首是演唱形式为齐唱、合唱的《送别》；第三首是演唱形式为合唱的《晚风》。三首作品都与合唱相关，不仅向学生介绍了不同的演唱形式，也渗透了和声的运用技巧。其中《送别》和《晚风》这两首歌曲的合唱部分，两个声部的旋律都是三度间同向进行，虽说大小三度音程是不完全协和音程，但两个声部融合起来的声音效果非常饱满。三首作品使学生在聆听与演唱过程中感受其和声色彩。因此，本单元的主题为“多彩的和声”。

（2）单元间的内容关联及学习者分析。

本教学设计为自主构建单元，内容是合唱教学，因此以“合唱教学”为线索，对人音版音乐教材5～12册进行教材梳理。

教材	年级	课题	课型	演唱形式	国家
5	三年级上	《美丽的黄昏》 《老爷爷赶鹅》	演唱	轮唱 齐唱、轮唱	欧美歌曲 罗马尼亚
6	三年级下	《虫儿飞》 《春晓》	演唱	齐唱、合唱 合唱	中国
		《卢沟桥》	欣赏	齐唱、合唱	
7	四年级上	《歌唱祖国》 《牧歌》	欣赏	合唱 无伴奏合唱	中国
		《蓝色雅特朗》 《吹草哨儿》 《大家来唱》 《月亮月光光》 《渴望春天》	演唱	合唱、齐唱 合唱、齐唱 合唱 合唱 合唱	南斯拉夫 中国 意大利 中国台湾 奥地利

（续表）

教材	年级	课题	课型	演唱形式	国家
		《小白船》 《龙里格龙》		合唱 合唱	朝鲜 中国
8	四年级下	《鳟鱼》 《街头少年》	欣赏	合唱 合唱	奥地利 法国
		《小小少年》 《真善美的小世界》 《老鼠和大象》 《小纸船的梦》 《拍手拍手》 《白鸽》 《阳光牵着我的手》	演唱	齐唱、合唱 齐唱、合唱 齐唱、合唱 齐唱、合唱 齐唱、合唱 轮唱 齐唱、合唱	美国 中国 中国 中国 捷克民歌 中国
9	五年级上	《山童》 《飞来的花瓣》 《歌唱二小放牛郎》	欣赏	合唱 领唱、合唱 合唱	中国 中国 中国
		《送别》 《我怎样长大》 《晚风》 《苹果丰收》 《平安夜》 《铃儿响叮当》	演唱	齐唱、合唱 齐唱、合唱 合唱 齐唱、合唱 合唱 合唱	美国、中国 中国 俄国 朝鲜 奥地利 美国
10	五年级下	《小鸟小鸟》 《迷人的火塘》 《故乡的小路》 《雪绒花》 《田野在召唤》 《我们要做雷锋式的好少年》 《让我们荡起双桨》 《静夜思》 《读唐诗》	演唱	齐唱、合唱 齐唱、合唱 齐唱、合唱 合唱 合唱 齐唱、合唱 齐唱、合唱 齐唱、合唱 念白、齐唱、合唱	中国 中国 中国 美国 意大利 中国 中国 中国 中国
11	六年级上	《东边升起月亮》 《长江之歌》	欣赏	合唱 领唱、合唱	意大利 中国
		《茉莉花》 《妈妈格桑拉》 《我们生活在同一个星球》 《月亮姐姐快下来》 《萤火虫》 《红蜻蜓》	演唱	合唱 领唱、合唱 齐唱、合唱 齐唱、合唱 领唱、合唱 合唱	中国 中国 中国 中国 中国 日本

（续表）

教材	年级	课题	课型	演唱形式	国家
12	六年级下	《爱是一首歌》 《守住这一片阳光》 《生命》 《装扮蓝色的地球》 《告别时刻》 《欢乐颂》	欣赏	混声合唱 领唱、合唱 混声合唱 齐唱、合唱 男女生二重唱 混声合唱	美国 中国 中国 中国 意大利 德国
		《红河谷》 《歌声与微笑》 《榕树爷爷》 《同一首歌》	演唱	合唱 齐唱、合唱 合唱 合唱	加拿大民歌 中国 中国 中国

人音版音乐教材从第5册开始出现合唱作品，5～12册中，共有合唱作品59首。其中5～6册有作品5首，演唱形式以二声部轮唱、简单的二声部合唱为主；第7至第8册有作品18首，演唱形式以齐唱+合唱、合唱为主，这个学段合唱作品的比例有所增加，这些作品在和弦运用上比较规范，多以Ⅰ Ⅳ Ⅴ级和弦为主，有一部分作品还运用了Ⅵ级和Ⅴ7；第9至第10册有作品18首，在这个学段演唱的合唱作品出现的比例较大，因五年级学生在认谱、唱谱、节奏、音准等方面已经积累了一定的音乐基础，大部分学生没有开始进入变声期，声音条件较好，因此这个学段可谓小学合唱教学的黄金时期。作品在和弦运用上以Ⅰ Ⅳ Ⅴ级为主，多出现两个声部三度间同向进行；第11至第12册有作品18首，在这个学段欣赏的合唱作品比例较大，六年级学生已经具备了欣赏合唱作品的能力，大部分学生开始进入青春期，特别是男生，因变声导致声音条件较差，女生开始变得腼腆，不好意思唱歌，因此在这个学段主要以欣赏为主，要在平时的教学中，多向学生普及变声期保护好声带的方法，帮助学生缓解因青春期带来的心理压力。

本单元选取的三首作品在全册教材中的位置。

《飞来的花瓣》选自人音版音乐教材五年级（上册）第1课；《送别》选自人音版音乐教材五年级（上册）第3课；《晚风》选自人音版音乐教材五年级（上册）第4课，这三首作品在教材中的位置都比较靠前。按理来讲五年级的学生应当积累了一定的合唱学习能力，但在疫情期间，学生以居家学习上网课为主，缺少了合唱学习的系统训练。所以本学年的开学初注重向学生铺垫一些合唱学习的方法、技巧以及提升认谱、唱谱的能力。激发学生对合唱学习的兴趣爱好，鼓励他们积极主动参与合唱教学。在教学中帮助学生了解合唱作品创作的原理，为后期的教学打好基础。

（3）单元内的内容关联。

多彩的和声						
	课时	曲名	调号	拍号	演唱形式	和弦运用
聆听	第一课时	《飞来的花瓣》	1=降E	$\frac{4}{4}$	领唱+合唱	和弦连接聆听与感受
演唱	第二课时	《送别》	1=C	$\frac{4}{4}$	齐唱+合唱	和弦的纵向分解演唱
演唱	第三课时	《晚风》	1=E	$\frac{6}{8}$	合唱	和弦连接的横向柱式演唱

聆听合唱作品《飞来的花瓣》，感受歌曲的和声色彩；再把这种和声思想带入到两首歌曲的学唱中，最终做到二声部的和谐演唱。

演唱歌曲《送别》，通过Ⅰ Ⅳ Ⅴ级和弦连接的分解练习，学习和声的构成，在歌曲的合唱部分感受和弦的和声色彩。

演唱歌曲《晚风》，通过师生配合，在Ⅰ Ⅳ Ⅴ级分解和弦的基础上加入横向的柱式练习，感受和声色彩的同时了解合唱作品创作的原理。运用学过的和弦为旋律编创和弦连接，在感知和声、学习和声的基础上运用和声，形成层层递进的知识体系。

（4）学科素养发展价值。

通过欣赏与表现，发展学生的聆听、演唱等音乐学科能力与素养。在教学中，提高学生用自然的声音、准确的节奏和音调的演唱能力，发展学生的多声思维听觉能力和提高演唱多声部的能力。加强学生对和声的感受与理解、合唱能力与水平的提升以及促进学生合作能力的发展。

（5）教学设计与实践的理论基础。

课标中指出："3—6年级，增加合唱、乐器演奏以及音乐创造活动的分量；要更加重视并着力加强合唱教学"。

2. 单元学习目标与重点难点

（1）单元学习目标。

审美感知

了解和弦的构成，感受和弦在歌曲实际运用中的和声色彩。

艺术表现

运用自然的声音、准确的节奏和音调，演唱歌曲《送别》《晚风》，发展多声部听觉，初步培养多声部的演唱能力。

文化理解

学习不同民族、不同国家、不同时代的音乐作品，感知音乐中的民族风格和情感，热爱中华民族的音乐文化，学习世界其他民族的音乐，理解音乐文化的多样性。

（2）单元学习重点。

聆听合唱曲《飞来的花瓣》，能够听辨其演唱形式，体会歌曲中学生对老师深切的思念和诚挚的问候。

能用连贯的声音，深情地演唱歌曲送别，体会歌曲的离别情绪。

能用和谐、优美的声音演唱合唱歌曲《晚风》，用歌声抒发大自然的热爱。

结合音乐实践，掌握$\frac{6}{8}$拍的定义、强弱规律。

（3）单元学习难点。

合唱作品的和谐演唱。

3.单元整体教学思路（教学结构图）

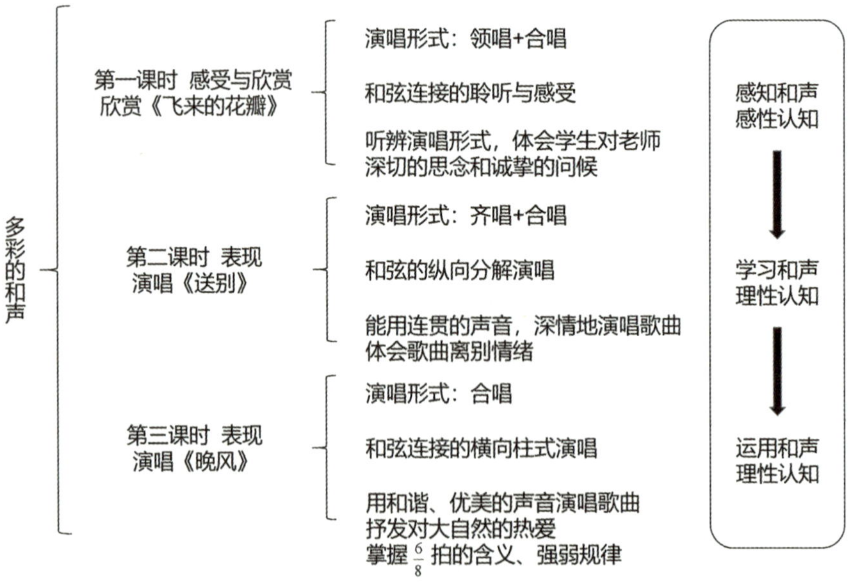

课时教学设计	
课　题	《晚风》
课　型	新授课✓　章/单元复习课□　专题复习课□ 习题/试卷讲评课□　学科实践活动课□　其他□

1. 教学内容分析

（1）本课时的内容在单元结构中的位置和作用。

《晚风》是本单元学习内容的第3课，通过师生配合，在ⅠⅣⅤ级分解和弦的基础上加入横向的柱式练习，感受和声色彩的同时了解合唱作品创作的原理。运用学过的和弦为旋律编创和弦连接，在感知和声、学习和声的基础上运用和声，形成层层递进的知识体系。

（2）音乐作品分析。

情绪：安谧的，曲调优美抒情，委婉动听。

调式：大调式。

节拍：$\frac{6}{8}$拍

歌词：以“晚风”为题材，生动地描绘了大自然的美丽景象。“夕阳的晚上”、“树丛中的夜莺在歌唱”……抒发了孩子们对大自然的热爱。

曲式结构：由三个乐句构成的一段体结构。

第一乐句在弱起小节进入后以平稳的节奏展开，在第1小节和第3小节只作了上移二度的小变化，使得曲调在平稳中稍有起伏，音乐把人们带到了黄昏时刻，当晚风吹来时四周田野一片静谧的情景之中，富有诗情画意。

第二乐句在四度跳进后，出现了全曲的最高音，旋律由上而下形成了一个较大的起伏，抒发了人们在美丽的大自然的情景之中，像树丛中的夜莺一样快乐的歌唱。

第三乐句变换重复了第二乐句的旋律，使赞美、热爱大自然的情感得到进一步的抒发。

力度：第一乐句mp；第二乐句 mf；第三乐句mp。

和弦的运用：

2. 学习者分析

（1）前测，本前测选取我校气象路校区五年级13–16班的学生，共176人。

前测试一：对首调识谱的测试

根据《北京市中小学音乐学科教学常规》的要求，教师在五线谱任何位置上呈现ls—sol—mi—do—re五声调式音阶五个音中某一个音的位置，学生能够找到相对应的其他四个音的正确位置。

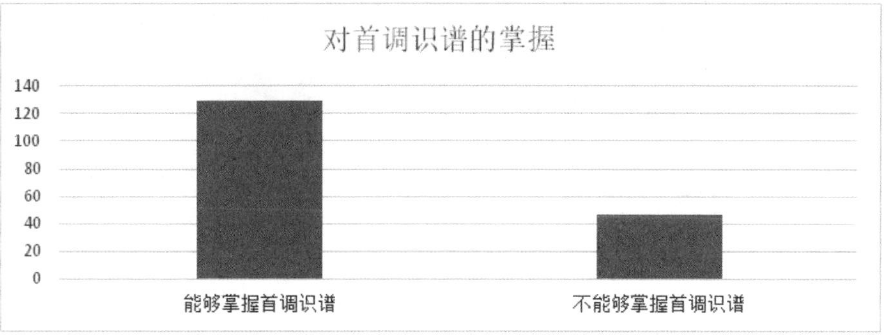

有129名学生能够掌握首调识谱的方法，约占总人数的73%。

前测二：对歌曲演唱形式的测试

聆听歌曲《校园的早晨》《我怎样长大》，说出歌曲的演唱形式。

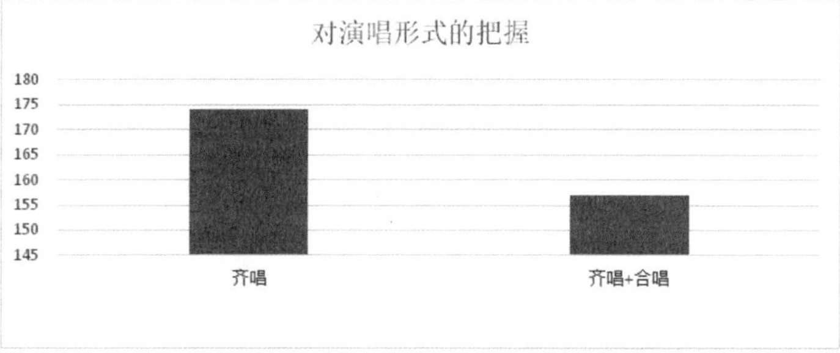

有174名学生能够准确区分齐唱、合唱两种演唱形式，约占总人数的99%。

（2）学生情况分析。

主要优势

五年级学生，能够为歌曲划分乐句；具备首调识谱的能力；能够听辨作品的演唱形式；能够掌握基本节奏的识读与演唱；能够在演唱歌曲、识读乐谱等方面对同学或老师进行正确的评价。

存在的问题

本届五年级学生，受疫情影响，上半年以居家学习为主，学习效果不是很理想，对于合唱作品的学习相对较少，缺少系统的训练与练习，所以在二声部演唱方面相对困难。

解决策略

针对二声部演唱困难的问题，首先调整学生的发声方法，无论是齐唱还是合唱，都要求学生“静、轻、听、合”，做到声音统一；然后通过反复正确地唱，训练学生的音准，当学生声音统一、音准稳定，合唱的问题就解决了很多。

3. 学习目标设计

（1）情感·态度·价值观。

在歌曲《晚风》的学习过程中，能够乐于参与合唱活动，并对大自然产生喜爱之情。

（2）过程与方法。

在歌曲合唱的过程中，通过师生配合、生生配合的方式，运用“静、轻、听、合”的和声演唱方法，感受二声部的和谐之美，逐步提升合唱学习的能力。

（3）知识与技能。

能够用柔和、自然的声音演唱歌曲晚风。

能够视唱歌曲旋律。

认知$\frac{6}{8}$拍的特点、定义以及强弱规律。

4. 学习重点难点

学习重点：歌曲《晚风》的演唱。

学习难点：二声部的和谐演唱。

5. 学习评价设计

（1）评价方式。

结合本课教学目标，采用过程性和终结性评价的方式，对学生学习态度、方法、思维、知识能力的获得提升等进行鼓励为主的肯定性评价，依靠对学生的行为表现判断学习目标的达成度。

（2）评价量规。

评价要点	我很优秀	我可以很好	继续努力 我会很优秀
能够用柔和、自然的声音演唱歌曲			
能够准确视唱歌曲旋律			
能够与同学合作进行二声部的演唱			

6. 学习活动设计

环节一：发声练习

教师活动1

分声部演唱E大调 Ⅰ Ⅳ Ⅴ 级和弦。

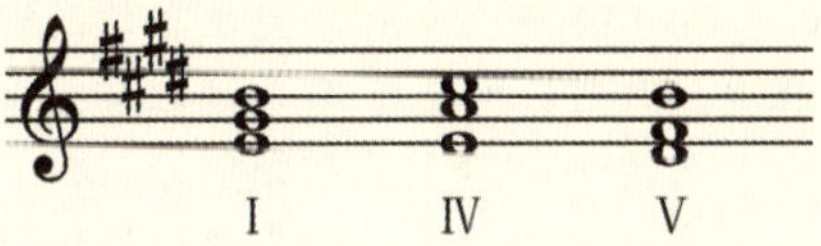

学生活动1

（1）保持站姿；养成良好的吸气习惯，不耸肩、吸气不出声音、急吸慢呼；学会看指挥。

（2）和声练习注重静（安静，一心投入到和声演唱当中）、轻（轻声唱，注意发声位置的统一）、听（互相听，听自己的声音、听自己声部的声音、听其他声部的声音、听琴的声音）、合（融合，将自己的声音与集体融合起来），用心感受三度和声的美妙。

（3）能够对合唱的声音效果进行评价。

活动意图说明

发声练习，在唱歌课，尤其是多声部唱歌课中，是不可缺少的，在此环节中，培养学生正确的唱歌姿势、呼吸方法以及良好的唱歌习惯，在保护声带的同时，有效训练学生音准、和声概念和发声位置。在此环节中，初步感知合唱的演唱技巧，为演唱歌曲做铺垫。

环节二：编创导入

教师活动2

（1）利用E大调ⅠⅣⅤ级和弦为旋律设计和弦连接。

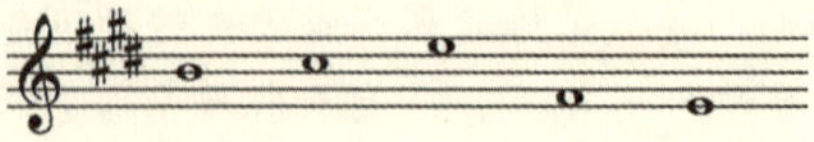

（2）演唱设计的和弦连接。

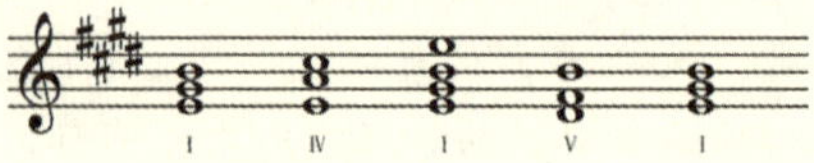

（3）师生合作，老师在学生演唱和弦连接的基础上导入歌曲的旋律。

学生活动2

（1）用E大调ⅠⅣⅤ级和弦，为谱例设计和弦连接。

（2）在演唱和弦连接的过程中，学会看老师指挥，用心感受和声的美妙。

（3）在师生合作、生生合作的过程中，做到静（安静）、轻（轻声唱）、听（互相听）、合（互相融合）。

（4）能够对合唱的声音效果进行评价。

活动意图说明

（1）与发声练习衔接起来。

（2）知识迁移——将和弦连接运用到实际的合唱教学中。

（3）培养学生合作学习的能力。

（4）进一步体验合唱发声的技巧。

环节三：学习新授

教师活动3

（1）完整聆听歌曲

①发现老师演唱的旋律在歌曲中的位置。

②老师范唱歌谱，学生观察歌曲的乐句特点。

（2）分声部学习歌曲。

①出示一声部歌谱，学生自主识读。

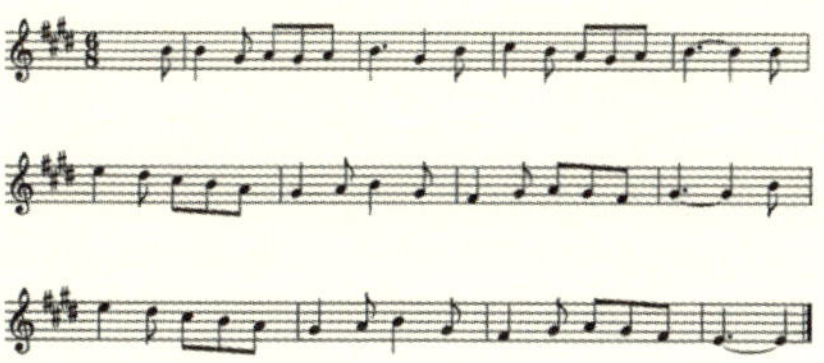

学生活动3

（1）安静聆听，认真思考老师提出的问题。

①能够准确地为歌曲划分乐句；能够准确表达出老师创编的旋律是歌曲的1、3乐句。

②能够准确听出第3乐句是第2乐句的变化重复，两乐句只有尾音不同，其他音完全相同。第2乐句尾音结束在mi上，是半终止；第3乐句尾音结束在do上，是完全终止。

③在演唱歌谱的过程中，用左手安静地点着稳定拍，右手指着谱例。

（2）在与老师、同学合作演唱二声部时，做到“静、轻、听、合”，互相配合。

（3）自我评价：准确视唱歌曲的旋律。

②集体演唱一声部歌谱，准确运用换气记号。

③师生合作，学生唱一声部，教师加二声部。

④出示二声部歌谱，教师弹奏两个声部的旋律，学生观察两声部间的特点。

⑤学生自主识读二声部的歌谱。

⑥集体演唱二声部歌谱。

⑦将学生划分两个声部，合唱歌谱。

活动意图说明

（1）分声部学习歌曲《晚风》的歌谱，提高学生认谱、唱谱的能力。
（2）感受三度音程的饱满与和谐。
（3）进一步提升学生自主学习、合作学习的能力。
（4）学会运用合唱的发声技巧。

环节四：合作探究

教师活动4

（1）欣赏傍晚风景图片，学生以小组为单位，探究歌曲的力度、速度、音色，并加歌词小组内进行表现。

（2）小组展示。

（3）加歌词二声部合唱。

（4）跟钢琴伴奏，讲解$\frac{6}{8}$拍的定义及强弱规律。

学生活动4

（1）积极地参与到小组的探究活动中。

（2）在生生配合演唱两声部歌谱时，注意互相听，听自己的声音，听自己声部的声音、听另一声部的声音，将自己的声音与集体的声音融合起来。

（3）在演唱歌词时，把嘴张开，咬字清晰，发声位置与集体保持统一。

（4）听老师弹奏的钢琴伴奏，体会$\frac{6}{8}$拍的强弱规律。

（5）知道弱起拍是整小节的第6拍，能够准确接唱老师的钢琴伴奏。

（6）自我评价：能够与同学合作进行二声部的演唱。

活动意图说明

（1）培养学生的唱歌能力，引导学生学会自主学习、合作学习、探究学习，在表现音乐的同时享受音乐。

（2）在唱会歌、唱好歌的基础上，让学生学会唱歌的方法（“静、轻、听、合”）。

环节五：知识拓展

教师活动5

（1）聆听经典的俄罗斯歌曲《夜莺》。

（2）欣赏夜莺图片。

（3）布置作业。

学生活动5

（1）发挥想象，猜一猜歌曲唱的是什么。

（2）了解夜莺的叫声、习性。

活动意图说明

了解俄罗斯歌曲的风格与特点，理解音乐文化的多样性。

7. 板书设计

《晚风》

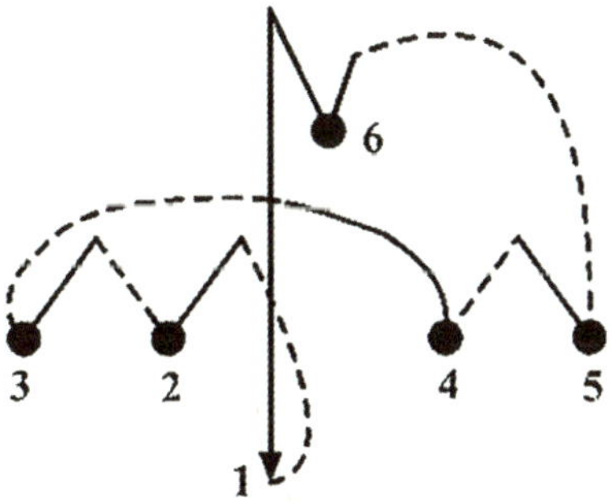

8. 作业与拓展学习设计

《晚风》是一首富有田园风格的歌曲。歌曲以“晚风”为题材，生动地描绘了大自然的美丽景象。请你动一动画笔，将歌曲所描绘的景象记录下来。

9. 特色学习资源分析、技术手段应用说明

（1）课题引领。

2017年开始，参与学区五线谱识读与中年级合唱教学的相关研究，在这节相同主题的研究课中，将五线谱与高年级合唱教学的内容融入其中，真正做到课题服务学生、课题辅助教学。

（2）注重对学生演唱习惯的培养。

结合多年带合唱团的经验，总结出“静、轻、听、合”的和声演唱方法，在教会学生学习方法的同时，培养合作学习的能力，注重课堂教学的实际效果，帮助学生开发好的声音，引导学生表现音乐的同时享受音乐。

（3）和弦连接的巧妙运用。

将和弦连接的练习运用到合唱教学中，纵向的分解和弦演唱练习+横向的柱式

和弦连接的练习，使学生了解合唱的创作原理，并能够为旋律编配和弦。从和声的感知到和声的学习再到和声的运用，辅助学生学习合唱作品，感知和声的声音色彩。

10. 教学反思与改进

（1）优点。

注重培养学生的学习能力——学会学习。

关注学生的学习，给学生充分的机会。

（2）不足。

表扬学生要有针对性。

获奖论文

多元表征视角下“百分数的认识”教学研究

崔晓航

【摘　要】百分数是小学阶段重要的数学概念，对于抽象程度较高的数学概念，多元表征是学习过程必不可少的手段和策略。根据百分数概念的多层含义，以及数学概念表征的理论分析，适合百分数的认识教学的概念表征方式有言语表征、图表表征、符号表征和情境表征。在实际教学中，利用情境表征引入百分数概念，开发多元表征感知百分数意义，对比多元表征揭示百分数概念本质属性，整合多元表征在转译中巩固百分数概念，达到对百分数概念的深入理解。

【关键词】多元表征；百分数概念表征；百分数教学

百分数是小学数学教学中的重要内容。纵向梳理北师大版小学《数学》“数的认识”领域内容可以发现，教材将百分数的学习安排在整数、小数，特别是分数的意义和应用后进行，这样的安排凸显了百分数、分数和比等数学知识的内在联系，充分考虑了学生的认知水平对概念理解的影响，也反应出百分数是小学阶段抽象程度较高的数学概念。数学概念的抽象性决定了多元表征是数学学习过程必不可少的手段和策略。如果能够多元表征百分数概念，建立概念表征系统，引导学生给各种表征方式建立联系的同时打通概念的逻辑关系，促使学生用已有的认知图式主动建构概念，实现让学生更加明晰概念本质的目的。所以，理解百分数概念的一种有效方式就是多元表征概念，表征方式越多，学生对概念的理解也会随着视角增多而越发深刻。因此，从多元表征视角下探索“百分数的认识”的教学策略，具有不容忽视的实践价值。

一、百分数概念的多元表征形式

（一）百分数概念含义的多样性

百分数表示“一个数是另一个数的百分之几”，体现了两个数的关系。根据Parker和Leinhardt（1995）对百分数的内涵界定，百分数至少有五个方面的含义：①作为数，可以与分数、小数互化。②作为比，本质是同类量之比，而且同类量的度量选择同一度量单位。③作为比率，是另一种比的形式，其指不同类型量之比。

④作为统计量，即用于表示某一特定数量相对于另一数量的相对大小。⑤作为一个算子，反映了自变量和因变量之间的一个函数关系。百分数以数字和符号的结合来表示，在不同的情境下也有着完全不同的含义。百分数概念的多元性决定百分数表征方式的多元性和认知活动的复杂性，教学应当帮助学生从多角度理解百分数，并且多种表征形式要互补和整合。

（二）数学概念的多元表征形式

无论是数学学习对象的外在表现形式还是内在本质属性都需借助表征以便呈现记录、交流表达、理解记忆。表征作为名词是指信息在头脑中的呈现方式。表征作为动词是指用一种形式（物理的或心理的），将一种事、物、想法或知识重新表现出来，并给“表征”世界和“被表征”世界的元素之间建立一对应的关系。表征既是概念在头脑中的替代形式，也是习得概念的一种方法和工具，因此，表征有两大功能：沟通工具和思维的材料。多元表征指数学概念或数学问题，通过心像码的建构过程，对信息进行编码和形成多种转译，从而形成对信息的多元化表征。也就是在表征概念的过程中获得概念的多元表征方式，实现对概念多层多面含义的互通，深入全面理解概念。在这个过程中，通过增加概念表征方式的数量，实现对概念认知“质”上的飞跃。

布鲁纳认为个体在成长的过程中以线性方式经历了三个表征阶段：动作表征，图像表征，符号表征。莱什（Lesh）将布鲁纳的理论修正为平面网状式的互动发展，提出数学学习的五种表征：实际情境、图像、操作、口语符号和书写符号，强调各种表征之内和表征之间的转换，这对概念理解和问题解决有重要作用。因此在教学环节的设计上要引导学生在不同表征方式之间进行转换和转译。

还有学者基于表征符号的本质差异，将表征分为：叙述性表征和描述性表征两大类。叙述性表征是通过言语对被表征对象进行抽象的描述。如口语、文本、数学公式、和逻辑表示等。描述性表征其本质为直观模型，通过图示元素对被表征的对象进行形象的描绘。如实物模型、图形、图表、图像等。这一类表征描绘了具体的、形象的、直觉的意义。

两类表征方式各有侧重，在教学设计中应该都有涉及，才能达到两类表征之间相互参照，促进学生思维的全面发展。

基于以上分析，百分数概念的表征形式应该包括言语表征、图表表征、符号表征和情境表征，四种不同的概念表征形式共同渗透于百分数教学过程，达到内部表征和外部表征的双向互动，真正从本质上建构起新的知识。

二、多元表征下百分数的认识教学设计

（一）学生多元表征概念情况

在进行百分数教学前，笔者对任教的2个班级共计80人进行学情调研。前测问题出示一个羽绒服的成分标，请学生结合图片信息解释“填充物2：灰鸭绒（含绒量80%）”中80%的含义。75%的同学能够借助分数学习和日常生活经验对“80%”的含义正确解释。但是均采用的是文字表征，虽然显得严谨规范，但表征方式非常单一，缺少形象直观的表征和个性化的表征方式。这样的结果也反应出从多元表征的视角出发进行百分数概念教学的必要性。从学情出发，提供丰富的感知材料，可以丰富学生的表征系统。

（二）教学设计思路

围绕百分数表示两个数的关系这个核心，运用图形、图表、语言、符号、情境等表征方式帮助学生理解百分数概念的本质属性，进行概念的探究，从辨析与对比中发现各种表征方式的之间的相通点，进而理解概念的本质。情境表征和图形表征是思维操作的素材，语言表征是思维交流的工具，符号表征是思维提升的结果。为此设计如下教学流程。

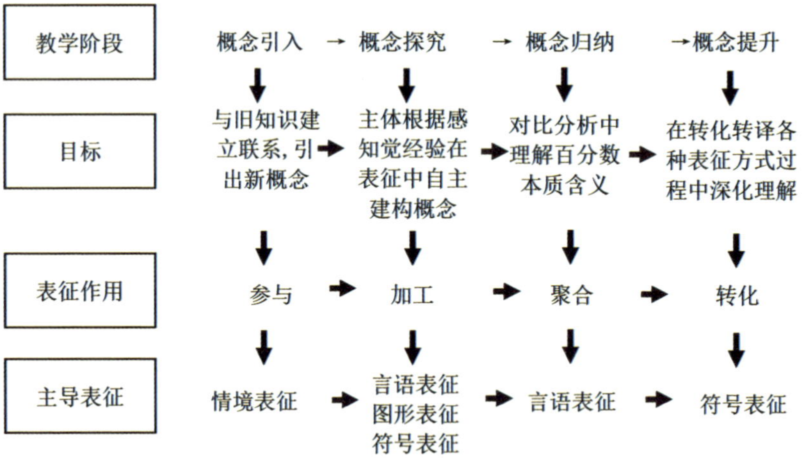

百分数认识教学流程图

1. 利用情境表征，引入百分数概念

情境经验表征观的研究者认为，有情境做依托，个体在描述抽象概念时会获得更多与情境或内省有关的信息帮助表征概念。百分数是过程性概念，它本质上不是

一个自然概念，而是源于现实世界。为此，本节课创设老师和两位同学比投篮水平的生活情境，播放一段炫酷的师生投篮视频营造氛围激发学习兴趣。随后，仅出示投中数据，让学生产生认知冲突，自然而然的从1个量的比较过度到2个量，进而为理解百分数是表示两个量之间的关系埋下伏笔。根据学生需求，补充投篮总数条件，让学生自主尝试解决问题，交流汇报，分析各种方法的合理性，在对比分数方法和百分数方法的过程中，很自然为百分数与分数建立联系，体会百分数产生的必要性，引入百分数概念。

2.开发多元表征，感知百分数意义

小学生处于具体形象思维占优势，向抽象逻辑思维形式的方向发展的时期，以建构性思维为主，他们对于概念的理解和掌握要经历归纳、抽象、概括的过程。这个环节主要运用三种表征方式帮助学生积累感性认识，为理性认识概念做铺垫。

第一种言语表征，语言描述百分数表示的两个量以及它们之间的关系，通过前测可知这是学生惯用并且擅长使用表征方式。此外，还可以举例假设，如每投多少可以中多少。

第二种是图表表征。由于百分数概念比较抽象，在教学中最基本的搭建脚手架的方法是具体化，为此教师设计了“我心中的90%”任务（如图2），由浅及深提供表征材料，降低表征的难度，引导学生用直观的图形表征的方式表征百分数概念，并鼓励个性化的表征方式。

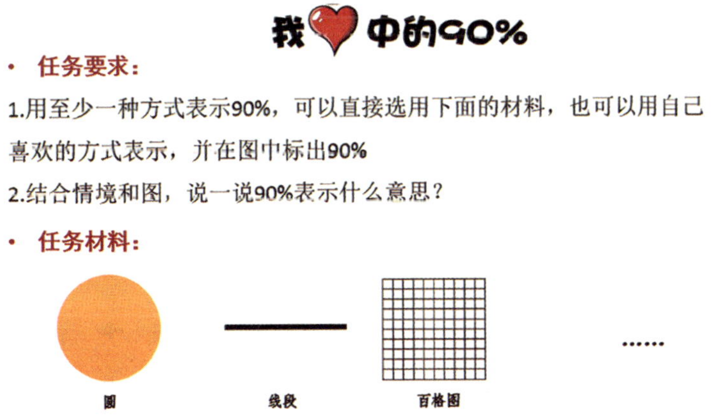

“我心中的90%”任务

第三种是借助符号表征。在“我心中的90%”活动中不仅要动手操作材料，还要标出“90%”，意在为图形表征和符号表征建立联系；同时，引导学生发现“投

中数 ÷ 投篮总数”这个除法算式表示的是投中个数是投篮总数的几分之几或者百分之几，也是在解释百分数的含义。

3.对比多元表征，揭示百分数概念本质属性

学生概念形成是一个连续的心理过程，有许多研究认为，影响概念形成的主要因素是激发认知冲突。在图形表征中，可以用圆形、百格图、线段，也可以自己创作连续的或离散的图进行表示，将这些学生认可的表示方式汇总展示在黑板上，并提问：你们表示形式不一样，为什么表示的都是90%啊？在对比这些表征方式的过程中，学生会发现虽然有的用面积模型，有的用线段模型，有的用格子的数量，还有用到计数器上的珠子；图形有大有小，有长有短，图形数量有多有少；或是10份里的9份，或是100个格子中的90个……都是表示部分占整体的90%这种关系。表征方式虽然不一样，但是这种关系是不变的，而百分数正是刻画这种关系，抽象概括出百分数概念的本质属性。

4.整合多元表征，在转译中巩固百分数概念

有了前面的表征经验，学生认识百分数的视角被打开，他们也有意识寻找各种表征方式之间的联系，尝试在百分数不同的表征方式中自由转译，此阶段表征方式是沟通工具，在整合这些方式的过程中打通概念的逻辑关系，深入理解概念。

从课堂效果来看，学生能够在本节课最后自主概括出百分数的含义，数学书课后习题正确率97.2%，反映出学生对百分数的含义有了较深入的理解。在后面的学习中，有78%的学生能够有意识主动运用算式、图、表、举反例等方式解释分数、小数、百分数互化问题，可见本节课在学习培养学生多元表征概念的学习意识方面取得效果。

基于以上分析，对于抽象程度较高的数学概念教学中科学运用多元表征十分必要，既可以引导学生实现对数学概念本质特征的全面且深入的理解，还可满足学生个性化学习需求，为学生提供理解数学概念的一种有效方式，树立多元的学习观，提升学生的问题解决能力和数学学习能力。

小学高段英语线上教学的问题与策略

李春璇

【摘　要】相比线下面对面授课，线上教学有一定的问题和不足，如学生时间管理意识不强，在家学习，老师无法有力监督，家长负担大也无暇顾及，而学生欠缺自主学习能力，导致学生网上学习效率低。老师也面临批改反馈作业困难的情况。针对这些问题，教师积极提出解决策略，以提升小学生的自主学习能力、英语水平和线上整体的英语教学质效。

【关键词】小学英语；线上教学；问题与策略

新冠肺炎疫情爆发以来，全国各地广大师生纷纷响应国家教育部的政策，利用互联网技术展开线上教学。随着新型教学方式的实施，老师们和学生们面临的问题也随之而来。

一、线上教学存在的问题

在线上学习初期就要求小学生快速进入学习状态存在一定的难度，而且为了完成英语教学任务而让学生高输入量低质量地完成英语学习是不可取的。教师根据亲身线上教学实际情况，找出了线上教学中主要存在的三点问题。

1.小学生学习自主性差，时间管理能力低

这次疫情下的在线教学，反映出最大的问题是学生自主学习能力缺失，尤其是小学生的自我监控和自我驱动力的不足。部分小学生的网课效率低，在家学习时间分配和利用情况不理想，易走神，学生看电视、网上聊天、玩游戏、看视频等娱乐活动过多。网课时间越长，不仅是学生，就连家长们在心理上和生理上都达到了一种疲惫的状态。影响学生时间管理的因素主要是：小学生受自身身心发展水平的制约、对时间管理懂的知识方法关注不够；教师对学生时间管理重要性认识没有转化为具体的教学行为；家长的学历水平、工作类型、学生的家庭氛围、家庭教养主体对学生实践管理的表现；电视和互联网娱乐的发展对学生实践管理亦有一定影响。

2.教师批改作业效率低

由于与学生无法面对面相互交流，空间相隔，时间也会出现与其他学科交错，回复延迟等受限制因素。同时，因学生的网课效率较低导致错误层出不穷，因此批改作业对于教师而言具有很大的压力和重担。

3.家长易出现焦虑情绪，对辅导学生有困难

随着家长复工，很多家长没有精力或者没有能力帮助学生辅导英语。家长在工作和生活的双重压力下，对学生长时间在家的学习产生焦虑情绪。而小学生仍处于需要监督的状态，如观看网课、下载文件、上传作业等都需要家长的辅助。而年级越高学业压力越大，家长越容易产生焦虑情绪。

二、解决线上学习中存在问题的策略

在小学英语线上教学中，针对存在的问题就需要有解决的对策，要想小学生在家学习期间能有实质性的提升，教师就需要在线上教学中不断与时俱进，创新教学方式，对学生的学习和能力的培养都推进。

1.营造良好的学习氛围，促进自主学习能力的培养

线上教学，没有教师直接连续的关注，没有同伴的行为参照，学生主要跟电脑电视打交道，需要学习任务驱动。所以要重新定位，重构逻辑，转换动力。例如开展小组合作学习的形式，贯彻学生为主体的中心思想，突出学生在学习过程中主体地位。建立学习小组群，此群可以进行晨读晚读活动，学生在老师的引导下进行朗读，开展分角色对话以及访谈等形式的互动学习，此过程中，多鼓励学生，并不断提升学生对于小组互动的积极性。设置轮流主持人，引导每一个学生积极参与英语实践活动。通过引导培养学生的大脑思维、组织能力以及英语的听说读写能力，使学生对英语充满兴趣。实践教学过程中，开展小组合作探究学习的模式，不但可以充分发挥学生的自我学习英语的意识，还能不断激发出学生的自我学习能力。同学们在分组互动的过程中，通过教师的引导，形成了互动学习的自主能力，使学生们意识到团队协作的魅力，不断激发学生对于英语互动交流的兴趣，进一步拉近学生间、师生间的距离。

2.巧妙利用信息技术手段，针对性地进行指导

在线上教学过程中，老师们对于如何高效批改反馈作业产生了苦恼。以我校高年级教研组为例，通过一系列教研活动，商讨调整教学模式，有效提高学生的正确率，让学生更清晰，让家长更省心。最实用的操作是使用微信小程序进行作业和学习单的收集和批改，之后通过批阅把学生学习单中的易错点和核心问题做个幻灯片，录制一个几分钟的小视频，图文并茂，让学生听一听自己老师的声音，学生更有亲切感并喜爱观看。比起文字一遍遍解释或者直接发答案，更容易吸引学生，是多方受益的举措。对于普通一线老师，很多人都习惯线下教学模式，录屏授课是一项不小的挑战。简单好操作的演讲实录，非常便于老师针对学生共性的错误进行标注，同时也可简要地列出一个提纲，强调和拓展一些学生感兴趣的内容。其次，制定学生学习过程性记录单，边记录，边看问题，有利于多班教学的英语教师能够更清晰地掌握各个班级学生的情况。

3.家校共育合力促成长

苏霍姆林斯基曾说："教育的效果取决于学校和家庭教育的一致性。如果没有这种一致性，那么学校的教学和教育过程就像纸做的房子一样倒塌下来。"停课不停学期间，不少家长产生了焦虑心理，还有一些会出现对网上学习的不满情绪。在老师的角度，需要要对此重视起来。理解家长的需求，广纳建议。必要时需要作为家长的心理疏导助手。要与家长站在同一立场，协同合作教育学生。而教育合力的形成，究其根本，交流是关键。在家庭教育与学校教育的对接与融合过程中，家长与教师都需要拿出十足的诚意，坦诚相待，在交流中磨合，在沟通中包容，最终达成一致，进而以此为基础和前提，真正地形成"交流达成共识，共识催生合力，合力助推成长"的家校合作链。疫情期间，本人非常注重线上家长会和答疑会，并定期主动与家长利用互联网或电话保持联络。以保障学生在家学习的平稳有序进展。唯有保持家校关系、家家关系的友好和谐、稳定互助，才能够使家校共育的诸多举措得以落地生根。如果学校和家庭就某个问题不能达成一致的观点及态度，而给予学生不同的价值影响，势必会形成家庭教育与学校教育的力量对冲，直接导致教育效果大打折扣，为学生教育埋下不稳定的因素。

三、结语

小学高段英语线上教学过程中，想要提高学生学习效率，英语任课教师需要不断创新教学的方式方法，努力探究如何营造出良好的英语课堂教学氛围，通过不断的鼓励与激励逐步培养起小学生对英语课程学习的兴趣，不断引导和提升学生自主学习能力，与家长统一战线，共同促进学生的成长。本文基于笔者实践教学经验，对小学高段英语线上教学的问题和策略进行了上述探析，旨在能为同行在实践教学环节中提供一些参考与建议。

创建民主与自主管理的班集体

——带班育人方略

刘学敏

一、班级文化建设

回顾四年来的班主任工作，我总结了两个关键词。“民主”“自主”。我们班的班级文化建设都是围绕着这两个词来展开的。班级管理民主化是顺应时代要求的明智之举。只有坚持以民主为手段，始终贯彻民主思想，把班级还给学生，实现学生自主管理，让学生在自我管理的过程中做到自我服务、自我评估、自我教育才能真正做到师生平等，创建和谐的师生关系，实现良性互动，努力追求班级管理的自主化、人性化，班级管理才能走向规范化、科学化。我认为，一个好的班集体，要坚持以民主为手段，放手让学生自主管理，让他们成为班集体的小主人，进行自主教育。

（一）班级精神

班级精神是班级文化的核心。班级精神的核心是集体价值观，正确的集体价值观对于班级整体发展和学生个体健康成长有着极其重要的作用。本班学生38人，其中男生19人，女生19人。学生聪明，活泼，有求知欲，有个性。通过五年的相处，学生之间有一定的集体意识，积极向上。

基于本班的情况，学生对班级的期待，充分发挥学生的主体作用，我们班通过班会课上的讨论、交流，课下与学生及家长的访谈，一致认为班级团体对学生个体的影响力是巨大的，所以要构建团结友爱，积极向上的班集体。从而，共同确定本班的班级精神。

班级精神：勤奋、好学、团结、友爱。

（二）标识文化

1.班名：小蜜蜂班。

学生们就像小蜜蜂一样在温暖的集体中，团结一致、积极进取，收获满满的知识与甜甜的友谊。

2. 班训：勤奋、好学、团结、友爱。

3. 班级目标：学会专注 学会倾听 学会等待 学会分享。

4. 班徽：飞行的小蜜蜂代表学生。手中的书本代表学生们勤奋好学，在知识的天空中追求真理。小水桶代表学生热爱劳动，举起的大拇哥代表1班勇争第一、积极向上的精神。背后的蜂巢代表1班是团结友爱的大家庭。

（三）空间文化

空间文化建设愿景：努力创造一个健康愉悦的学习氛围

1. 物理环境

（1）教室环境布置内容。

设置的板块：“信息角”“荣誉角”“班级公约”“图书角”“后墙板报”“作品展”等。

（2）教室环境布置方式。

学生是教室的主人，也是教室环境布置的主人。教室环境布置是为班级文化建设服务的，围绕班级精神而展开。教室环境布置的过程正是教育的过程。

2. 虚拟环境

（1）微信群。

自我带班伊始就建立了班级微信群。平日里，我除了在班级群里发学校的通知外，我还经常发一些学生在学校活动的照片。我也经常在群里分享一些教育相关的文章，与家长进行交流。班级微信群解决了学校与家庭在传统交流方式上的局限性，拉近了我与家长之间的距离，很好的促进了我与家长关于亲子经验方面的交流，塑造了新型师生关系。

（2）微信公众号。

自一年级开始建立班级微信公众号。我与家委会的家长共同管理，对班级开展的各项活动进行及时播报，展示学生们的风采。

（四）组织文化

每学年在班内进行班干部选举。整个选举是严格按照要求，本着公平公正的原则进行选举的。为了提高服务意识，提供展示机会，激发学生的积极性，锻炼综合能力。班干部的任职期限为一年，目的是给更多孩子为同学服务的机会，也希望其他同学能够得到能力的锻炼。班主任会定期召开小干部会议进行班干部培训，对班干部的工作给予指导。班干部自从承担工作以来，越来越成熟，成为了老师的得力小助手，树立了榜样，希望其他同学们向他们学习默默奉献的精神，争取下学期获得为班级服务的机会。相信在老师的指导帮助下，在家长的支持和鼓励下会做得越来越好。

（五）制度文化

1.制定班级公约

围绕学校及班级的育人目标我们在班会上从早读、上课、课间、午饭、卫生、路队这六个方面进行了总结。通过班会课上分组讨论再全班分享的形式深化了规则意识，制定了班级公约，让学生自己制定规则也是为了更好的落实规则。

2.评价方式

著名教育家陶行知先生说：“最好的教育是教学生自己做自己的先生。”一个好的班集体，要有学生的自主管理，形成一个真正的班集体，放手让学生自主管理，进行自主教育，让他们成为班集体的小主人。作为一个班主任应该如何在班级管理中培养学生的自主能力呢？在班级管理中创设“班级积分银行”，发给学生每人一个积分存折，通过存积分来兑换奖品，创新管理模式，会方便管理，有利于建设特色班级。

班级积分银行通过班级公约的六大方面考核同学，每个学生可根据自己的表现能力，通过各行长的监督和统计进行存款。如果有学生违反班级公约，会酌情扣除积分。具体的细则有学生们共同制定的。各大行长根据班级商讨出来积分银行积分细则每日登记，每周五统计，第二周周一进行积分发放，专人将积分登记在存折，有些项目因比较发放积分繁琐，特此引入评比表代替一些积分，以便发放积分能及时有效。

为了给每一位学生以平等的锻炼机会，鼓励学生主动参与班级事务，班级积分银行引入“周工资制度”，每一个学生可以根据自己的能力兴趣，主动申请担任班级的职务或者成为教室角落管理的负责人。由积分银行财务部长每周考核每一位同学的工作完成情况，每周五统计并制定“工资表”，经积分银行审核下周一即可存入各位学生的账户。

班级定时上演“积分换奖大会”。一场大会下来，有些同学满载而归，而有些同学却因为自己的分少毫无所获。我知道教育的机会来了，第一次换奖结束后，我以“如何才能获得高积分”为题召开了一次班会，以此激励学生在学校各项活动中遵守规则，积极为班级做好事，这样才能赚取更多的积分，“有付出才会有收获”。最后，鼓励学生根据自己的特点申报职务，用为他人服务的方式换取积分。

3.评价成果

在班级中推行“积分银行”，实行班级学生自主管理，使学生从被管理者成为了管理者，有了主人翁意识，“为集体争光”蔚然成风。人人自信“管理班级我最棒!”形成了乐于自主管理，善于自主管理的浓厚氛围。

班级在学校的常规评比中也获得了一些奖状与荣誉。如：“金穗班集体”“金穗明星班”“最优板报”“最洁净教室”。

（六）班级活动

1.常规活动

每周五召开班会。一是解决班级内出现的问题，进行班级建设教育，二是对学生进行德育方面的教育。

2.主题系列活动

根据年级的德育课程，在班级内开展了相关活动。

一年级：我与植物共生长。

二年级：课余生活巧安排。

三年级：健康总动员。

四年级：美好生活 责任担当——绿色生活我先行。

3.个性活动

自一年级建立家委会至今，家委会为班级设计并组织了丰富的班级活动共计20次。家委会组织爱心家长进入教室，为学生们带来了“家长进课堂”新鲜的课堂。除此之外，家委会还在校外利用课余时间开展了多次活动。“国学开笔礼”活动，“闲置物品交易会”活动，“我的披萨我做主”活动，“世界地球日 奥森环湖3公里健康跑”活动，“小脚丫畅游故宫”活动，“志愿者家庭护环境、我劳动我光荣”生态文明实践活动等等。

（七）人际关系

1.融洽的师生关系

平日里，在课上我是学生们的老师，在课下我更像是学生们的朋友。我与学生们相互尊重，互帮互助，让我与学生的关系十分融洽，也让我受到了学生们的喜爱。

2.友爱的生生关系

在班级里，学生们更像是兄弟姐妹。经过三年的相处，学生们团结友爱，互相帮助，相互鼓励，感情愈加深厚。

3.和谐的家校关系

家长对自己工作的支持就是班级管理教育工作最大的成功。我及时、有效地与家长们沟通，向家长介绍了孩子的学校情况、学校对孩子的行为要求，对家长进行了教育观念和辅导孩子的交流，认真疏导，细致说理，耐心地同家长分析了教育孩子的策略和方法，共同探讨教育的有效方法，取得了家长的积极配合，实效明显，也赢得了家长的信任、支持和配合。

二、教育成效

班级除了在学校的常规评比中获得了一些奖状与荣誉外，班级在学校开展的活动中也取得了许多荣誉。三年级下学期，我校开展了班级合唱展演活动。经过一个月的辛苦排练，功夫不负有心人，在合唱比赛中，学生们表现出色，在舞台上展现出了最佳的风采，获得“农科好声音”这个奖项。春季运动会获得“团体总分第三名”和“迎面接力第一名”的奖项。这些活动，让孩子们收获了许多。一方面孩子们的集体荣誉感得到了提升；另一方面，孩子们也深刻懂得了“一分耕耘，一分收获”在现实生活中的真正意义。

五年级，班级被评为北京市和海淀区先进集体。在今后的学习生活中，六（1）班的学生们会志存高远、脚踏实地，争取更大的进步。

三、自我评价反思

我收获了很多的同时也看到了自己在很多方面的不足。这些不足有待于在今后的工作中不断加强学习，及时改进。特别是管理学生的经验、面对家长时的沟通技巧，解决班级问题的应变能力等。在今后的工作中，我会不断的学习探索，多向有经验的老师学习，在管理学生和提高教育教学水平上用心发现好的方法，争取取得更大的进步。希望在未来的日子里，我可以带领孩子们像小蜜蜂一样，茁壮成长，收获满满的知识与甜甜的友谊！

合唱教学在小学高年级音乐课堂中的实际应用

刘满新

【摘　要】在中华人民共和国教育部制定的义务教育音乐课程标准（2011年版）①中，对小学3—6年级的课程目标要求增加合唱教学的分量，在本学段5—6年级部分学生进入变声期，应渗透变声期嗓音保护知识。在小学高年级合唱教学中，音准是基础，和谐是精髓，在和谐的基础上，抒发音乐想表达的情感是灵魂。

【关键词】音准训练；声音观念；抒发情感

人音版五年级音乐教材中，合唱作品的比重明显提升，这些作品的和声使用规范、效果明显。上册教材中的作品突出三度间同向进行，下册教材则增加了难度，在作品的体裁、调式、和声等方面做了相应的调整。

在小学高年级音乐课中开展合唱教学，将美育普及到每一名学生，引导学生追求美的体验，对提高学生的音乐素养，培养学生合作学习的能力有着显著的效能。在对教学不断的总结与反思中，我对“如何建立正确的合唱理念，如何树立正确的声音观念，如何用美的歌声与情感表现”进行一些探索。

一、建立正确的合唱理念

（一）重视音准和认谱唱谱

我对中央少年广播合唱团常任指挥孟大鹏老师讲的刻槽理论深有感触——音准就是“反复、正确、练”的过程。在我的音乐常态课中，始终要求自己要把教唱歌曲的即兴伴奏弹好，这是我在课堂上“无声”的语言。在一天4～6节音乐课的情况下，即兴伴奏可以帮助我组织、调节学生的课堂状态。每节课我都会用优美的琴声带着学生把之前学过的内容复习一遍，在培养学生音准的同时引导学生享受音乐的美妙。

① 义务教育音乐课程标准：2011年版/中华人民共和国教育部制定.—北京：北京师范大学出版社，2012.1（2014.6重印）：11-12

小学的音乐课程标准要求首调教学，在五年级的作品中调式拓展到三升三降，在解决认谱唱谱的问题上，我也做了深刻的思考。

1.第一步，确认调性

曾经听过多名音乐老师讲合唱教学的公开课，老师在提问关于作品的调性问题时，总是个别学生举手回答，甚至老师帮着学生说出了答案。最初我的学生也是这样，因为他们并不理解老师提问的调性是什么意思。因此，在我的常态课中加入了五度相生律的内容，学生学会基本确认调性的方法后，再通过观察与总结，提炼出更加简单易行的确认调性方法。

2.第二步，确认主音

在确定好调式后，找到主音dol、mi、sol的线间位置，再找到所学内容中最高音、最低音或者最常用音的线间位置。给学生一些时间快速将这些线间位置记住，再遇到其他线间位置的音，通过上下移动的方法，可以快速确认唱名。

（二）追求声音的和谐统一

每学年初，迎接新的教学班级时都是非常痛苦的，学生唱歌容易喊唱，集体唱歌很乱，课堂常规难以把控。声音的和谐主要由三个因素来决定：音高的准确性、发声位置的统一，声部之间的平衡。因此我总结出以下内容：

1.演唱

静：安静。在小学高年级音乐常态课教学中，想要得到好听的声音，把控好课堂常规是关键，只有学生安静下来、周围的一切事物安静下来，心才会静，才会用心去唱歌。在我的音乐课上，通常会让学生把桌面上所有与音乐课无关的东西收起来，身体坐正，后背挺直，双手放在桌子上，不给学生走神的机会。

轻：轻声唱。这里的轻声唱不是小声唱的意思，而是发声位置要统一，这样集体发出来的声音才会好听。通常我会带学生做一些口腔练习，通过a ei i o u口型的变化感受发声位置的改变。然后再加上字头，ma mei mi mo mu等一些小方法来解决发声位置的问题。

听：互相听。在唱歌时，首先要听自己的声音，然后学会听自己声部的声音，再听其他声部的声音，如果有琴或者伴奏的情况下，还要听伴奏的声音。

合：互相融合。将自己的声音与自己声部的声音、其他声部的声音、伴奏的声音融合起来，这样整体的声音就会变得和谐统一，变得更加动听。

2.伴奏

小学音乐教学的内容以简单的儿童歌曲为主，除了教参中配备的音频伴奏外，最常用的伴奏是老师自己编配的钢琴即兴伴奏。当老师弹着伴奏与学生一起合唱时，伴奏的作用不是带着学生演唱，而是作为一个声部，与学生一起参与合唱。所以编配即兴伴奏在小学音乐课堂中，也是非常关键的内容。伴奏编配地高级，在适当的地方可起到推动音乐情绪的作用，使音乐作品变得动听，从而吸引学生，增强学生学习音乐的兴趣。

（1）调式、调性。

在编配即兴伴奏时，首先要确定歌曲是大调还是小调，然后根据教材谱例和学生的声音条件确定好合适的调性。小学的音乐教材中，用太阳来比喻大调，给人以宽广、明亮的感觉；用月亮来比喻小调，给人以忧郁、阴森的感觉，然而有一些小调的音乐作品表现的情感却是快乐、高兴的，比如说《让我们荡起双桨》《小螺号》等等。所以在编配即兴伴奏前，确定好调式、调性有助于更好地把握音乐的风格。

（2）和弦。

和弦的运用非常关键，和弦运用准确，伴奏会非常动听，和弦运用不准确，演唱者便无从张口，甚至会把演唱者带跑调。在小学高年级音乐教材中，合唱作品的和声多以ⅠⅣⅤ级和弦为主，两声部间的旋律多出现三度间同向进行。在编配即兴伴奏时，用好ⅠⅣⅤ级和弦的原位及转位，伴奏听起来会很和谐，恰当的位置再用一些Ⅴ7和弦，听起来就会变得更加高级。

（3）伴奏织体。

在编配即兴伴奏时，用好伴奏织体也是一门学问，平时我们运用最多的伴奏织体有柱式和弦、半分解和弦、分解和弦三种，织体运用太少，伴奏听起来很单薄，运用过多，又显得喧宾夺主。根据小学音乐教学内容的特点，在编配即兴伴奏时用1–2种伴奏织体即可。比如简单的一段体儿歌，根据音乐风格用一种柱式和弦或分解和弦即可；三拍子或圆舞曲体裁的作品多用半分解和弦可以很好地表现音乐风格；二段体音乐可以用柱式和弦与分解和弦相配合，可以使歌曲的乐段划分清晰，很好地抒发音乐所表达的情感。

（4）踏板的运用。

用即兴伴奏与学生一起合唱时，踏板运用过多，共鸣声音大，听觉效果不好，踏板运用少，显得声音很干，听觉效果还是不好。用柱式和弦伴奏时，在换和弦的位置或者重要音的位置加一点踏板，效果会很好；用半分解和弦伴奏时，左手低音的音后踏板配合起来会非常完美；用分解和弦伴奏时，尤其是用琶音伴奏，在和弦内踩住踏板会很抒情。

（5）伴奏的音量。

钢琴伴奏在合唱中，就像是一个声部，音量太大，会压住学生的声音，如果学生音准条件不好的话，会起到负面的影响，甚至会让合唱变成大齐唱。所以在伴奏时音量要控制好，前奏、间奏的地方声音稍微出来一些，学生开始演唱后，要与学生的声音保持统一，适当的地方出来一些起推动作用即可。

二、树立正确的声音观念

在班级教学中，学生的音乐基础、声音条件参差不齐，在平时的常态课教学中，运用“静、轻、听、合”的和声演唱方法帮助孩子开发自然、纯真、天籁般的声音。对于声音条件不好或者没有音准的学生，教会他们把音量压低，低到只有自己能听到，既不打压孩子学习的兴趣，又可以保证整体的和声效果。

教材中的合唱作品，和声比较规范，基本是在正三和弦的基础上进行编写，所以在我的常态课中，加入了Ⅰ Ⅳ Ⅴ级和弦连接的练习。

（1）利用“静、轻、听、合”的方法演唱和弦连接，感受三度和声的和谐与美妙。

（2）为旋律编创和弦连接，学会和弦连接的使用。

（3）根据和弦连接，为旋律编创二声部。

在人音版五年级下册《让我们荡起双桨》这首已知作品的教学设计中，第一步在发声练习中，带着学生演唱小调的和弦连接；第二步在B乐段学习中，将歌曲主旋律中的主音提炼出来，学生根据唱过的和弦连接，为这些主音设计一条新的和弦连接；第三步，师生合作，学生唱自己设计的和弦连接，教师引入歌曲B乐段的主旋律，学生一听，这个旋律熟悉，很快师生合作，生唱一声部，师唱二声部，通过师生合作、生生合作，将这首歌曲的教学难点完美解决。这个教学设计的亮点是和弦连接的编创，其次是利用“静轻听合”的和声演唱方法，在教会学生学习方法的同时，培养合作学习的能力，注重课堂教学的实际效果，帮助学生开发好的声音，引导学生表现音乐的同时享受音乐。

三、用美的歌声与情感表现

音准是合唱的基础，和谐是合唱的灵魂。在和谐的基础上，我们还要更注重音乐情感的表达。很多指挥或合唱团的组织者都没有真正认识到这其中的辩证关系，因而用一些较为偏激的理论来指导合唱团的训练，单纯注意声音的美和良好声音的气息支持及发声位置，单纯追求声部的融合和力度的配合，而偏废了音乐情感表达，让学生成为发声机器。这样，声音虽很和谐，但音乐呆滞，毫无表现力，失去了合唱独有的魅力。[①]合唱泰斗马革顺先生认为主要的是从心灵中产生的歌唱。什么是美的歌声？马先生说：世上没有单纯美的歌声，美的歌声必须根据作品内容而发，如歌如怒，如泣如诉，有时呻吟，有时欢呼，有时高昂，有时低沉，甚至根据内容而发出嘶哑的声音，只有这样，才可称为最美的歌声。要想感动别人，首先自己要受感动。

音乐课是孩子们快乐的天堂，在合唱教学中渗透着音乐的美，孩子们表现音乐、享受音乐，快乐的歌唱。很多学习上的压力得到了释放，心情愉悦，变得更加智慧。纯真质朴、自然天成的天籁童声，是我们音乐教师要永远追求守候的。

① 童声合唱与指挥：金盾出版社，2019-04-01

合理运用规则在促进小学生在足球课堂上深度学习的实践性研究

刘　谱

【摘　要】足球运动是深受小学生喜爱的体育项目之一，由于项目自身的特点，其练习的方式、方法也丰富多变。本研究通过文献资料法、问卷调查法、实验法、对比分析法、数理统计法等方法对合理的运用规则促进小学生在足球课堂上深度学习进行深入研究。研究表明，合理的运用规则能够使学生在认知、情感、技能等方面有更明显的进步，有效的促进了学生的深度学习。最后本研究也在完善规则运用方式方法和创新深度学习方法上给出了可供参考的意见。

【关键词】深度学习；规则；小学生；足球

一、前言

（一）选题依据

2016年5月，国务院办公厅发布的《关于强化学校体育促进学生身心健康全面发展的意见》要求更深入的推进体育教学改革，在掌握运动技能和体育健康知识的同时培养兴趣、养成运动习惯。教师在具体教学中也尝试改变了单一、灌输式的传统教学模式，关注学生体育能力和意识的培养，而深度学习能够帮助解决学生在运用体育知识和技能时遇到的各种问题，也培养了学生的自学能力和合作能力。

田麦久指出分清不同体育运动项目在性质和形式上存在异同点对于发展运动训练学理论及训练实践都有着极为重要的意义。足球运动具有变化多、趣味性强、组织形式丰富等特点。克鲁伊夫说："除了射门，场上的一切都可以通过抢圈来训练。"也说明了足球教学过程中的丰富多变。但实际教学中，学生不同年龄特点、场地、人数、时间、条件限制等容易被教师忽略，未能合理利用规则，目的性不明确，进而影响训练效果。因此本研究将根据足球运动的特点，对规则的合理运用影响小学生在足球课堂深度学习的因素进行深入研究探讨。

（二）研究目的

通过对《课程标准》以及与小学足球课堂相关练习方式方法的研究，进一步揭示影响小学体育课程中影响学生进行深度学习的规则因素。

对影响小学生足球课堂规则因素深入研究，以期能够设计出引导小学生在足球课堂上进行深度学习的方式方法，以促进学生更全面的发展。

（三）研究意义

1. 理论意义

结合新课标的要求，通过对小学足球课堂上规则运用方式、方法的进一步提炼、改善，实践了影响学生进行深度学习的因素，有助于进一步丰富新的课改过程中促进学生全面发展的教学理论体系，也为今后的相关研究提供新的思路和理论依据。

2. 实践意义

本研究对影响小学生在足球课堂上进行深度学习的规则因素进行深入的探讨和实践，以期促进小学生身心健康、体育健康知识和运动技能几方面的发展，借此也为小学体育课程中全面育人目标提出优化策略和建议并提供实践指导。

（四）研究假设

通过对时间、场地、人数、条件限制等规则的合理运用可以有效的促进小学生在足球课堂上进行深度的学习，进而在体育健康知识、足球运动技能、心理层面的育人效果都有所提高。

二、文献综述

王明泉在《关于小学体育课深度学习的实践研究》中指出深度学习指的是以理解学习的形式为主，并对所学进一步提炼，再与已掌握的内容结合，并在新的情境中灵活运用，提高解决效率和解决策略的学习。吴丽琪在《核心素养视域下小学体育深度学习探讨》中指出教师应以核心素养培养为出发点并严格遵循新课改要求，对传统教学方式进行调整和优化，注意引导开展深度学习，达到促进学生全面发展的目的。

因此，综上所述，深度学习是培养学生进行积极思考并灵活运用所学内容的学习活动，但过程中应遵照新课改的要求，遵循学生身心发展的规律，对传统的教学方法进一步调整、优化，以期能够达到更好的教学效果。

范凯燕在《规则意识培养从小学体育课堂抓起》中指出，教师需对规则意识具备一定的认知并掌握。是一个人应该由内而外地接受并约束自己行为的一种道德上的意识。魏发贵在《小学体育教学中体育品德素养的渗透策略探究》中指出体育规则是体育活动中必须遵守的行为准则，小学阶段是认知形成关键阶段，对于道德素养的形成甚至今后发展都有着很重要的影响。

因此根据所查阅的相关文献可以看出规则在小学体育课堂的育人作用凸显，合理运用对于小学生的认知和行为以及以后的社会适应均能产生比较深入的影响。但也发现少有对于规则具体延伸、运用以及其对于学生深度学习的研究。基于此，本研究将致力于小学足球课堂上的规则运用进行进一步的细化研究，以及其对学生深度学习的影响进行揭示。以期在我国体育课程进一步改革的理念和经验上有所借鉴。

三、研究设计与教学实验

（一）研究对象

合理运用规则对小学生在足球课堂上进行深度学习的影响。

（二）研究方法

1.文献资料法

通过在CNKI，中国优秀硕、博士论文库等平台进行检索，对小学体育课堂上规则、深度学习等相关研究进行整理，并查阅了有关体育与健康教材、新课标等书籍，这些资料为本研究提供了坚实的文献基础。

2.问卷调查法

本研究通过设计相关问卷量表来反映学生的学习效果。其中包含学生学习兴趣、知识掌握等情况。通过查阅文献和咨询相关专家来确保本调查问卷的信度。在×××小学五年级选择了119名学生进行了问卷发放和调查，结果显示96%的学生都能看懂问卷，其效度受到专家们的肯定。

3.对比分析法

测量实验班和对照班学生在实验前、后的体育健康知识、兴趣、足球运动技能等指标水平，分析比较并得出相关研究结果，为实验假设提供数据支持。

4.实验法

本研究对×××小学五年级两个班部分学生作为实验研究样本。根据学生的BMI值进行分组，将男女生的数值各自从高到低排列，通过分层抽样从中选取男、女生各16名（共计32人）作为实验班学生，在实验中采用灵活的规则运用教学。然后以同样的方法选取32名学生（男、女生各16名）作为对照班，在实验中采用传统足球课程教学。教学时间为三个月，将实验前、后测得的数据进行对比。

5.数理统计法

通过SPSS21.0软件对收集的数据进行分析，所收集数据符合正态分布，因此采用独立样本T检验和配对样本T检验等统计方法，对实验前后的数据进行整理并进行检验统计分析。

（三）实验过程

实验时间控制，每周三节足球课，课时40分钟，时长共三个月；为避免其它因素影响，实验班和对照班均为有多年教学经验的同一教师进行足球教学；对照班采用较为传统的示范、讲解、练习或分组练习。实验班则在传统的练习基础之上，根据学生的年龄、身心特点、基础以及课上内容掌握情况及时调整规则。调整方式包括练习时间长短、间歇时间长短、场地大小、人数多少、条件限制等。如：在足球“抢圈”练习中通过调整场地大小来影响练习空间大小，进而增加或减弱防守强度，若队员有所进步达到可连续传12脚以上则可通过继续缩小场地、增加防守人数、限制触球脚数、时间限制等方式增加学生练习难度，促进学生进步。还可以在课上通过组织学生商议、探讨，自行创新或适当改变练习规则，来培养学生的参与感和练习积极性。

四、研究结果

（一）实验班与对照班在实验前、后的体育健康知识比较

通过表1可知，实验班和对照班在体育健康知识维度上，实验前无显著性差异（$p>0.05$），实验后则出现了显著差异（$p<0.05$），且实验班平均得分要高于对照班，实验班学生体育健康知识的平均得分在实验后出现了明显的上升。这说明通过合理的利用规则、调整规则对于促进学生体育健康知识的增长起到了一定的作用。其知识促进效果优于传统足球体育课程。

表1　实验班与对照班在实验前、后的体育健康知识独立样本T检验

实验阶段	班级	N	M	SD	T	P
实验前	实验班	32	5.56	0.91	-0.45	0.06
	对照班	32	5.60	0.93		
试验后	实验班	32	6.97	0.61	0.36	0.03
	对照班	32	6.67	0.76		

（二）实验班与对照班在实验前、后的体育兴趣比较

由表2可知：体育兴趣通过挑战精神、探索精神、愉悦感三方面进行分析比

较。综合来看，实验前两个班的差异性并不明显（P<0.05），对照班整体得分情况要略好于实验班。但实验后两班在这三方面呈现出显著差异（P<0.05）。可以看到实验后对照班学生的均值得分在三方面均有些轻微下降，而实验班平均分值有明显的上升。且实验后的实验班学生的均值得分都高于对照班在实验前、后的均值得分情况，即实验班学生在实验后得分表现优于对照班实验前、后的任何阶段。

表2　实验班与对照班在实验前、后的体育兴趣得分比较（$\bar{X}\pm S$）

实验阶段	兴趣	实验班	对照班	T	P
实验前	挑战性	1.02±0.46	1.03±0.38	-0.76	0.89
	探索性	0.96±0.41	1.0±0.39	-0.73	0.71
	愉悦感	1.69±0.58	1.74±0.66	0.51	0.67
试验后	挑战性	1.27±0.73	0.95±0.54	1.98	0.04
	探索性	2.2±0.61	0.98±0.59	3.93	0.01
	愉悦感	2.53±0.45	1.73±0.62	2.94	0.02

（三）实验班与对照班在实验前、后原地连续脚内侧传、接球次数比较

通过对实验班与对照班学生的30秒两人原地连续脚内侧传、接球次数进行独立样本T检验，结果如表3所示。实验班和对照班学生实验前30秒两人原地脚内侧连续传、接球次数上差异并不明显（P>0.05），均值差异也不大，说明实验前两个班学生原地脚内侧传接球水平相近。但实验后两班学生的30s原地脚内侧连续传、接球次数呈现出了显著差异性（P<0.05）。虽然两个班均有所进步，但是实验班进步幅度更为明显。

表3　实验前、后的30秒两人原地脚内侧传接球次数独立样本T检验

实验阶段	班级			含义		
实验前	实验班	32	42±3.9	8.5	0.45	0.06
	对照班	32	41±5.6	8.3		
试验后	实验班	32	54±5.9	10.72	1.36	0.03
	对照班	32	48±4.9	9.89		

（四）实验班与对照班在实验前、后的20米正脚背一步一带运球用时比较

由表4可以看出实验班与对照班在实验前20米正脚背一步一带运球用时上没有显著性差异（P>0.05），但实验后两个班学生则呈现出显著性差异（P<0.05），尽管

两个班学生的运球速度都有所进步，但实验班的进步幅度更为明显。这说明合理的运用规则来激发学生深度学习的动力对于学生正脚背运球技术水平的提高具有显著效果，其促进效益高于传统足球体育课程。

表4　实验班与对照班在实验前、后的20米正脚背运球用时比较（单位s）

实验阶段	班级			含义		
实验前	实验班	32	8.31	1.03	0.47	0.07
	对照班	32	8.19	1.02		
试验后	实验班	32	6.45	0.72	1.48	0.04
	对照班	32	7.23	0.88		

五、讨论与分析

（1）通过实验班与对照班在实验前后的变化可以发现，在实验后实验班掌握体育与健康知识的程度明显强于对照班。这主要得益于通过合理的调整规则实验班学生的兴趣得到进一步激发，课堂专注力也进一步提高，进而也对相应的体育与健康知识更感兴趣，促进学生进行深度学习。

（2）通过实验班与对照班在实验前后的兴趣变化可以发现，在实验后实验班的学生在足球课堂上的挑战精神、探索精神以及练习后的愉悦感相对于对照班都有明显增强。这主要得益于通过合理的调整时间、场地大小、人数等规则使得学生练习内容的难度始终保持在一个较为合理的区间里，能够有效的激发学生的练习兴趣，有助于学生进行深度学习。

（3）通过实验班与对照班在实验前后的技能掌握情况变化可以发现相较于对照班，实验班在传球、运球方面的能力得到了更明显的增强。这主要得益于通过合理有效的规则调整能够针对不同掌握水平的学生及时调整其练习难度，有利于学生的进一步掌握，更高效的促进了学生深度学习的效果。

六、结论与建议

（一）结论

（1）通过合理有效的规则调整能够有效的促进学生体育健康知识的学习和掌握，进而更有效的帮助完成体育课程目标，使学生能够更有深度的学习相关知识。

（2）实验班学生在进行体育练习时挑战性、探索性和愉悦获得方面也明显高于传统足球课堂的教学效果。说明本课程对于提高学生对参与体育课堂的学习兴趣和动机有更为显著的作用，也更激发了学生进行深度学习的动力。

（3）通过合理有效的规则调整相较于对照班，实验班的学生在足球技能掌握上有更明显的进步。说明本课程能够更有效的促进学生进行自发练习，进而使学生更深度的理解掌握并运用相关运动技能。

（二）建议

（1）在小学足球体育课堂上从传统的教育教学方式方法上多进行进一步的提炼和改进，使体育课堂更适应新课标的要求来进一步促进学生的全面发展。

（2）进一步丰富并完善合理利用规则的方法，使其更适合小学足球课堂。把身体、心理、基础等因素结合练习内容，通过场地、时间、人数、形式等的规则变化进一步引导学生进行深入学习，提高学生学习效率。

（3）在小学体育课堂上进一步对促进学生深度学习的方法进行创新，或新旧结合，使体育课堂的发展紧跟新课标的要求，促进学生全面发展。

浅析体育教学中意志力品质的渗透

谢金珍　唐雪鹏

【摘　要】意志力的强弱对于人的一生有着非常重要的影响，为了可以使学生在以后的生活、学习乃至步入社会更加坚强，不轻易的被困难、挫折打倒，培养学生意志力是小学教育必不可少的一课。体育教学是最适合培养学生意志力品质的学科，通过不同方式，提高学生对意志品质重要性的认识，在教学中以健康知识为铺垫、抓住意志力培养时机、变化教学方式、以赛促练等方式磨练学生意志品质。

【关键词】核心素养；体育素养；意志力

2016年5月6日，国务院办公厅发布了《关于强化学校体育 促进学生身心健康全面发展的意见》，首次从国家层面明确提出了全面提高学生的体育素养，作为未来我国学校体育工作的基本原则之一，标志着体育素养由学术概念转向实践操作的序幕正式拉开。表1所示，学生体育学科核心素养有3个维度，6个要素组成，体育精神是在学生一生中至关重要的品质。其具体表现首先表现为能坚持，这是说明人的意志力在体育发展中是如此的重要，人们要获得成功必须要有意志力作保证。

小学生自觉性较差，意志力薄弱，心理建设还不够完善，尤其现在学生独生子女较多，很多都是老人照顾，由于教育理念的差别，学生们被娇生惯养，大事小事家长包办，学生对自我的成长没有一定的规划，独立性较差，意志力比较薄弱，遇到困难或挫折时不能正确面对。

表1　学生体育学科核心素养指标体系

一级指标	二级指标	具体表现
体育精神	体育情感	喜欢体育、热爱体育等
	体育品格	能坚持、守规则、善合作等
运动实践	运动能力	基本运动能力：走、跑、跳、投、搬、爬、攀、钻、滚、翻等
		专项运动能力：锻炼能力、竞赛能力等
	运动习惯	每天运动1小时（如每天早上坚持跑步，下午打篮球等）
健康促进	健康知识	科学健身、运动伤病预防、安全防范知识等
	健康行为	雾霾天气在室内运动、运动前做充分准备活动等

一、意志力概念的鉴定

词典上“意志力”定义为“控制人的冲动和行动的力量”。

意志力是心理学中的一个概念。是指一个人自觉地确定目的，并根据目的来支配、调节自己的行动，克服各种困难，从而实现目的的品质。它不是与生俱来就有的品质，而是通过不断克服困难而积累形成的。

孟子曾说：“天将降大任于斯人也，必先苦其心志，劳其筋骨，饿其体肤，空乏其身，行拂乱其所为，所以动心忍性，曾益其所不能。”生动地强调了意志力的重要性。学习是贯穿人一生的教育，要想实现自己的理想，不仅需要智慧，还需要具有坚强的意志及勇敢顽强的拼搏精神，从而克服成长道路上的一切困难。

二、当前小学生现状

（一）学习目标不够明确

很多学生在学习时没有明确的目标，如在体育锻炼中，根本不知道这项运动能培养哪些身体素质及品质，也有些孩子打篮球因为有同学抢截球而不愿意参加篮球活动，从而放弃练习。

（二）意志力薄弱

受社会环境及家庭环境的影响，小学生们的意志力不够坚定，多数学生容易受到同伴的影响，缺乏主观意志，面对困难、挫折时要不寻求庇护，要不半途而废，不能够冷静思考，寻找有效的解决办法。

三、让学生认识到意志力对自我学习的重要性

（一）分享自我体验

让每个学生分享一件关于自我成长过程中克服困难而值得自豪的事情，不仅是对分享同学的一种肯定和激励，也会引发班级同学更多的思考，在遇到同样困难时，有了借鉴的经验，甚至是更有效的解决办法。

（二）合理利用偶像的激励作用

通过多媒体视频、图片给学生播放体育明星的成长经历，这些明星可能就是我们学生心目中的偶像，重点关注明星在遇到伤痛或困难、挫折时是如何应对的，学

生们可以进行小组讨论，结合自身经历有何启发，以后遇到困难、挫折如何面对，观看引发自我思考，讨论可以引发思想的碰撞，从而了解意志品质的重要性。

（三）抓住意志品质渗透的时机，巧用评价语言培养学生意志力

体育教学中多数会有分组练习，教师对练习者的肯定与鼓励、巧妙的言语评价都对树立学生自信心，激发潜能有及其重要的影响，如接力跑中对一位学困生激励——咱们组没有你是不行的，就看你的啦，配合全组同学的呐喊，结束后及时给予肯定。

四、学生意志力品质的提升策略

良好体育品格形成的关键在于做好育人工作，在学校体育教学中的育人关键是要抓住育人的最佳时机。体育教育的目标是“育人”，包含“育体”和“育心”，“育体”注重培养学生具有强健的体魄，“育心”则注重培养学生顽强的意志品质和团结协作的精神。往往人们认为学校体育是单纯的体能、技能教育，而忽视了“育体”时“育心”这一隐性教育。“育体”与“育心”在体育教学中是相辅相成的，作为体育教师何时渗透育人教育显的尤为重要。意志力则属于“育心”的范畴。

（一）以健康知识为铺垫，培养学生坚强的意志力

五年级《国家体质健康测试项目》在上一学年的基础上新增了一项是50米X8折返跑，该项对五年级同学来说是耐力项目，为了能在练习初期树立学生们的自信心及意志力，我在练习前结合人体生理学先给学生们普及理论知识，如“三步一呼吸”“跑后不可立即停止”“积极摆臂”等。我抓住“极点现象”时所表现的“呼吸困难”“腿抬不起来”等身体感知及心理特征，告诉学生这是正常反应，这时要靠顽强的意志坚持，极点过后，身体感觉就会很轻松，对学生正确引导，并及时加以鼓励，二是鼓励组内同学为练习的同学加油，给予精神上的支持。通过这个项目的练习，不仅培养了他们顽强的意志力，更是锻炼了他们自信的品质。此后经过一段时间的练习，这些学生不仅能完成此项体育练习任务，而且在其他项目上也有了很大的进步。

（二）准确观察，把握时机渗透意志力

于素梅老师提出在体育课堂中做好育人工作要把握好四准：一是“观察准”二是“分析准”三是“判断准”四是“引导准”。其中观察准就是要求教师在课堂中要善于观察，既要全面，又要细致，准确把握学生在不同学习时段的表现，尤其是

品格。从学生慢跑热身参与的积极性能够观察到，有些学生刚上跑到就离开队伍，在一旁假装系鞋带，其实他的鞋根本没有鞋带，有些小胖墩在跑完几圈后有些吃力，但宁愿自己流出眼泪也不放弃。这些学生是具有顽强拼搏、坚持不懈的体育品格，有些学生偷偷从跑道上跑下来从操场中穿过去，这些老师都可以观察到，我跑到他身边，给他一个加油的手势，他立刻就有了力量，坚持完成了任务，这就是渗透意志力教育的时机，教师要抓住时机因势利导。

（三）变换练习方式，培养学生的意志力

田径运动中耐久跑项目的教学中，课前我先了解学情，通过课下与学生的沟通了解到，有一部分同学在心理上对这个项目害怕：担心自己跑不下来。其实我知道这部分同学不是坚持不下来，而是因为这部分学生的意志力薄弱，不能吃苦耐劳，缺乏挑战自我的精神，根据以往经验这些学生在练习中会中途退场，不能够坚持完成，所以我在第一次课中就以激发他们的兴趣为主，将枯燥而乏味的耐久跑项目以追逐跑、蛇形跑等方式代替，整合8字跳绳、行进间运球等项目激发学生的兴趣，同时要求小组不能拉下任何一位同学，组内同学要相互鼓励。在练习过程中发现连我们平时总偷懒的小胖墩也在很卖力的练习，分析原因一是他不想给小组拖后腿，二是因为听到同伴的加油声更加有信心了。因此，在课堂上不断变换练习方式，让学生主动、积极的成为课堂的主人，在轻松愉快中培养学生的耐力和意志力。

（四）以赛促练，在竞赛中磨练意志

体育运动多以竞赛的形式展现出来，竞赛不仅能够丰富人们的生活，还能激发人们主动参与运动的动机，为了更好的与社会接轨，体育教学要改变传统的教学模式，增加学生体验的时间，同时多安排竞赛项目，小学生好胜心较强，所以在竞赛中不仅强化了动作技能，更重要的是磨练了学生的意志品质。

五、小结

俗话说：世上无难事，只怕有心人。从某种意义上说，意志力更像赋予身体的一种力量，在面对困难或挫折时，不犹豫，不动摇，不停滞，能一如既往投入到当前的任务中，不会因为暂时的困难而灰心、放弃。作为一线教师，我们有责任培养学生顽强的意志品质，从而让学生明确自己阶段性的目标，通过主动克服困难体验成功的喜悦，从而激发其潜在的意志力，并在以后的学习、生活中越来越坚强。

借助绘本教学开展综合实践活动
——以北师大版一年级“认识图形”为例

武文颖

【摘　要】“图形的认识”是小学数学中重要的组成部分，是建立、发展学生空间观念的基石。而“图形的认识”属于几何直观的范畴，小学阶段学生的思维以具体形象思维为主并逐步过渡到抽象思维。借助绘本开展教学不仅可以充分调动学生学习的积极性，增强学习的趣味性，还可以帮助学生更深刻地体会到数学知识与生活的密切联系。此外，以实践活动为载体可以让学生在丰富有趣的实践活动中，学习图形知识，积累经验，建立和发展空间观念。借助绘本教学，设计、组织、开展综合实践活动任务，也有助于培养和发展学生的应用意识和创新意识。本文将结合“认识图形”的内容，借助绘本教学，为学生设计充满生长力量的实践活动，发展学生的空间观念、应用意识和创新意识。

【关键词】图形的认识；实践活动；空间观念；绘本教学

《义务教育数学课程标准（2011年版）》提出在数学课程中，应当要注重培养学生的数感、符号意识、空间观念、几何直观、数据分析观念、运算能力、推理能力和模型思想。为了适应时代发展对人才培养的需要，数学课程还要特别注重发展学生的应用意识和创新意识。新课标中将培养学生的空间观念作为“图形与几何”领域中的重要教学任务，可见其在小学阶段的地位和重要性。纵观“图形与几何”领域在小学教材中编排，我们会发现“图形的认识”贯穿于整个小学阶段的学习。“图形的认识”是我们感知空间、抽象出几何直观的基础。因此，在低年级阶段应帮助学生充分地认识图形、感知图形在生活中的应用，有利于培养学生的空间思维能力和空间想象能力，发展学生的空间观念，为后续学习抽象的图形特征和几何直观打下扎实基础。

一、综合实践活动的引出

结合一年级小学数学教材“图形的认识”中认识立体图形和平面图形这两块内容，该如何建立和培养学生的空间观念呢？如何帮助学生认识到知识来源于生活但又高于生活呢？综合实践活动就是一个很好的载体。学生的综合实践活动，是基于学生的经验，结合学生自身生活和社会实际，把理论知识综合运用于实践学习的活动。小学数学综合实践活动主要是让学生在自主探索、合作交流的过程中主动地获取数学知识，主动提出、解决问题并获取数学经验的学习活动。

学生空间观念的建立、对知识的认知、理解、掌握、应用都不是一蹴而就的，它们需要一个循序渐进地、缓慢地发展过程。皮亚杰的认知发展理论指出，一年级学生的认知还处于具体的表象性思维阶段，抽象性思维落后。因此，教师在设计教学活动时，应尊重学生的认知发展规律，让学生在有趣的实践活动中，充分地感受、体验图形在实际生活中的应用。此外，融入了学生思考的实践活动不仅可以调动学生学习的积极性和主动性，还可以增强学生对知识的理解、掌握以及应用，可以培养学生的问题意识、应用意识和创新意识，积累学生的活动经验，提高学生解决现实问题的能力。我国著名教育家顾明远先生也曾提出要在活动教育中调动学生学习知识的积极主动性，在活动教育中获取知识和能力，在活动教育中体验人生、学会与人交往、沟通、合作。

基于以上综合实践活动为学生发展带来的诸多好处，我们在一年级上学期和下学期均围绕“图形的认识”这一内容设计、开展了充满生长力量的综合实践活动，帮助学生充分认识、理解图形在实际生活中的应用，发展学生空间观念，培养学生的应用能力、创新意识、沟通合作能力，让学生在实践活动中得到发展和成长。

二、数学绘本的选择

一年级上册“图形与几何”模块中“图形的认识”这一部分具体内容是直观认识立体图形。教材中对知识层面上的认知要求是要让学生形成对长方体、正方体、圆柱体和球的直观认识，知道这些立体图形的特征和名称；积累认识立体图形的数学活动经验，能正确识别生活中的长方体、正方体、圆柱和球，初步建立空间观念。为丰富学生对立体图形的认识以及理解其在生活中的广泛应用，我们选取了《清扫机器人咕咚》这一绘本进行拓展教学。在绘本故事中，通过认识机器人的胳膊、身体、头、生活中的球、垃圾桶等等这些实际的物体，感受到他们都是立体图形在生活中的应用。此外，还可以让学生感受到，多种立体图形的组合拼搭可以组成更多的事物。

在一年级下册的教材中，关于“图形与几何”领域“图形的认识”这一部分具体内容是认识平面图形，这与我们上学期刚刚学习的立体图形有着直接的关系。教材中对此部分的知识要求是学生能辨认长方形、正方形、三角形、平行四边形、圆等简单的平面图形，体会面在体上，初步感受立体图形与平面的图形的关系与区别，提高抽象出多个图形共性的能力，发展空间观念；学生能用学习过的平面图形进行拼图，初步感知平面图形的特征。

在第一课时认识平面图形之后，我们选择《寻找消失的爸爸》这一绘本进行拓展教学。让学生初步学会从不同的角度观察物体，体会平面与立体之间，部分与整体之间的关系，体会面在体上。在绘本故事中，通过线索提示，积极思考、推理分析，逐步解决问题。

第二、第三课时学习认识了七巧板，并利用图形进行了拼摆，我们选择了《图形星的怪样国王》这一绘本。在绘本故事中，让学生通过观察物体的图案组成，进一步认识正方形、长方形、三角形和圆的基本特征，结合生活实际，感受每种图形在生活中的作用。能够结合图形特点，进行拼图，能拼摆出生活中常见的事物。

第四课时学习了图案的设计与欣赏，随后我们选择了《吃了魔法药的哈哈阿姨》这一绘本进行拓展教学。在阅读绘本故事中，让学生再次感知平面图形的特征，能对简单图形剪一剪、拼一拼，能根据平面图形特征进行组合拼图，设计创意图案，培养学生的空间观念、动手操作能力和创造力。

我们充分抓住每一个绘本故事的情境特点，结合绘本教学的目标以及学生关键能力的发展需求，在每一节绘本教学之后，都设计了有针对性的实践活动。

三、绘本教学与实践活动的设计

（一）结合教学内容，借助绘本，设计实践活动

<table>
<tr><th>单元主题</th><th>教材内容</th><th>绘本名字</th><th>实践活动</th><th>关键能力</th></tr>
<tr><td rowspan="2">一年级上册《认识图形》</td><td>认识图形</td><td rowspan="2">《清扫机器人咕咚》</td><td rowspan="2">未来城市模型</td><td rowspan="2">空间观念、应用意识、创新意识</td></tr>
<tr><td>我说你做</td></tr>
<tr><td>一年级下册《有趣的图形》</td><td>认识图形</td><td>《寻找消失的爸爸》</td><td>寻找校园的秘密</td><td>空间观念、应用意识、问题解决能力</td></tr>
<tr><td rowspan="2">一年级下册《有趣的图形》</td><td>动手做（一）（二）</td><td>《图形星的怪样国王》</td><td>我的植物朋友</td><td>空间观念、应用意识、数学表达</td></tr>
<tr><td>动手做（三）</td><td>《吃了魔法药的哈哈阿姨》</td><td>我和植物共生长</td><td>空间观念、应用意识、创新意识、数学表达</td></tr>
</table>

（二）综合实践活动的实施与安排

实践活动	布置任务	开展形式	活动时间	上交作品
未来城市模型	运用学习过的立体图形搭建、创造一个未来城市	小组合作	一个月（课余）	在班内进行交流展示，并开展自评、互评和师评
寻找校园里的秘密	根据线索找到校园中的物品	小组合作	大课间（在校）	
我的植物朋友	用学过的图形拼摆出喜欢的植物	独立完成	大课间（在校）	
我和植物共生长	创编有关种子的童话故事，并用学过的平面图形拼出故事的内容并配文字	小组合作	一个月（课余）	

四、综合实践活动的开展效果

1.“未来城市模型”实践活动开展效果

“未来城市模型”综合实践活动要求是以小组为单位，运用学习过的立体图形搭建、创造一个未来城市。这种以小组合作形式开展的综合实践活动对一年级学生来说不仅有吸引力，还很有意义。一年级的学生还没有被很多固有化的知识所束缚，极具想象力、富有创造力，表演欲很强，喜欢通过各种形式展现自己的思维想法。因此“创造未来城市”这个主题不仅可以让学生将学习过的知识应用于生活，还可以充分发挥学生们的想象力，培养学生的创新意识。学生在利用立体图形拼搭、创造未来城市模型的过程中，发展了学生的空间观念。

通过活动，我们了解到大部分学生能够依据现实生活进行合理、大胆地想象和创造。有的小组利用立体图形拼搭了未来太空城市，利用长方体和正方体拼搭出来的居民楼、学校、医院、警察局等生活中常见的建筑。还有的学生创造了未来科技城市，利用圆柱体和球搭建了能源站和信号塔，利用圆柱体拼搭出了一些树用于收集和储存能源。通过学生的作品我们可以看到，学生们的拼搭依据还是源于现实生活，能利用几何图形描述实际物体，体现了学生的空间观念和应用意识，学生创新的思维和想法值得我们鼓励。但学生中创造性的使用图形的意识还有待提高。

2.“寻找校园里的秘密”实践活动开展效果

“寻找校园里的秘密”活动要求是请学生当一次大侦探，根据线索找到校园中的物品，并标出这些信息分别是从哪个方向看的。比一比，哪个小组找到的多。这一活动的设计能让学生更充分的体会到“面在体上”，同时感受到长方形、正方形、三角形和圆在生活中的普遍存在。此活动有助于培养学生的小组合作能力、动手操作、思考和探究能力，发展学生的空间观念。

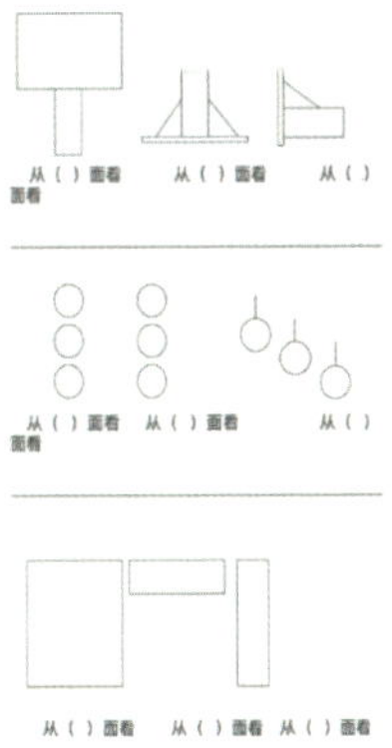

通过活动，我们了解到大部分学生有意识的关注了现实生活中物体表面的形状，从不同的角度观察物体，体验了平面与立体之间，部分与整体之间的关系，具备了从具体物体中抽象出几何图形的能力，但存在验证的方法还不够全面的问题。

3.“我的植物朋友”实践活动开展效果

“我的植物朋友”活动要求是让学生用学过的图形拼摆出喜欢的植物。这一活动设计可以让学生通过拼图活动进一步认识平面图形，能对简单图形进行分解与组合。提高学生对生活中各种形象的观察能力、模仿能力和创造能力，培养学生的动手操作能力，发展学生的空间观念和创新意识，感知数学与生活的密切联系。

在活动中，我们了解到大部分学生能够根据图形特征，选择合适的平面图形进行正确、合理地拼摆。超过一半的学生能把同一个图形运用到植物的不同位置，比如：三角形不仅能够拼出松树，还能够拼出花瓣、小草、树叶等。学生多样的表现形式说明通过数学绘本的学习，帮助学生丰富了对平面图形的认识，是对教材内容的有效补充。

4. “我和植物共生长”实践活动开展效果

“我和植物共生长”是在单元学习下的主题综合实践活动，活动要求是讲述我和种子的成长故事或者创编有关种子的童话故事，内容不限，尽情想象。并用学过的平面图形拼出故事的内容并配文字。通过给绘本故事配图的形式，让学生在设计图案的活动中，能进一步认识学习过的平面图形，体会数学与生活的密切联系。培养学生欣赏美的能力，发展学生的动手操作能力、空间想像力和创造力，培养良好的情感价值观。

在该主题的综合实践活动中，我们发现，通过整单元的学习和绘本教学的有效结合，学生的空间观念有了一定的提升，能够将现实生活中的事物与平面图形的基本特征结合起来，根据现实生活中的事物，选择合适的平面图形拼摆出绘本中所需要的素材，将绘本内容通过画面呈现出来。在小组活动中，多数小组成员能够根据活动需要，结合每个人的特点进行有效分工，空间观念好的同学负责图案的拼摆，绘画好的同学负责画面设计，手工好的同学负责裁剪图形，充分发挥出小组内每一

位成员的优势，共同努力完成作品。在绘本创作的过程中，学生不仅关注到数学知识，还进行了大胆创编，把植物想象成人类、把自己想象成植物，角色对换，大胆构思，创编出一个个生动而有趣的小故事。把数学与生活很好的联系起来，让学生感受数学就在身边，认识到数学知识的价值。

五、总结反思

借助绘本教学开展综合实践活动，在数学知识层面上，学生们不仅对立体图形和平面图形有了更深刻地理解和认识，积累了活动经验，为后续学习打下扎实的基础，发展了学生的空间观念、应用意识和创新意识，更是在丰富的实践活动中，充分发挥想象，动手操作体验，感受到了学习知识的乐趣，知识与生活的密切联系，同时也增强了学生的情感交流，培养了学生的沟通能力、交往能力和合作意识，使学生之间更加团结，更有凝聚力。

每一学期开展的实践活动对学生的成长都有着非凡的意义，在活动中让学生成长也是未来教育变革的方向。我们作为教师，要做的就是抓住每一个活动教育的契机，设计丰富、有价值的活动，并进行有效的实施和开展，让活动充满生长的力量，发展学生能力，全面培养学生。

小学1—6年级学生体育课堂合作学习能力的对比研究

谢金珍

【摘　要】体育课堂是实践性课堂，综合性较高，为提高课堂教学效果，发挥学生主体地位，在体育教学中实施合作学习，从合作意识、合作品质、合作技能等角度出发，设计、发放问卷，以便进一步了解学生对体育课堂合作学习的认识，从而制定适合学生的合作教学组织形式。调查结果显示：大部分学生参与合作学习的意愿是积极的、学生喜欢小组合作学习、愿意体验小组合作时各种角色、愿意帮助组内同学完成共同的目标。

【关键词】合作学习；体育课堂；合作意识；沟通

一、研究目的与意义

体育课堂是实践性课堂，综合性较高，许多体育运动技能对于学生来说具有很大的挑战性，因而学生独立练习、探索出现困难是很正常的事情，这时，教师应该引导学生进行合作学习，促使学生之间互相启发，实现思维与智慧的碰撞，从而产生灵感，不仅问题得到解决，学生对知识技能的理解更加深刻，而且充分调动了学生学习的积极性，发挥了学生的潜能，让学生真正成为了课堂的主人。

本文主要从学生合作能力提升中的组织及合作沟通展开调查与分析，本次调查是为了了解和掌握现阶段我校学生在体育课堂中所具有的合作学习方面的意识基础和行为能力水平；为下一步的课堂实践研究做好铺垫，能够让合作能力的研究准确找到切入点，有的放矢，同时可以结合学生的实际情况进行课堂实施，对于把控课堂合作能力的研究方向和实际效果有着不可或缺的引导意义。让体育教学不仅要发展学生身心健康，还要为学生拥有科学的体育生活方式，以及未来适应社会发展的个人品格和能力奠定基础。

二、研究对象与方法

（一）研究对象

参与此次调查的同学均为本校一至六年级的学生，一年级选取了19个班级，一年级总共568人，男生291人，女生277人；二年级选取了12个班级，总共682人，男生352人，女生330人；三年级选取了11个班级，总共479人，三年级男生254人，女生225人；四年级选取了10个班级，四年级总共450人，男生243人，女生207人；五年级选取了10个班级，五年级总共364人，男生218人，女生146人；六年级选取了10个班级，六年级总共370人，男生198人，女生172人，共发问卷2 913份，收回问卷2 910份，有效问卷2 900份。

（二）研究方法

本次问卷调查采用不记名答卷的方法，大大消除了学生在答卷中的心理负担与压力，学生给予很好的配合，使本次调查获得了比较可信的资料。

1. 问卷调查法

分三个学段设计问卷，从六个年级中共选取了72个班级进行问卷调查，了解学生在体育课堂上合作学习行为能力（合作分组方式、合作时间及合作过程中的沟通等）的现状。

2. 数据统计法

按照受测学生的学段、年级两个方面进行统计、分析。

三、研究结果与分析

（一）合作分组的调查

1. 各年级学生对体育课堂合作学习分组人数的调查结果分析

表1　各年级学生对体育课堂合作学习分组人数的调查结果分析

	一年级	二年级	三年级	四年级	五年级	六年级
1-3人	6.6%	11%	24%	28.7%	37.4%	28.4%
3-5人	31.4%	26%	42.3%	35.6%	42%	43.5%
5-10人	21.9%	38%	23.5%	24.4%	16.5%	20%
10人以上	40%	25%	10.2%	11.3%	4.1%	8.1%

从表1中可以看出，一年级同学在体育课堂合作练习时更倾向于10人以上练习，有90%以上的学生选择3人以上合作；三、四年级选择3～5人的男、女生分

别占42.3%，35.6%，所占比例最高，选择10人以上的仅占10.2%，11.3%；五、六年级学生选择3~5人的比例的男、女生分别为42%、43.5%，选择1~3人的占37.4%、28.4%，选择10人以上的仅仅占4.1%、8.1%。

分学段来看，低年级大部分学生希望合作练习时人数在5人以上，甚至是10人以上，中年级学生大部分学生希望在3~10人之间，而高年级学生有一多半学生希望是1~5人，这说明随着年龄及年级的增长，合作学习时希望的人数是逐渐减少的，这可能是低年级同学刚进入小学阶段，对体育项目接触较少、同学之间交流沟通较简单、更愿意与更多的同学一起练习，而随着年龄的增长，对同学们的了解及参与各种活动次数的增加，更愿意与自己喜欢的或平时一起玩的（熟悉的）同学合作练习。

2. 各年级学生对体育课堂合作学习时长的调查结果分析

表2　各年级学生对体育课堂合作学习时长的调查结果分析

	一年级	二年级	三年级	四年级	五年级	六年级
没有最好	11.4%	5%	7.5%	8.9%	6.3%	7.6%
少许	16.8%	20%	31.2%	36.0%	50.6%	39.7%
越长越好	72.3%	75%	61.3%	55.1%	43.1%	52.7%

从表2中可以看出，一至六年级大部分学生对合作学习时长的选择是“越长越好”，有部分同学选择“少许时长”，仅有百分之十以下的同学选择“没有最好”，这说明同学们不仅有意愿参与合作学习，且在时间上希望越长越好，但随着年级的增长，所占的百分比是下降的，这有可能是不当的合作方式导致的，我们更应该从低年级开始，逐渐引导学生学会合作、自主合作、探索合作的方法，不仅能培养学生的组织与沟通能力，还能拓宽学生的思维，激发其学习与探究的欲望。1~3年级认为“越长越好”的学生均超过了60%，但4~6年级认为“越长越好”和“少许”的人数比例是比较接近的，说明高年级学生的个人增长需求也应该得到重视。低年级可以让学生先合作，在合作中体验进步；高年级则应该优先个人体验，之后再合作，寻求更多的信息资源。

3. 各年级学生对体育课堂合作学习时是否愿当组织者的调查结果分析

表3　各年级学生对体育课堂合作学习时是否愿当组织者的调查结果分析

	一年级	二年级	三年级	四年级	五年级	六年级
愿意	65%	62%	60.9%	50%	44.2%	47%
不愿意	8.8%	12%	12 %	14%	16.5%	12.2%
无所谓	26.2%	26	27.1%	36%	39.6%	40.8%

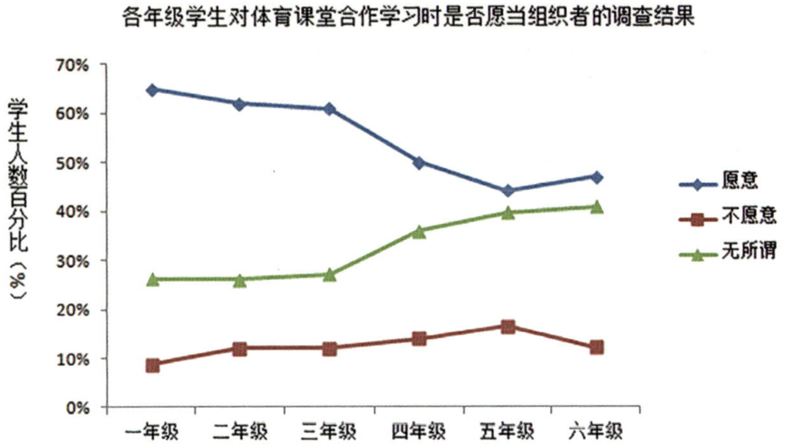

从表3可以看出，每个年级的大部分同学愿意在体育课堂合作学习时带领同学们一起练习，愿意组织大家一起活动，愿意付出，小组长这个角色对孩子来说，不仅是荣耀，是孩子们自我展示、表现的过程，更考验孩子们的组织协调能力、另一方面学生的沟通能力得到了很大程度的体现。但随着年级的递增，愿意当小组长的学生比例在下降，表明随着年龄的增长和体育教学实施，学生责任感在减退，可能是随着年龄的增长，学生们害羞，不愿意表现自我；也可能是大部分孩子都是独生子女，缺乏责任感，通过随机访谈学生还有一重要原因是小组长不好当，同学们意见总不一致，又各不相让，合作会以失败告终。

（二）合作沟通的调查

1. 各年级学生对体育课堂合作练习时配合情况的调查结果分析

表4　各年级学生对体育课堂合作练习时配合情况的调查结果分析

	一年级	二年级	三年级	四年级	五年级	六年级
愿意	87%	93%	82.1%	68%	70.6%	69.2%
不愿意	13%	17%	5.9%	5.3%	6.9%	4.3%
无所谓	0	0	12%	26.7%	22.5%	26.5%

从表4中可以看出，在体育课堂合作练习时，大部分同学还是愿意配合同伴一起完成的，这对我们课堂实施起到至关重要的作用。数据显示，随着年级的递增，不愿意配合的同学人数在递减，这可能是低年级学生年龄尚小，独立意识与淡薄依从观念导致其合作意愿较差，主动性不明显，还未在意识上养成与同伴合作互助的

习惯。数据显示4~6年级都有至少四分之一的学生选择了“无所谓”，其实也说明了他们从心里并不十分情愿的接受管理，可能是因为他们知道反对也会被老师制止；又或者说明他们缺乏个人的观点，人云亦云，并没有主动参与的意识。这也将是我们实施中需要改变的。

2. 各年级学生对体育课堂合作学习时主、被动情况调查结果分析

表5　各年级学生对体育课堂合作学习时主、被动情况调查结果分析

	一年级	二年级	三年级	四年级	五年级	六年级
主动找喜欢的同学	43.3%	35%	39%	48.7%	52.8%	51.1%
等同学来找我	5.3%	4%	4.5%	5.8%	9%	7.6%
跟相邻的同学一起合作	10.9%	9%	8.5%	22.4%	8.3%	15.1%
听老师安排	40.5%	52%	48.2%	23.1%	29.9%	26.2%

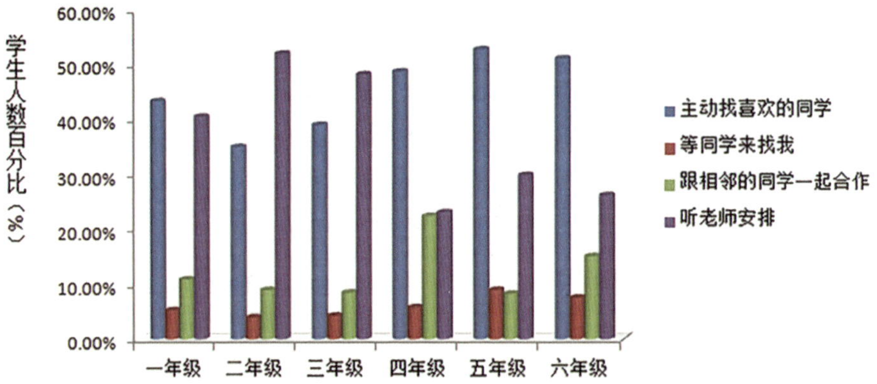

图1　各年级学生对体育课堂合作学习时主、被动情况调查结果

合作的前提是沟通，主动沟通跟被动接受反应学生的人际交往能力，从表5中可以看出，一、二、三年级学生选择“听老师安排”的最多，而四、五、六年级孩子选择“主动找喜欢的同学”的人数较多，结合表一“愿意与同学一起分组合作完成练习的数据（一、二、三年级有90%以上同学选择愿意），说明低年级孩子合作意愿强烈，但合作练习时较被动，需要听从老师安排，也许是参与合作的次数没有高年级多，经验少；也可能是缺乏合作学习的方式方法，这更需要老师提高更

多的机会让学生自发的去合作练习、同时引导学生学会合作的方法，低年级要培养方法，高年级更重要的是设置合作时的任务目标，防止消磨时间，失去合作学习的意义。

3. 各年级学生对体育课堂合作学习时遇到困难是否希望得到帮助情况调查结果分析

表 6　各年级学生对体育课堂合作学习时遇到困难是否希望得到帮助的调查结果

	一年级	二年级	三年级	四年级	五年级	六年级
希望	71.1%	74%	82.2%	61.3%	71.4%	54.3%
不希望	6.4%	8%	5.8%	10.5%	6%	9.7%
无所谓	16.5%	18%	12.0%	28.2%	22.6%	36%

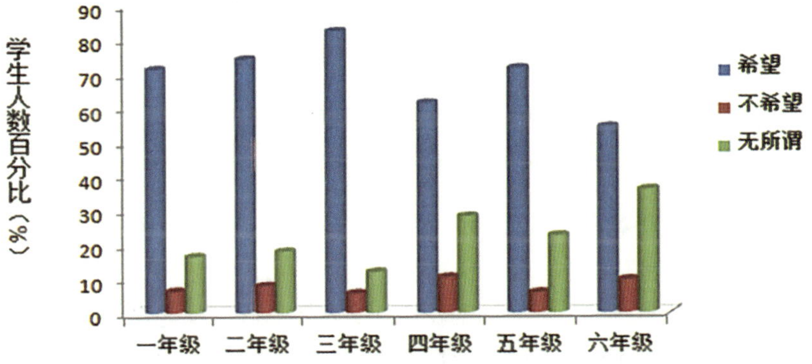

图2　各年级学生对体育课堂合作学习时遇到困难是否希望得到帮助情况

从表6中可以看出，一至五年级学生在遇到困难时有60%以上“希望得到帮助”，而六年级学生有54.3%“希望得到帮助”，36%的学生表现出“无所谓”，而有9.7%的学生“不希望”得到帮助，这可能有部分学生是想独立完成，但事实上，不是每一项活动都可以独立完成，也不是每个人都能独立完成所有的项目，互帮互助、互学共进，这才是我们的终极目的。每个年级选择“无所谓”的比例都在10%以上，且中、高年级比例高于低年级，说明中、高年级的学生对于解决问题的态度并不是十分端正；有些学生遇到困难或者无法解决的问题表现出无所谓的态度，也可能的原因是没有找到合适的解决方法或者并不知道通过合作学习能否解决。

4.各年级学生对体育课堂合作学习时意见不统一情况下的调查结果分析

表7　各年级学生对体育课堂合作学习时意见不统一情况下的调查结果

	一年级	二年级	三年级	四年级	五年级	六年级
坚持自己的想法	29.2%	20%	13.1%	15.3%	13.2%	17.6%
听从别人的想法	13.9%	18%	14.4%	11.3%	8%	8.1%
少数服从多数	18.1%	33%	49.6%	59.6%	65.7%	57.6%
找老师解决	38.7%	28%	22.9%	11.8%	13.5%	16.8%

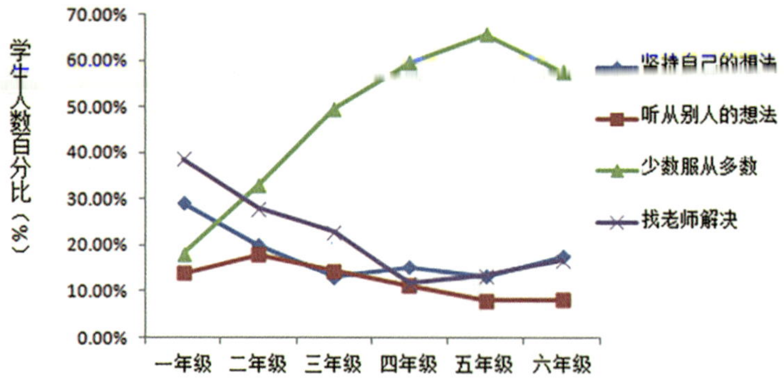

图3　各年级学生对体育课堂合作学习时意见不统一情况下的调查结果

在学生与学生的合作行为过程中，如何统一观点，达成共同目标，如何处理冲突是最能检验合作能力高低的重要参考标准，因此设计了此问题，从表7的统计结果可以看出，多数年级的大部分同学在遇到意见不一致时都会选择“少数服从多数”；一年级有38.7%的学生遇到“意见不统一”时“找老师解决”，表明一年级学生年龄尚小，主观意识不明显，对老师依赖度较高，而一年级有29.2%的学生“坚持自己的想法”，其他各年级“坚持自己想法”的比例都在百分之十以上，如果每组会有一位，那我们的合作效果会大打折扣。究其原因，可能是现在独生子女较多，从而导致学生过多的考虑自己，以自我为中心，非常看重自己在团队中的地位，不善于倾听、汲取同伴的观点。

“听从别人的想法”这一选项各年级数据显示，只有三年级的学生“听从别人的想法”人数不是最少的，这点我们应该怎么来看到，积极的一方面是三年级学会了接受、倾听别人的意见，消极的来看是缺乏自我主见。另外，其余年级的这一选项都排在最后，一定程度说明了孩子们自我意识要高于合作意识、小组意识，这也是我们要解决的学生合作能力和方法的问题，“学会倾听，但不盲从”。别人的意见和想法也很重要的。

各年级选择“少数服从多数”的数据显示，随年级增高递增态势较明显，说明学生们随着年级的增加，或多或少也学会了简单的处理矛盾的方法，但这只是初级的解决问题，避免矛盾的发生，要让孩子们真正学会表达自己认为正确合理的想法，又要从他人的意见当中摘取有效信息，这也是合作的最终目的。

四、结论

（1）学生参与合作学习的意愿是积极的，大部分学生愿意承担小组长的任务，也愿意配合同伴完成学习任务，这需要教师引导学生在合作初期组内应达成共同目标、环境、角色等互赖环节应初步形成。这就需要我们老师在后期的分组活动时在地点的布置、角色分工、职责分配等问题上了解每位同学的性格、个性特点。

（2）低年级学生愿意较多的人一起练习，他们乐于参与，有了参与才会有充分的体会和提高；中高年级愿意较少的人数一起练习，因为往往人越多，大家意见和想法更加难以统一，所以适时地缩小人数范围，以达到合作学习的最佳效果。

（3）低年级学生人人都愿意当小组长，但对能否胜任并不清楚，这要明确职责，培养能力为主。高年级学生可以理解为责任需要人人承担，同样明确组长的职责，同时可以赋予一些权力，以便处理一些小组内的矛盾问题和意见分歧，让他们通过体验也学会将心比心，换位思考，从而学会合作（理性面对分歧和正确与人沟通），培养学生的责任感，主人翁意识。

（4）合作时，低年级学生在选择同伴时较被动，且配合意识不高，还未在意识上养成与同伴合作互助的习惯；中高年级主动性更高，但需设定任务目标。

（5）大部分学生在遇到困难时希望得到帮助，但也有部分学生表现出无所谓，这部分学生可能并不知道合作能帮助自己解决困难。

（6）遇到意见不统一时，大部分低年级学生选择依赖老师，而中高年级已会简单的处理冲突，学会表达自己认为正确合理的想法，这又要从他人的意见当中摘取有效信息，真正“学会倾听，但不盲从”。

小学语文阅读教学中批判性思维的培养

郭璐雅

【摘　要】批判性思维作为现今教育界的研究热点，对发展学生的创造精神和创新能力有着重要意义。少年儿童正处于思维发展的关键时期，在日常课堂教学中恰当的进行思维的训练和培养很有必要。语文学科的特点使培养学生批判性思维具有一定的可行性和优势，因此在语文阅读教学中进行批判性思维训练对于语文水平的提高，学生思维能力的发展都有益处。本文界定了批判性思维的概念，探讨了语文阅读教学中培养批判性思维的可行性，对小学语文阅读教学中培养学生的批判性思维从教师、文本、环境、评价方式四个方面进行了探讨。

【关键词】批判性思维；语文阅读教学；培养

一、绪论

批判性思维和创造力息息相关，对培养创新能力有着重要的意义。西方的一些国家越来越重视孩子们批判性思维的培养，开设了一系列相关的课程，并取得了不错的效果。批判性思维被认为是学生成长和认知过程中必不可少的重要因素，对于发展学生的思维能力也有着积极意义。

二、批判性思维的概念

“批判的”（crtical）一词源于希腊文Kriticos（对某物的意义有能力去提问和判断）和Kriterion（标准），意思是发展“基于标准的有辨识能力的判断”。《现代汉语词典》将“批判”解释为“对错误的思想、言论或行为做系统的分析，加以否定”“批评”，“分清正确的和错误的或有用的和无用的（区分别对待）。《韦氏新世界词典》把“批判性”定义为“以仔细的分析和判断为特征的”，“试图进行客观的判断，以确定正反两面”。

综上所述，笔者认为，批判性思维是当我们面对错综繁杂的信息时，对这些信息进行思考、分析、判断的过程中所运用的一种思维方式。它对人的思维要求较高，在人已有的知识经验的基础上，用一种审视、怀疑、鉴定的目光去有选择性地接受，并提出让人信服的新观点，既要有“批”，也要有“判”。所要判断的信息可能是在自己的知识范围之外，这就要求判断者用一种积极的态度寻找资料，去支撑自己的选择。在这个过程中，我们不但可以寻找到方向，还会惊喜地发现很多相关的信息。批判性思维要求个体具有独立的思考能力，较强分析判断能力，在尊重客观事实的基础上能提出独到的见解并找到合理的依据。

三、语文阅读教学中培养批判性思维的可行性

（一）小学生思维发展的特点

要想发展学生的的思维，就要先去了解思维的特点，明确了孩子们的心理发展规律，从而更好地在课堂上培养批判性思维。

小学时期的儿童处于具体形象思维和抽象逻辑思维都在发展的时期，但以抽象逻辑思维的发展为主，由具体形象思维逐步过渡到抽象逻辑思维。虽然小学生掌握的概念比较具体，但并不能说明他们没有抽象概括的成分。据了解，尽管小学生的两种思维都在发展中，但抽象逻辑思维的发展起着主导作用，速度更快，占着更大的比例，而这种思维的过渡，是思维发展中的质变。儿童从小学开始，思维就有存在着一定的目的性，展现出像成人一样的相对全面的思维过程。在整个发展过程中，抽象逻辑思维要经历初步逻辑思维，经验逻辑思维，理论型思维（辩证性思维）三个阶段，这时的小学生已经具备了具备辩证逻辑思维的萌芽。调查显示，小学时期学生的辩证逻辑思维随年龄的增长而提高，低年级阶段处于萌芽期，四年级是辩证逻辑思维发展的转折期。

因此，随着小学阶段年龄的增长，他们思维的灵活性和独创性不断提高，想象力也日渐丰富。这一时期他们思维的独立性和批判性也显现出来，对教师家人的依赖减少，能够独立思考问题，并提出自己的见解。同时随着知识经验的积累，好奇心和创新意识也随之增加，思维较少受到定势和习惯的束缚。因此我们要努力抓住这一关键期，适时恰当的发展学生的思维。

（二）语文阅读教学中批判性思维培养的优势

首先，语文阅读教学重点在于发展完善学生的精神世界，其中包括孩子们的思想情感、心理发展和品格的形成。语文教育的终极目的，是让孩子们朝着完整的人这个方向发展。语文教育的特别之处在于它是一种精神上的教育，而阅读课则通过文字的潜移默化影响熏陶着人的精神。阅读教学的崇高追求在于优化学生的精神世界，形成健全的人格，不断的完善自己，通过不断的学习成长，使学生获得全面的

发展。批判性思维的意义并不仅仅是提出问题进行探讨，在发散思维的过程中，对知识的理解更全面，结构更清晰，建构出自己的知识价值体系，最终培养学生的“敢于质疑，善于思考，不懈探求”的批判性思维的倾向和能力。

除此之外，语文阅读教学不仅仅是语言文字的形式教育，更重要的是通过对文本的解读，引起学生自己的思考，让学生明辨善恶是非，审视自己的价值观，使个性得到全方位的发展。在阅读教学中分析课文，学生真正的融入作品，去思考去感受，通过思想的碰撞启迪，学生视野更加开阔、思考的角度更加全面，并且从中得到对自己有益的启示。与此同时，通过训练学生的批判思维，把正确的态度和原则性知识有机结合起来，具备良好的思维品质，自觉运用批判性思维技能，形成批判性思维习惯。

四、小学语文阅读教学中批判性思维的培养策略

（一）教师应具备批判性思维的意识

要培养学生的批判性思维，作为老师自己先要具备一定的批判性思维精神特质，具备一定的批判性的意识。孩子们是否愿意学习或在潜移默化中吸收这种思维方式，非常重要的一个方面是课堂上的氛围熏陶和老师的评价。教师要做出示范和榜样，他要和学生一起经历这种思维形式带来的喜与忧，和学生的思维形成共振。从学生开始对知识或问题产生兴趣，萌发好奇心，到他提出问题，肯定问题的存在，再到主动去寻找资料，检验假设和判断，推翻问题，提出更合理的观点，整个过程中，都要求老师给予尊重、鼓励、赞同和引导。除此之外，语文教师在自身的学习和教学工作中，要有意识地率先培养自己形成批判性的思维方式，学习和具备一定的心理学常识，发展自己的逻辑思维。在日常的工作、生活中培养自己判断、提炼、挑选、概括处理信息的本领，多存疑多思考，并形成查找相关资料处理问题的习惯。多参与反思性工作和探究学习西方先进的反思性模式和案例，关注国内外有关批判性教育的最新成果，在熟习本学科特点的基础上，将批判性维理论联系实际地应用于自己的教学工作当中。

（二）选择适当的文本，鼓励学生质疑教材

阅读教学中的批判性意识，是孩子们在独自进行对课文的理解时，在传统主流的观念中有自己独特的想法。老师在课堂上不仅要帮助孩子们学会解决问题，更要引导学生多角度，多层面的质疑、思考问题，发挥学生思考的主动性和热情，活跃他们的思维。以下是《狐狸和乌鸦》教学片段：

生：乌鸦既然飞到了自己的窝旁，它为何不直接去喂小乌鸦，却要在树枝上等狐狸来骗他？

生：此刻窝里的小乌鸦一定已经饿得不行了，应该先把它们喂饱才对，而不是忙着去和狐狸说话。

师：大家说得很好，即使是课文，有时候也有不合理的地方，大家可以试着改一下。你们觉得怎么改才会更合理？

他们争先恐后地提出自己的观点，大部分都觉得，应该是这样：乌鸦飞累了，在途中找了一棵树休息一会儿，想着可以回去喂自己的孩子了。一只狐狸跑过来……

"尽信书，则不如无书"。在阅读过程中，我们需要引导学生敢于质疑文本，与之争论，进行反驳，甚至修改，敢于挑战权威，发现问题而加以分析评判，培养创新和批判的思维。

（三）营造批判的氛围，引导学生进行争论

培养学生的批判性思维，要注重创造出一个活跃的课堂氛围，给学生提供这样一个机会，让他们畅所欲言，勇于表达自己的想法，同学之间也可展开争论。首先老师可以选取课文中的片段，给学生提供批判的对象，同时结合自己独特的日常体验，分析问题，为他们的批判思维发展创造机会。老师可以选取课文的某个角度，让学生进行自主讨论。

以下是《地震中的父与子》的部分课堂实录，在教学过程中，教师通过让学生分析课文情节和语言引导学生发散思维提出自己的见解，对于教师应如何引导学生评改课内教材有很强的借鉴意义。

课堂教学案例：《地震中的父与子》教学片段

师：同学们，学习了《地震中的父与子》，我们深深地被这如山的父爱所打动，但是，请同学们想一想，这篇课文有什么不合理的地方？

生：老师，我觉得在过去的整整38个小时里，这位父亲不吃不喝，一直在挖，他的体力肯定会支撑不下去，而且废墟全是钢筋石块，根本就不是徒手可以挖的开的。

师：这位同学说的有道理，你们同意他说的吗？还有别的想法吗？

生：我认为这位父亲太担心自己的儿子了，所以在精神高度紧张的情况下，他一心只想救儿子，这股信念会支撑着他。我以前看到过一个新闻，说一个小孩从五楼上掉下来，在楼下的妈妈飞快地跑过去把他接住，但后来消防员情景重现的时候发现没有人可以跑得那么迅速并且准确无误的接住小孩。所以我认为父母对孩子的

爱是可以创造奇迹的。

师：这位同学提出了自己的观点，并解释了原因，老师觉得你是个乐于思考的孩子。谁还有别的想法？

生：老师，为什么在这位父亲挖废墟的过程中，没有一个人来帮他，别的父亲母亲就这么确信自己的孩子已经死了吗，他们就这么冷酷无情吗，哪怕只有一丝希望也不应该放弃自己的孩子啊，我不相信别的父母会都这样做，肯定会有别人像这位父亲一样不顾一切的救自己的孩子，这是我觉得不合理的地方。

师：这位同学认为其他家长都不来救助守候自己的孩子太无情了，他不相信会有这样的事发生，你们认为呢？

生：我同意他的观点，而且我认为，学校里都是孩子，肯定是抢救的重点，救护车，消防车，还有救援人员肯定会重点抢救小孩子，但作者描写的好像都没有人管这个学生，只有这位父亲孤零零的一个人再坚持。

……

师：同学们都表达了你们的想法，老师觉得你们说得都很好，都是在认真思考后提出来的。许多同学都对有些情节的真实性提出了质疑。课文中所表现出来的生活与我们接触到的真实所生活会有些差别，美国作为一个发达的美国，不可能抢救队没有赶到，也不会出现只有一位父亲徒手挖废墟的状况，会有人为了他的安全强制阻止他，也一定会有人像他一样苦苦守候着自己的孩子，但作者没有写这些，目的是为了突出这位父亲的崇高，执着，伟大。所以可能有些地方不太真实有虚构夸张的成分，我们体会感情的同时，也要学会理性的分析。

营造出批判的氛围，让学生自己进行争论，符合小学生的认知规律和好胜心理，学生之间表达出不同的观点，思维的碰撞引发学生的独立思考，从而让学生对课文有更深入的探究。在课堂上正是这种畅所欲言的争论，使得学生思维的广度和深度进一步发展。

（四）转变传统的学业评价方式，促使学生积极思考

学业成就评价是对学习收获的一种价值判断。所谓价值判断，就是对学习是否有意义作出一种评判解释。在提到语文阅读学业成就评价我们首先想到的是阅读考试。但学生在阅读学习过程中的收获，并不仅仅局限于阅读理解能力的发展或提高，也包括学生思维能力和思维方式的发展。

从《语文课程标准》的目标要求来看，阅读能力包括理解能力，欣赏能力，批判创造能力。传统的试卷比较侧重于理解能力的考察，对知识与能力的结果进行检验。老师可选取更加灵活的表现性评价的方式来考查学生。表现性评价更关注于学

生自己的想法，更擅长考察学生情感、态度、价值观，激发他们的批判创造能力。试卷评价独立于教学过程之外，但表现性评价却可以和教学过程相结合，例如可以观察学生在课堂讨论中的发言次数，使用的阅读方法，课堂讨论中思维是否活跃，阅读批判能力和创新能力如何等等，通过这种评价方式促使他们不断思考积极的表现自己。在整个过程中，使教师更容易考察学生是否具有发现问题的敏捷性，积极探索的求异性，解决问题的创造性，结果表述的新颖性。